U0918282

"十二五"国家重点图书出版规划项目
上海文化发展基金会图书出版专项基金资助项目

中国应用心理学思想史研究丛书

燕国材 主编

中国管理心理学思想史

朱永新 著

上海教育出版社

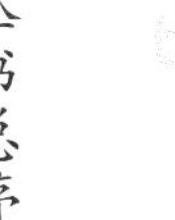

丛书总序

世界古代文化有四大策源地，即古代的中国、印度、阿拉伯与希腊。前三者都在东方，只有希腊位于西方。仅从这一点来看，东方古代文化对世界古代文化的贡献，是可以且应当大书而特书的。

现仅就中国而言，她有着五千多年的悠久历史，诸子百家，源远流长；经史子集，汗牛充栋。其灿烂辉煌的文化，包括心理学思想在内，不只是震撼着古代，而且辉映于后世。仅以心理学思想来说，在近代英国思想家洛克提出"白板说"的两千多年前，我国古代思想家、教育家墨子就提出了"素丝说"；又在现代美国心理学家桑代克提出所谓练习律的两千多年前，我国古代伟大的思想家、教育家孔子就提出了"学而时习之"的命题。

桑代克的练习律是根据猫踏杠杆的实验而作出的结论，"学而时习之"的命题则是孔子根据自己讲学、治学以及学生学习的经验概括出来的。我们对这两人根据不同事实而归纳出来的结论，都抱着十分尊重的态度。但令人费解的是，有些学者却只是一味地吹捧桑代克提出的练习律，而对孔子概括的"学而时习之"的命题不屑一顾，这不是有"大长他人志气，徒灭自己威风"之嫌吗？

中国古代的心理学思想也确实丰富多彩。就以现代心理学的纲目来看，不只是有着丰富的理论心理学思想、基础心理学思想，而且还拥有多种多样的应用心理学思想，如认知心理、意向心理、心理状态、性习心理、教育心理、学习心理、管理心理等。如我国古代的《易经》中提出的"一阴一阳谓之道"的阴阳律，就应是一条"放之四海而皆准"的真理。有学者曾提出，中国多种多样的文化都可以且应当归结于一个源，这就是《易经》，而且我以为，世界文化也可以且应当归结到《易经》这个唯一的根源上。这不是我个人的观点，而是我从德国哲学家莱布尼茨那里学习得来的。

正是从这个观点出发，我以为，作为炎黄子孙，我们固然要研究西方心理学

史，但更应当尽心尽力地研究中国心理学史。不仅要研究中国古代心理学思想史，还应当研究中国的近现代心理学史。基于这种认识与想法，我主持编写了“中国应用心理学思想史研究丛书”，并撰写了其中的《中国教育心理学思想史》一书。

我从对中国心理学史的学习中体会到，现代西方心理学史中包括的大纲细目，在中国古代心理学史中都可以找出其相应项。拿西方心理学史中的心理测验这个似乎为其所独有的项目来说，其实早在两千多年前的先秦时期，我国就有了较为完备的测验心理思想及其测验项目。这在魏晋南北朝时期更是得到了颇为充分的发展。当时有不少学者倡导才性研究，并出现了“才性同异”的四种派别。特别是大学者刘劭出版的《人物志》一书，对当时的才性研究及其成果作出了系统的归纳与总结。

丛书的几位作者都曾是我的弟子。他们从我这儿不一定学习到了什么东西，但他们研究中国心理学史的兴趣与恒心，肯定是从我的治学态度中得来的。仅有此一点，我自会感到满足与自豪。荀子曾说：“青，取之于蓝，而青于蓝；冰，水为之，而寒于水。”诚不诬也。

丛书收录的几部著作，虽不能算成熟之作，但各位作者的点滴心得体会，对读者肯定是能够有所启发的。我愿与各位作者以及广大读者一起，共同为繁荣中国心理学史研究这块园地作出应有的努力！

燕国材

2015年9月18日

目录

第一章　绪论：中国管理心理学思想的体系、特征、历史及意义

第二章　中国管理心理学思想的理论基础：人性论与欲求观

第三章　领导管理心理思想

第五章　人力管理心理思想

第六章　环境管理心理思想

第九章 自我管理心理思想

第十章　近现代管理心理学思想

第一章

绪论：中国管理心理学思想的体系、特征、历史及意义

中国管理心理学思想的体系

中国管理心理学思想的特征

中国管理心理学思想的历史

中国管理心理学思想的意义

第一节 中国管理心理学思想的体系

西方管理心理学的研究大多围绕个体心理、群体心理、组织心理展开，形成了三大块理论体系。这一体系仅重视了管理大系统中人的问题，对于管理活动中同样很重要的目标、环境、信息、时间等因素则相对忽视了，这自然不可能实现整个管理系统的最优化。而且，西方的管理心理学主要以企业为研究对象，缺少适用于各种组织管理乃至个人管理的体系，不能揭示管理心理学的一般原理和规律。因此，本书主张从人性、领导、目标、人力、环境、时间、信息决策、自我这些方面构建管理心理学体系。

这个内容体系以目标管理为核心，既适用于企业领域，也适用于政治、经济、教育以及文化等领域。这一体系能较好地揭示以国家和社会管理为主的中国管理心理学思想。以下就管理活动中的领导、目标、人力、环境、时间、信息决策、自我管理这些要素，阐述中国管理心理学思想的体系及主要内容。

一、领导管理心理思想

“领导”一词，是在当代才得到认可和流行起来的。在这之前，没有什么真正意义上的领导和领导者，只有统治和统治者，即皇帝（或总统）和各级大大小小官吏，以及他们对广大人民群众的统治。严格地说，这些统治和统治者，不能称为领导和领导者。虽然如此，但他们一般的工作过程与方法，与今之领导过程和方法有一定的类似性和关联性。正因为如此，我们在研究中国管理心理学思想时，也采用“领导”这个术语。

那到底什么是领导呢？领导是指带领和引导个人或组织，在一定的条件下实现某种目标的行动过程。其中，带领和引导的人是领导者，接受这种带领和引导的人是被领导者，一定的条件是指领导过程所处的环境。因此，领导是一个动态过程，这一过程受到领导者、被领导者和环境三个因素的制约。领导管理心理思想是中国管理心理学思想研究的一个重要内容。对各类组织而言，研究领导管理心理有助于他们正确运用领导的权力，培养出色的领导品德和才能，选择适宜的领导方式，讲究合理的领导艺术，乃至协调好整个领导班子的心理与行为，创造出领导者与被领导者之间的和谐关系，以便更有效地发挥领导的功能与作用。

在五千多年的中华文化遗产中，蕴藏着丰富的管理心理学思想，其中领导管理心理思想尤为重要。可以说，在本书归纳的七项管理中，领导管理是“纲”，其他六项管理是“目”，只有“纲举”才会“目张”；如果领导管理不到位，则其他管理也就难以取得应有的效果。关于领导管理心理问题，中国历代思想家、哲学家、政治家、军事家等都有所论述，散见于其哲学、政治、军事等著作中，但缺乏应有的系统性。研究中国领导管理心理思想，可以把握历代思想家、政治家、军事家等有关的基本观点，寻找其与现代领导管理心理的契合点，把传统引向现代，使之服务现代，做到以史为鉴，古为今用，从而增强领导素质，提升领导水平，提高领导效率。

我们所说的领导管理心理思想，主要包括如下四方面的内容。

一是领导管理的心理过程思想。现代心理学认为，人的心理由心理过程、心理状态和个性特征三部分组成。按心理学三分法，心理过程分为认识、情感和意志三个子过程；二分法则把心理过程分为认识和意向两个子过程。这里所说的领导管理的心理过程，主要就是一般心理过程在管理工作中的表现。此外，领导管理还应当体现在社会认知和社会意向两个方面。心理过程将影响领导者的决策活动、言语活动以及表情等。中国历代思想家对一般心理过程论述很多，我们只能择其要者，从领导管理的角度加以论述。社会认知和社会意向属于社会心理学内容，与领导管理的关系非常密切。但中国历代思想家对此的明确论述并不多，我们只好徒有“巧妇难为无米之炊”的叹息！

二是领导管理的心理品质思想。心理学讨论的心理品质很多，如认识方面的观察、记忆、想象与思维，意向方面的需要、注意、兴趣、情感和意志，个性方面的性格（气质）和智力（能力）等都各自具有几种不同的品质。此外，性格结构的组成因素，如道德特征、理智特征、情绪特征、意志特征和行为特征等也是形形色色的心理品质。这里所说的领导管理的心理品质，就是这些一般心理品质在领导管理工作中的表现。中国历代思想家非常重视领导者的品质，从古至今一直提倡贤人政治，崇尚以德为先，对领导者的道德素质要求很高，便足以说明这一点。

三是领导管理的权变思想。20 世纪 70 年代初，西方管理学界出现了权变管理思潮。用这一理论来看有效领导者，可以认为有效的领导并不取决于领导者稳定的品质和行为，而取决于领导者、被领导者以及环境三者的配合关系。领导者的有效行为应随着被领导者的特点和环境的变化而有所不同。中国历代学者早就注意到领导的权变思想，如老子以水为喻提出因势而变的思想，陆贾的通变思想等。

四是领导管理的权力思想。领导活动作为人类社会的一种重要活动，是领导者通过一定的人际关系，对被领导者或组织、群体施加心理影响的过程。在统治集团内部，领导者的权力分配与控制情况，关系到统治集团权力结构的稳定状况，也关系到统治集团的运作能否维持在共同的方向上。而领导者的影响力是指影响和改变被领导者心理与行为的能力，由权力性影响力和非权力性影响力构成。

二、目标管理心理思想

目标是人类社会主体活动的特征，目标管理便是目标的制定、实施和评价等一系列的活动。充分发挥目标的心理功能，明确目标管理的心理要求，是目标管理达到预期效果的心理基础。中国历代虽然没有明确提出目标管理的概念，但类似的思想比较丰富。如古人说："不谋万世者，不足谋一时；不谋全局者，不足谋一域。"就是要具有长远的战略目标。《孙子兵法》所说的关系到"国之大事，死生之地，存亡之道"问题的"五事"和"七计"，都是作为重要的战略目标而提出的。认为通过对"五事"和"七计"的分析，"吾以此知胜负矣"。也正因为如此，它非常重视运筹帷幄，精心计划，设定目标。

目标，在中国古代又被称为"志"，志向远大即目标远大。孔子说："三军可夺帅也，匹夫不可夺志也。"认为"志"对于个人具有十分重要的意义。明代思想家王守仁也指出："志不立，如无舵之舟，无衔之马。"(《传习录·续编一·教条示龙场诸生》)

远大而恰当的目标是管理活动成功的前提，中国古代学者明确提出"志当存高远"的命题。宋代张载指出："志大则才大事业大，故曰'可大'，又曰'富有'；志久则气久德性久，故曰'可久'，又曰'日新'。"(《正蒙·至当》)认为志向远大恒久是事业、才能以及品德发展的根本保证。

中国古代学者不但重视制定远大而恰当的目标，而且注重实施目标的心理因素。王勃《滕王阁序》中的"穷且益坚，不坠青云之志"，以及苏轼《晁错论》中的"古之立大事者，不惟有超世之才，亦必有坚忍不拔之志"的不朽名句等，都表达了这个意思。荀子《劝学》篇曾精辟地分析了制定目标与实施目标的辩证关系："无冥冥之志者无昭昭之明，无惛惛之事者无赫赫之功。"意思是说，如果没有远大志向，就难以有远见卓识；如果不能埋头苦干，努力实践，就难以取得巨大成功。因此，荀子主张在具有远大而明确的目标后必须锲而不舍地去加以实践:“不积跬步,无以至千里;不积小流,无以成江海。骐骥一跃,不能十步;驽马十驾,功在不舍。锲而舍之,朽木不折;锲而不舍,金石可镂。”只要不懈地追求目标,总会如愿以偿,摘取胜利的果实。

三、人力管理心理思想

管理学告诉我们,管理的对象或内容是多方面的,但归根到底是对人的管理。因为无论管理什么,总是由人去承担的。为什么管理工作离不开人,亦即人为什么能承担各种管理工作呢?这与“人贵于万物”的基本事实是分不开的。人在中国古代管理心理学思想史上也占有十分重要的地位。战国时军事家孙膑说:“间于天地之间,莫贵于人。”三国时曹操也说:“盖有非常之功,必得非常之人。”认为要想取得不同寻常的成功,就必须得到不同寻常的人才的鼎力相助。

人力管理心理思想是中国古代管理学思想史的重头戏,内容十分丰富,主要涉及甄选、任用和激励等问题。

一曰人员甄选心理思想。人员甄选即选拔人才,是人力管理的首要环节。只有按照一定标准把人员选拔上来之后,人力管理的其他环节才有用武之地。人员的甄选在中国古代被称为“知人”。从我国最古老的历史文献《尚书》提出知人的必要性后,历代不少思想家都认识到知人的重要性,也了解知人的困难。关于知人的方法,中国历代也有比较系统的论述,如庄子借孔子之口所讲的“知人九法”、《吕氏春秋》提出的“八观六验”、刘劭主张的“八观”“五视”等。

二曰人员任用心理思想。人员甄选是人力管理的基础,人员任用则是人力管理的关键。如果任用不当,不仅达不到知人的目的,而且会造成人才资源的浪费。刘劭曾分析用人过程中主观、客观两方面的困难。历代学者对人员任用的原则和方法也提出了若干弥足珍贵的意见:一是“不縻不疑”,二是“能与任宜”,三是“材与政合”,四是“用长避短”。

三曰人员激励心理思想。所谓激励,就是运用各种有效方法或手段,去激发士气、鼓舞斗志。它在人力管理中具有重要的意义。中国历代兵家很注重人员激励问题,并总结出一整套行之有效的激励手段:榜样激励,即用管理者自身的良好行为激励下属;关怀激励,即通过管理者的关怀和爱护去激励下属;赏罚激励,即通过奖励和惩罚等强化手段来激励;仪式激励,即通过举行各种仪式

来渲染气氛、鼓舞斗志；投险激励，即把下属投置于危险的境地，使他们决一死战，以求生存。

四、环境管理心理思想

管理活动总是发生于一定的时间和空间之中，而环境通常指的是人们在一定时间和空间内接触的一切事物。人们进行的任何活动都是在一定的环境中进行的。可以说，人们无时无刻不在接受着环境对自己的影响。环境管理在中国历代有着极其深远的渊源。如古代神话“大禹治水”“精卫填海”“女娲补天”等，就反映了原始的环境管理精神，以及劳动人民关于环境管理的思想。在实践中，中国历代管理者对于环境对个体和群体的影响，也已经有所察觉，并尝试通过改变环境、改善环境来加强积极影响和减少消极影响，甚至改变管理对象的心理倾向以提高他们的心理认同感，从而提升组织对他们的凝聚力，改变他们的行为模式，提高他们的工作效率。

环境管理心理思想可以从三个方面探讨。

第一，人与环境的关系及其意义。中国古代思想家非常重视人和环境的关系，其总的思想是，环境可以影响人类的发展，人类也可以影响环境的变化。这一思想体现在传统的天人论中。天人论思想可以一分为二：天人对立说和天人合一说。

第二，环境管理的主要分类。可分为自然环境管理、心理环境管理、人际环境管理、组织环境管理和社会环境管理五类。

第三，环境管理的方法。其中，古代兵家对自然环境的管理有丰富的论述。此外，古代学者对人际环境的管理也提出丰富的思想。

五、时间管理心理思想

早在 100 多年前，马克思就指出：“正像单个人的情况一样，社会发展、社会享用和社会活动的全面性，都取决于时间的节省。一切节约归根到底都是时间的节约。正像单个人必须正确地分配自己的时间，才能以适当的比例获得知识或满足对他的活动所提出的各种要求，社会必须合理地分配自己的时间，才能实现符合社会全部需要的生产。因此，节约的时间，以及劳动时间在不同的生产部门之间有计划的分配，在共同生产的基础上仍然是首要的经济规律，这甚

至在更加高得多的程度上成为规律。”[①]这就深刻揭示了时间在整个生产活动中的意义，并说明了世界上的一切财富都是由劳动时间转化而成的规律。也正因为如此，古今中外的许多学者都很重视时间管理问题，并对此发表了不少重要的意见。

归纳中国历代思想家的有关意见，其时间管理心理思想主要有以下三个方面。

一是中国古代的时间观念。概述中国历代思想家对时间的理解和认识，简介中国古代的一些计时工具。

二是时间的特征和价值。从时间的特征切入，考察矢量一维性、不可贮存性、公平均等性三个主要特征；讨论中国古代学者的时间价值观，包括时间价值的意义和珍贵资源的时间观念。

三是时间管理的方法。包括三个方面，即时间管理的意义；时间管理的心理基础，分析时间知觉、时间错觉和时间管理的关系；时间管理的主要方法，主要是把握今天、立即着手，见缝插针、提高效率，兵情主速、乘人不及，捷足先登、抢得先机，速战速决、速度取胜，张弛相宜、快慢配合等。

六、信息决策管理心理思想

所谓决策，是指人们为了实现特定的目标，运用科学的理论和方法，系统地分析主客观条件，在掌握大量有关信息的基础上，提出若干预选方案，并从中选出最佳方案。政治上安邦治国的宏图大略，经济上的发展规划，军事上的战略战术，企业的经营管理和日常生活中的各种安排，都离不开决策。虽然决策在不同的领域有着不同的形式和内容，但就其共同本质来说，都是人们从开始思考到作出决定的心理过程。要使决策过程做到科学化，首先需要充分和及时的信息，同时也需要高效率的信息管理。为各种决策提供可靠适用的信息，便成了信息决策管理中最重要的工作。信息与决策密不可分、相辅相成，而且在中国历代的管理心理思想中，信息与决策也是杂糅在一起的。

《孙子兵法》提出的“知彼知己”观点，可以说是最早的信息决策管理心理思想。兵家认为，不仅要“知彼知己”，还要“知天知地”，掌握环境、时机等各方面信息，才能真正地把握战争的主动权，赢得胜利。为把握竞争对手的信息，兵家

① 马克思恩格斯全集(第46卷)[M]. 北京：人民出版社，1979：120.

提出了某些观察和判断敌情的原则和方法。古代很重视信息传递工具的利用。如西周的烽火台、春秋以前的置邮、秦朝的驿道等，都是收集信息的有力措施。同时还重视建立信息的网络系统，疏通信息的传递渠道。古代注重信息的心理影响，采用适宜的信息刺激。这些信息管理心理思想对科学决策产生了巨大的影响。如孙子的决策心理思想是以“全胜而非战”为目标，以全面的信息管理为前提，而且包含三条原则：“善之善者”的优选原则；“践墨随敌”的调控原则；“奇正相生”的变化原则。

七、自我管理心理思想

自我管理在管理活动中扮演着至关重要的角色，它引导个人为达到目标或其他标准承担必要的责任。美国心理学家班杜拉（Albert Bandura）给它下的定义是，个体通过主动地设定目标、采取行动、监控和评估自身的绩效，并作出相应的调节等一系列行为来塑造自己命运的过程。可见，对个体而言，自我管理是一种极为重要的资源。而在管理中更是如此，不管是管理者还是员工，倘若不具备自我管理这一能力，那么预期的目标将很难达到。

在中国管理心理学思想发展史上，自我管理的思想从不缺乏关注，甚至可以说极为丰富，对其论述也颇为精彩。从孔子提出“仁”这一与自我管理相关的概念开始，直至明清时期的《菜根谭》《呻吟语》《小窗幽记》等著作，都对自我管理的阐述形成了严密的系统。

根据中国历代学者对自我管理的阐述，我们对此进行梳理和归纳，概括出中国历代自我管理心理思想的四个主要方面，即修身、为人、处世和交往。

第二节　中国管理心理学思想的特征

中国管理心理学思想具有五个基本特征，即以人为本、以德为先、以和为贵、无为而治、中庸之道。以下将依次对它们作一些分析和评述。

一、以人为本

中国的管理文化一直很重视人在管理中的地位和作用。这体现在“以人为本”（亦称“人本”论）与“人为贵”（亦称“人贵”论）的优秀传统思想之中。“以人为本”这个词组或术语，最早见于《管子·霸言》篇：“夫霸王之所始也，以人为本。本理则国固，本乱则国危。”后来，从我们掌握的材料看，虽然没有在别的文献中见到这个词组，但与其含义基本相同的说法，如“民为贵”“民为本”“民为邦本”，特别是“人为贵”“人最为天下贵”等，屡见不鲜。这就表明，它与“民本”论、“人贵”论思想结合在一起，对后世的影响是很深远的。

“人为贵”思想更是源远流长。《尚书》曰：“惟天地，万物父母；惟人，万物之灵。”此后的很多典籍都反映了这种“人贵”论的思想。如《孝经》说：“天地之性，人为贵。”《黄帝内经》云：“天覆地载，万物悉备，莫贵于人。”著名的军事家孙膑说：“间于天地之间，莫贵于人。”直到清代思想家龚自珍所说：“天地至顽也，得倮虫而灵。”（《龚自珍全集·释风》）应该说，中国传统管理文化中的“人贵”论是人们在对天人关系进行自觉反思后形成的。

原始社会时期，由于生产力极其低下，人们的认识水平也极为落后，因此他们对自然现象是无法理解的。这种根源于对外在自然的敬畏和适应生存而产生的崇尚自然的意识和心态，作为一种历史沉淀渗入中华民族的意识深层，夏、商、周三代对此既有承袭又有发展。周人从殷商的灭亡中得到教训，由注重外求向贵于内求转化，强调发挥人的力量，以德配天，敬德保民。这一思想把天命、君权和民意有效地结合起来。周人认为，君主的权力来自天命，但是天神并不是盲目地把统治疆土、臣民的权力赋予君主，而是根据君主敬德保民的条件，经过审慎的选择之后才予以决定。《尚书·泰势中》云：“天视自我民视，天听自我民听。”说明天意即民意，顺从天意也就是顺从民意。因此，君主必须戒惧警惕，忠于职守，力求做好敬德保民的工作；否则，就随时都有可能因违反民意而被天神取消权力。后来周人把这个思想提炼为一句政治格言：“民惟邦本，本固邦宁。”（《尚书·五子之歌》）这一思想不断地得以继承和发展，构成了中国传统管理文化中民本思想的主要特征，对中国几千年的专制主义政治文化起到了一种约束作用。

周人以德配天、敬德保民的思想，还反映了人们对于作为群体的人类在与宇宙自然抗争中具有的价值与潜能的发现，强调人要自爱、自立、自强、自我超越。《易传·象·乾》中就载有君子应效天之德而自强不息的思想：“天行健，君子以自强不息。”先人的这一思想，在中国传统管理文化的主流意识“儒家思想”中得到了很大的发挥。儒家文化的核心是“仁”。“樊迟问仁。子曰：‘爱人。’”（《论语·颜渊》）“仁者，人也。”（《礼记·中庸》）这反映了孔子对人的重视和对人具有共同道德人格的充分肯定，因此他弘扬了人在管理中的主动性和积极性，表现了对人的内在超越能力的充分肯定。所谓："我欲仁，斯仁至矣。"（《论语·述而》）"人能弘道，非道弘人。"（《论语·卫灵公》）"修己"，可以"安人""安百姓"。这种以人为本的精神，促使儒家在同时面对人与物的管理时注重人为的力量，强调人在精神上的内省和自我超越，认为人可以通过内省本心、扩充善心达到知天命的境界。中国管理文化中鲜明的人为意识渗透到中国人的内心深处，使得他们具有一种强烈的创业意识，能及时抓住机会，面对复杂的环境处变不惊、锐意进取，这一精神对推动整个民族管理的发展起到了一定的作用。然而，儒家"尽心知性知天"的管理意识也有其不良的影响。由于过分强调以内圣驭外王，夸大心性的作用，致使管理中忽视外界客观自然规律的作用，过分相信人的主观能动性，空谈心性，轻视实践；而且，传统管理思想中人为的管理意识，主要以道德规范上的自我约束为主要表现方式，忽视了人的感性需求，对张扬个性和创新能力的发展产生了一定的负面影响。

从另一方面来看，儒家"修己以安人"的管理模式，体现了以人为核心的管理宗旨，而这里的"人"指的是群体中的个人，其基本原则就是以个体的自我管理来实现社会的群体管理，个人要服从社会群体、为社会作贡献。具体表现在管理目标上就是以仁为己任，以平治天下，博施济众；在公义与私利的关系上，以义为上，主张以义节利，见利思义，不以其道得之不取，在义与生命不可兼得时，应"杀身成仁""舍生取义"。儒家重视群体的管理观念，奠定了中国传统管理心理思想重群体、轻个体的价值取向，形成东方人本主义的主要特色。这一思想的流传，对很多具有东方文化色彩的企业管理产生了一定的影响。

二、以德为先

以德为先是中国古代管理心理思想的根本目标和原则。它源自周人"以德配天""敬德保民"的思想。周人克殷后，总结历代兴亡的教训，认为"皇天无亲，惟德是辅"，把政治和道德紧密结合起来，这一思想在很多典籍中都有记载。《尚书·皋陶谟》中对领导者应具备的"九德"提出了要求，即所谓"宽而栗，柔而立，愿而恭，乱而敬，扰而毅，直而温，简而廉，刚而塞，强而义"。《诗·大雅》曰："民之秉彝，好是懿德。"指民众的本性是喜爱有德之人。《礼记·大学》云："自天子以至于庶人，壹是皆以修身为本。"尚德的思想对后世的管理产生了很大的影响。历代的贤人志士，大多都把贤人政治、以德治国等，作为实现天人合一、到达理想王国的根本途径。正如孔子在《论语·为政》篇所说："为政以德，譬如

北辰居其所而众星共之。”

中国古代管理文化中德的思想具有极其丰富的内涵。相比历史上影响较大的道家和佛教，儒家在这方面的论述最为丰富。

从个体心理思想的角度来审视，儒家德的思想体系首先是一种为己之道。“为己”意味着在仁的内在要求下塑造自己、管理自己，主要是指道德品性上的自我完善与自我实现。这种个体心理上对仁的自觉追求正是管理活动存在的前提。在儒家的观念中，仁和礼是相辅相成、水乳交融的。一方面，仁对礼具有导向作用，所谓“人而不仁，如礼何？人而不仁，如乐何？”（《论语·八佾》）另一方面，礼对仁有辅助作用，所谓“克己复礼为仁”（《论语·颜渊》），“君子博学于文，约之以礼，亦可以弗畔矣夫”（《论语·雍也》），“非礼勿视，非礼勿听，非礼勿言，非礼勿动”（《论语·颜渊》）。在原始儒学中，仁和礼表现为众多道德品性，涉及“孝悌”“义”“智”“勇”“忠”“信”“刚、毅、木、讷”“恭、宽、信、敏、惠”等诸多道德范畴。在后来的正统儒学中，它演变为“三纲五常”的伦理道德原则。

从群体心理的角度来看，儒家德的思想还是一种安人之道。《论语·宪问》记载：“子路问君子。子曰：‘修己以敬。’曰：‘如斯而已乎？’曰：‘修己以安人。’曰：‘如斯而已乎？’曰：‘修己以安百姓。修己以安百姓，尧舜其犹病诸。’”“修己”指的是道德上的自我修养，“安人”则是指整体社会的稳定和发展。由此可以看出，孔子眼里的君子不仅要具有自我管理的自觉性，而且要拥有管理社会、安抚群体的责任和愿望。因此，孔子又从群体的角度为管理提出了要求和规范。如“仁者爱人”表明了对人的重视和关怀，不仅要将自己当作人，以仁的道德准则来要求自己，而且应该将他人当作人，给予关怀爱护。要做到“己欲立而立人，己欲达而达人”（《论语·雍也》），“己所不欲，勿施于人”（《论语·卫灵公》）。然而，孔子提倡的“爱人”与墨家无差等的“兼爱”不同，它是以礼为基础的。也就是说，仁的内在实质必须与礼的外在规范相结合，不仅要将仁爱的精神施加于人类群体，而且要以礼来规范他们，这就决定了爱的差等性。孔子提倡的有差等的爱由亲亲和尊尊推广开来，具体涉及个人、家庭和社会中的种种关系，这对维护封建宗法社会的秩序是必要的、有好处的。

从领导心理的角度来审视，这样的安人之道表现在国家管理上便是“为政以德”。首先，“为政以德”要求领导者加强自身修养。正如孔子所说：“苟正其身矣，于从政乎何有？不能正其身，如正人何？”（《论语·子路》）其次，“为政以德”要求领导者“举贤才”（《论语·子路》），甚至要“破格用贤”（《荀子·王制》）。再次，“为政以德”还要求对百姓实施道德教化。《论语·为政》写道：“道之以

政，齐之以刑，民免而无耻；道之以德，齐之以礼，有耻且格。”显然，孔子提倡的管理方法是从道德上来引导和教化百姓，使他们具有“仁”的内在要求，同时又要以“礼”作为治国的外在约束。中国封建社会是一个以农业自然经济为主、以宗法家庭为核心的社会，为维护社会秩序的稳定，孔子提倡的“礼治”，其实就是要通过礼来明尊卑、别贵贱，让人们各守其分、各尽其职，即所谓“君君、臣臣、父父、子子”(《论语·颜渊》)，这样，通过仁与礼对人在内部修身和外部制约上的交互作用，使仁的实质和礼的形式有机结合，让人们在行礼的过程中逐渐培养内在道德，使礼成为人的自觉行为，没有被约束的感觉，达到他所说的“从心所欲，不逾矩”(《论语·为政》)的境界。孔子“修己安人”的思想，在道家文献《庄子·天下》中被称为内圣外王之道而被赋予很高的评价：“是故内圣外王之道，暗而不明，郁而不发，天下之人各为其所欲焉以自为方。”孔子的这种内有圣人之德、外施王者之政的管理理念，为后世儒家所尊崇，成为儒家一贯奉行的人格思想和实施王道政治的经世路向。

中国传统管理文化重德的思想渗透到社会生活的各个领域，对整个社会的管理方式产生了统整调节和潜移默化的作用，在我国民族的长期发展中产生着稳定秩序、促进民族凝聚力的影响，使我们成为闻名世界的礼仪之邦。

三、以和为贵

在中国传统管理文化中，“中和”“中庸”“和为贵”的思想在本质上是相互联系的，体现了古人对和谐的管理机制的追求。“中”的思想由来已久，《尚书》中有记载。“和”这一观念的产生较“中”晚，在《国语·郑语》中，“和”反映物质世界的一种状况；在《左传》中，“和”是指五味调和、八音和谐之意；在《国语·周语》《周礼·大司徒》中，“和”是协和、和睦的意思，具有伦理道德的意义。在《中庸》中，则将“中”与“和”合起来形成了“中和”的概念：“致中和，天地位焉，万物育焉。”孔子对于管理国家特别强调“以和为贵”。他说：“礼之用，和为贵。”(《论语·学而》)“盖均无贫，和无寡，安无倾。”(《论语·季氏》)“君子和而不同，小人同而不和。”(《论语·子路》)孟子则认为：“天时不如地利，地利不如人和。”(《孟子·公孙丑下》)荀子也认为：“上得天时，下得地利，中得人和，则财货浑浑如泉源。”(《荀子·富国》)汉代董仲舒的《春秋繁露·循天之道》释“中和”说：“中者，天下之终始也；而和者，天地之所生成也。夫德莫大于和，而道莫正于中。”“能以中和理天下者，其德大盛；能以中和养其身者，其寿极命。”朱熹则在《四书章

句集注》中说："敬者，礼之所以立也；和者，乐之所由生也。"

由此可以看出，"以和为贵"的思想促使管理主体努力去实现天人和谐、已我和谐以及人我和谐，具有极其辩证的思想内涵，因而历史上大多数管理者都把它看成是治理好国家的重要原则。归结而言，"以和为贵"的思想，在管理上的含义可以有如下五个方面。

第一，"和"是宇宙与万物的本质和发展规律，也是我们进行自我管理和社会管理的原则和目标追求。

第二，"和"是指不同的或对立的成分相互协调，在对立中存统一。

第三，"和"求的是适度，这就是中和。这个"度"，只有在不同或对立因素之间的相互关系中才能把握。整体的和谐对每个部分、每个因素都有一定的要求，离开总体和谐的要求便无法把握各个局部因素。

第四，"和"不是随意的、无原则的调和，和而不同才是真正的中和。

第五，"和"并不主张墨守经文条律，它提倡的是审时度势、变而通之。

中国传统文化中"以和为贵"的管理机制，是一种整体观的管理思想。这种整体观把管理作为一个统一的过程，在管理行为上具体表现为阴阳互补、五行反馈、刚柔相济、动态平衡、中庸和谐等图式，以达到主体与客体、群体与个人、自然与社会、"天理"与"人欲"相互交融的统一状态。这样，管理就不仅是一种科学的理性操作，而且是一种人们创造的艺术境界。这种管理的理想境界就是孔子的"从心所欲，不逾矩"，也就是老子的"无为而无不为"。

四、无为而治

无为而治是中国古代管理心理思想的一个重要目标和策略，它由道家提倡并在中国封建社会的发展中产生了广泛的影响。在道家的理论体系中，"无为"是作为世界万物本原的"道"的一项重要属性。道家的创始人老子认为："道者万物之奥，善人之宝，不善人之所保。"(《老子・六十二章》)"大道泛兮，其可左右。万物恃之而生而不辞，功成不名有，衣养万物而不为主。常无欲，可名于小；万物归焉而不为主，可名为大。以其终不自为大，故能成其大。"(《老子・三十四章》)这里，老子把"道"看成是万物的主宰，但他又认为"道"的主宰作用，只是让万物顺其自然而无为，这就是"道"伟大的地方。在老子的思想体系中，"有无相生""难易相成"和"反者道之动"等，乃是世界上矛盾运动不可抗拒的规律，因而"以退为进""柔弱胜刚强"等，也就成为应对一切的普遍原则。

然而，在道家的思想体系中，“无为”并非无所作为。《老子・三十七章》载：“道常无为而无不为。”《老子・七十三章》说：“天之道，不争而善胜，不言而善应，不召而自来，繟然而善谋。天网恢恢，疏而不失。”这里的“天道”，既是无为，又是无不为。道家的无为思想还可以从人性观中反映出来。老子说：“见素抱朴，少私寡欲。”（《老子・十九章》）主张人要外表单纯、内质朴实，保持素朴的自然本性，减少私心，降低欲望。庄子认为原始人的朴素无知是人的本性：“同乎无欲，是谓素朴；素朴而民性得矣。”（《庄子・马蹄》）由此可以看出，老庄都认为当时社会环境物欲横流，人的素朴本性受到了扭曲，因此提出要复归，即还原人性的本来面目。《老子・二十八章》写道“复归于婴儿”，“复归于无极”，“复归于朴”。也就是说，人应该复归到婴儿状态中去，复归到真理状态中去，复归到淳朴状态中去。庄子则赞赏“同与禽兽居”的原始社会，认为这是“至德之世”，在这种社会里人的本性才得以体现。

在领导心理思想方面，道家无为的观念也得到充分体现，认为高明的领导者应顺应自然、无为而无不治。老子描述了不同类型、不同水平的领导者：“太上，不知有之；其次，亲而誉之；其次，畏之；其次，侮之。信不足焉，有不信焉。悠兮，其贵言。功成事遂，百姓皆谓‘我自然’。”（《老子・十七章》）这里把领导者按水平高低顺次分为四种类型：最高明的领导者，下属仅知其存在，没有感觉到他做了些什么，他无为而治，下属能各顺其性；稍次的，下属亲近他，赞誉他；再次的，下属害怕他；最差的，下属蔑视他。对于言而无信的领导者，下属就不信任他。

道家“无为而治”的管理策略，在中国传统管理中发挥了很大的作用。汉文帝时，左丞相陈平在管理中的做法，就充分体现了这种思想。有一次汉文帝询问右丞相税收数字，右丞相周勃答不出来，急得汗流浃背。左丞相陈平上前代答：“各有主者。”他建议文帝询问专管其事的人——治粟内吏。文帝听了很不高兴，便问陈平，各事都有其所管，那你宰相干什么？陈平就用道家的思想回答：“宰相者，上优天子，理阴阳，顺四时，下遂万物之宜，外镇抚四夷诸侯，内亲附百姓，使卿大夫各得任其职也。”这就是历史上有名的“宰相职权”论，充分体现了“无为而治”的管理心理思想，而且这一思想在唐朝的贞观之治中也得到了充分的体现。

五、中庸之道

中庸之道是中国古代管理心理思想中的重要原则和策略之一。“中”的思想由来已久,《尚书·周书》中的两篇重要文献《洪范》《吕刑》都涉及中道的思想。《尚书·盘庚中》中有“各设中于乃心”的论述,《论语》中也有追述尧对舜的告诫“允执厥中”的记载。《周易》中的“卦位尚中”,也反映了中道的特征。这些思想对后世影响甚大。至春秋时期,“中和”被普遍推崇。儒家创始人孔子发扬了殷周以来“尚中”的思想:“中庸之为德也,其至矣乎!民鲜久矣。”(《论语·雍也》)明确把“中庸”看作最高的道德范畴。《礼记·中庸》则进一步把“中”与“和”看作“天下之大本”,“天下之达道”。后世许多思想家也从各个方面继承和发展了这一思想,使之作为一种国粹在社会政治经济文化中产生了巨大的影响。

那么,中庸之道究竟体现了怎样的一种精神?《礼记·中庸》中的解释是“执其两端,用其中于民”。程颐对此的解释是:“不偏之谓中,不易之谓庸。”(《二程集》)朱熹则解释道:“中者,不偏不倚、无过不及之名。庸,平常也。”(《四书章句集注·中庸》)他们都从不同方面揭示了中庸的内在含义。在管理中,我们不能简单地用折中主义的观点来解释它,而应正确理解这一概念包含的内在哲理。中庸之道运用于管理,主要包括以下四个方面的含义。

第一,统一把握好矛盾的双方。孔子这样说道:“吾有知乎哉?无知也。有鄙夫问于我,空空如也。我叩其两端而竭焉。”(《论语·子罕》)这体现了中庸思想中的一个重要特征,就是从事物对立的两方面找出解决问题的答案。也就是所谓的“执两用中”,这样就能统一考虑到矛盾中对立的两极,不致出现偏颇,在对立面的互补中取得一种整合效应。

第二,凡事要适度。作为一种重要的管理原则和方法,中庸之道反对处事走极端,主张任何事都要遵循一个适当的标准,即“度”。《论语·先进》记载:“子贡问:‘师与商也孰贤?’子曰:‘师也过,商也不及。’曰:‘然则师愈与?’子曰:‘过犹不及。’”“过”就是过火,“不及”就是火候不到,“过”和“不及”都是孔子反对的,由此便得出处理事物的方法:无过无不及。这一思想在《论语·子路》中也有论述:“不得中行而与之,必也狂狷乎!狂者进取,狷者有所不为也。”这里,“狂”(激进)就是过,“狷”(拘谨自守)就是不及,两者都不提倡;管理中提倡“中行”,凡事都要适中和适度。

第三,掌握灵活多变的原则。中庸之道还要求遵循灵活多变的原则。刘劭曾这样说:“夫中庸之德,其质无名。故咸而不碱,淡而不醴,质而不缦,文而不缋。能威能怀,能辩能讷,变化无方,以达为节。是以抗者过之,而拘者不逮。”(《人物志》)这体现了“中庸”的一个重要原则是要能衡量事物的情势相应地变

通，只有这样才能真正掌握它的要领。

第四，保持矛盾双方的协调。《礼记·中庸》说："中也者，天下之大本也；和也者，天下之达道也。致中和，天地位焉，万物育焉。"孟子也指出："天时不如地利，地利不如人和。"（《孟子·公孙丑下》）"中和"实际上体现了儒家中庸思想对矛盾对立面之间的调和和渗透的追求，但儒家所说的"和"并不是无原则的，孔子对此有明确说明："君子和而不同，小人同而不和。"（《论语·子路》）不同的东西和谐地配合叫作"和"，"和"的各方面有所不同；相同的东西相加或相混合叫作"同"，"同"的各方面之间完全相同。由此可见，孔子反对在管理中人云亦云、盲目附和，而追求一种有原则的协调与和谐。"中和"的思想不仅可以减少春秋战国时期礼崩乐坏状况下的各种矛盾和冲突，维持社会稳定，而且对于我们今天创造和谐的人力资源管理、增强组织凝聚力，具有积极的指导意义。

综上所述，中国管理心理学思想的五个主要特征，存在着相互依托与相互共存的关系。其中，以人为本是中国管理心理学思想的核心价值观，也是中国管理心理学思想的基石；以德为先是中国管理心理学思想的道德取向，也是中国管理心理学思想的方向性特征；中庸之道是中国管理心理学思想的行为法则，也是中国管理心理学思想的处世原则；无为而治是中华管理的理想境界，是中华文化历代追求的理想管理状态；以和为贵是中国管理心理学思想的终极目标，也是中国传统管理智慧倡导的竞争法则。

第三节　中国管理心理学思想的历史

一、中国管理心理学思想的滥觞

中国管理心理学思想的萌芽要追溯到夏、商、周三代，它的起源与中国农业社会的发展密切相关。随着以农业为基础的社会分工的出现，管理活动随之产生。而管理心理学思想的起源更多地从原始社会关系发生的变化中反映出来。原始氏族的社会关系主要体现为家族血缘关系，因而中国管理的人际组合和关系，从本质上构成了以家庭血缘关系为纽带的重视尊卑、上下等级关系的宗法制度。因此，古代重视"天地君亲师"，核心在于"亲"，这使得华夏文化对家族血缘联结产生强烈的伦理意识，这与后来成为中国管理心理学思想主流的儒家思想中"仁"的观念，"修己安人"的思想以及宗法观念的人际关系原则有着历史的

必然联系。同时，农耕社会的发展必须借助天和自然的力量，更必须以广大百姓的辛勤劳作为基础，这使得人们在敬畏天神的同时意识到了人自身的力量。《尚书·泰誓中》言：“天视自我民视，天听自我民听。”这是说上天的视听是以人民的视听为依据的。这说明上天的地位在人们眼里发生了动摇，而人民的地位得到了提高。夏、殷兴亡的历史，使统治阶级从观察和分析社会矛盾中，看到民心向背和统治者个人作为所起的作用，意识到“有命在天”最终是靠不住的，而君子戒惧警惕，忠于职守，做好敬德保民的工作才是治理国家的根本。《尚书·洪范》篇提出领导者不能只做孤家寡人，要与外界多接触，要“谋及卿士，谋及庶人”，还要“敬用五事”，在“貌”“言”“视”“听”“思”等方面多加修养。《尚书·皋陶谟》篇还对领导者应具备的“九德”提出了要求，即所谓“宽而栗，柔而立，愿而恭，乱而敬，扰而毅，直而温，简而廉，刚而塞，强而义”。上述观念成为中国管理心理学思想中人本主义、民本主义、重德思想的重要来源。

中国管理心理学思想的萌芽，还从一部儒学经典《周易》中反映出来。《周易》原为占卜的书，但其中包含着比较丰富的管理辩证法思想。它反映了人们对自然和社会发展规律的把握，体现在乾坤八卦、阴阳五行中的朴素辩证法思想，反映了对人和道（规律）的重视，尤其揭示了关于矛盾转化和人的主观能动性的联系，说明人的努力与事情的成败有着很大的联系。如《谦·六四》爻辞提出“谦”和“豫”两种卦象，“谦”就是态度谦逊，不傲名（“鸣谦”）、不居功（“劳谦”），不以救世主自居（“伪谦”）。这种“谦谦君子”，可以“用涉大川”，渡过险阻，最终达到“无不利”。相反，“豫”是神态厌倦，意志骄盈（“鸣豫”），游乐无度（“由豫”），从早到晚都是毫无振作（“盱豫”），故“介于石，不终日”，即使有坚如磐石的江山，也无自保，终于“迟有悔”。

总之，以农业社会为基础的宗法制，孕育了中国管理心理学思想的萌芽，使得它在以后的发展中产生了很多有别于其他国家和民族的特征，形成了独特的风格。

二、中国管理心理学思想的形成

先秦时期是中国封建社会的开端，也是中国管理心理学思想产生和奠基的时期。春秋战国时期是个大变革的时期，社会形态由宗族奴隶制向封建制过渡。过去的管理思想和制度已成为时代发展的桎梏。在各种矛盾和冲突的推动下，经济上，土地私有制开始出现；政治上，王室衰微，诸侯争霸；文化上，由政治、经济的变动造成文化下移，出现私学，形成了“士”阶层；思想上，经过从西周初到春秋末几百年的积累，人们在摆脱天命思想的过程中，思想已有很大发展。在这些因素的共同作用下，百家争鸣应运而生。诸子百家在政治、经济、军事、文化等方面提出了不同的管理主张。传统管理心理思想由此发轫。

百家争鸣中对后世产生影响的大小学派有十家左右，主要有儒、道、法、墨、兵、农、名、杂、阴阳、纵横等家，他们的管理心理思想主要在《论语》《孟子》《道德经》《庄子》《吕氏春秋》《荀子》《韩非子》《墨子》《孙子兵法》等著作中反映出来。诸子百家对经世治国的主张进行了充分的论辩，分别涉及人性与需要思想、用人心理、激励心理、领导心理、组织心理等不同的方面。诸子百家中，具有系统性而又对后代产生较大影响的主要有儒、道、法三家，其中儒家可以说是最完整地吸收了华夏文化的精髓。儒家倡导的人本主义、明德、中庸、修己立人等思想不仅在中国以后几千年的历史中成为左右人们思想的主导价值观，而且远播东南亚及欧美各国，对人类思想和文化的发展起了极大的推动作用。

与儒家重德的管理心理学思想有所不同，法家主张以法治国，讲究法、术、势相结合，在管理的制度、技巧、权威等方面提出了不少见解。道家管理心理学思想的主要精神是以“道”为中心，讲“无为而治”，偏重于对管理的规律、方式和艺术的探求。道家主张的“无为”并不是真的要求管理者无所作为，而是所谓“治大国若烹小鲜”，“无为”是为了“有为”。兵家全胜而非战的战略思想，知己知彼的信息和决策思想，注重人才心理素质的测评和培训的用人思想，以及赏罚分明的激励思想，不仅是中国管理心理学思想中的精粹，而且为海外的管理学者和企业家所推崇，并在管理实际中加以应用。墨家则主张国富民治，在人际关系上提倡兼相爱，交相利，在用人上主张尚贤，并重视领导者修身亲士，培养“厚乎言行”的德、“辩乎言谈”的才、“述且而作”的实干精神、“摩顶放踵”的工作态度和“非乐节用”的生活作风。

由于中国是人类历史上最古老的文明国家之一，积累了丰厚的管理经验，因此，在此基础上产生的管理心理思想极其丰富，实践性较强。各家学说在争鸣中互相吸取，互相融合，不断丰富，不断深入。因而，这一时期管理心理学的发展空前地繁荣，可以说是中华管理智慧的最高体现。先秦管理心理思想为中国后世管理心理思想的发展提供了广阔和深厚的基础，是中国管理心理学思想的源头。尽管其中不乏对现今管理带来消极影响的方面，但它仍然是对现代管理具有极大借鉴和指导作用的瑰宝。

三、中国管理心理学思想的发展

秦汉相继统一，标志着封建经济制度和封建集权制在全国范围内的确立巩固，后又历经三国、两晋、南北朝等时期，历史经历了“合久必分，分久必合”的民族大动荡和大变迁，社会经济、政治、文化的发展，都不可避免地形成某种阶段性的特征，管理心理学思想的发展正体现了这一规律。这段时期居于支配地位的学术思潮，经历了两汉神学、魏晋玄学、南北朝等发展阶段，但贯穿其中的管理心理学思想论争，主要围绕“天人关系”依次展开。实际上，天人问题是中国管理心理思想发展中的一个基本问题，它源自上古时代，在先秦的百家争鸣中就已经显现出来，这时重新提出，却具有了新的时代内容和表现方式。秦至汉初，地主阶级内部的不同集团，对于怎样巩固封建集权统治，怎样创立新的法度和理论基础，产生了很多的分歧和争论。秦统治者坚持“以法为教，以吏为师”，黜道坑儒带来的失败教训，引起了汉初统治者的深刻反思，促使他们在文化学术思想上采取开放的政策，汉初的统治者暂时采取了黄老之学的新道家作为“治国安民”的指导思想，创造了“文景之治”，而在思想领域内，事实上在道法互黜、儒道互黜的矛盾中，各有中心，思想上各有继承，逐步形成了几种具有新的时代特征的主要思潮。例如，陆贾、贾谊等人从不同角度提出的一些治理国家的思想具有很大的影响。然而，秦至汉初的几种思潮在体系上尚不够成熟，在神权和皇权之间还缺乏系统的理论说明，这一点是当时的统治者迫切要解决的问题。当董仲舒提出“天人三策”的思想时，汉武帝欣然接受，于是封建统治者开始找到了巩固政权的理论体系。掀开董仲舒思想体系中的神学面纱，我们看到的是其丰富的适应当时社会政治形势和百姓心理的领导心理思想，其关于领导者自身修养，领导者如何发挥影响力，领导者如何用人、激励人的论述将神权和皇权的力量巧妙地融合到了一起，他因此成为秦汉之际新儒家思想的集大成者，两汉中央集权专制统治理论基础的奠基人。

汉魏六朝时期支配社会生活的思想意识几经演变，由汉代的神学变为魏晋的玄学，再演变为南北朝的佛教，其表现形式各不相同，思想实质则一脉相通，其论争的核心论题，主要涉及的是“天人之际”的问题，实质上试图把心灵、社会和宇宙作为一个整体来诠释人性和心灵的追求。与上述神权化或神秘主义理论相对立，另一条无神论的思想路线则力图对“天人关系”作出更合理的回答，对当时的宗教异化和政治异化对人们心灵的误导表示一定的抗议，王充、范缜等人堪称杰出代表。

在学术观点的论争中，很多思想家在他们的著作中提出了一些对当时的社会发展，以及现代管理都有借鉴意义的管理心理学思想。例如，《史记》《淮南子》《论衡》《人物志》等著作中，涉及大量关于如何知人、用人、励人、育人，以及领导者的品质、领导策略等方面的思想；而三国时期的曹操、诸葛亮等人的理论，继承并发展了先秦兵家的诸多观点。这些思想观点推进了中国管理心理学思想的理论完善。

四、中国管理心理学思想的完善

唐宋之际，中国封建社会在经济关系、阶级结构和社会矛盾等方面，发生了重大的转折性变化。土地私有制和封建工商业都得到很大发展，商品货币削弱了农民的依附关系，统治阶级的利益和地位发生了动摇。自唐“安史之乱”后近两百年的分裂割据局面使得社会长期处于恶性循环之中，道德风气日趋恶化。宋初的开国者因此采取厉行集权和重整纲常的方针政策。自宋到明中叶占主要学术地位的宋代理学就是在这样的条件下孕育产生的。严格地说，理学是儒学发展过程中产生的新的理论形态，一方面，它以儒家的纲常伦理为核心，吸取佛学本体论思辨模式和道家“道生万物”的宇宙观，建立起兼有精致的思辨形态和现实纲常内容的儒学新体系，从而超越了佛、道哲学；另一方面，这一儒学新体系将注重阐述儒家经典的经学和根据儒学原理阐述并发展自己学术观点的子学有机结合在一起，从而结束了先秦诸子学之后经学和子学分立的局面，使得孔子开创的儒家学派在理论上达到了一个更高层次的统一。具有强烈入世精神的儒学的统一，标志着中国管理心理学思想的发展进入理论完善阶段。

唐宋时期管理心理学思想的论争，主要是围绕“内圣外王”这一主题展开的。“内圣外王”之词最初来源于道家文献，评价的是孔子“修己安人”的思想，孔子这种内有圣人之德，外施王者之政的管理理念为后世儒家所标榜，成为儒家一贯奉行的人格理想和实施王道政治的经世路向。孔子之后，内圣的仁学和外王的礼学开始发生分离，孟子侧重发展了孔子学说中“内圣”的一面，成为儒家理想派的代表，荀子侧重发展了“外王”的一面，成为现实派的代表。孟荀之后，儒家“内圣外王”的经世传统，沿着“内圣”与“外王”两大路向，历经汉唐两宋数朝，此起彼伏，相辅相成。韩愈、程颢、程颐、朱熹等继承和发展了思孟学派的“内圣”之学，而王通、陈亮、叶适等事功派继承和发展了荀子的“外王”之道。由于理学在后期封建社会中的正统地位和巨大影响，思孟学派的“内圣外王”之学遂成为儒家道统的正脉。

唐宋管理心理学思想的内圣外王之道，其理论重心在“内圣”一面，即以“内圣”启“外王”，主要强调以自我管理来实现外部世界的管理，所谓“正心诚意”于内，方可“修齐治平”于外，只要做到“格致诚正”的内圣修养，就会有“家齐、国治、天下平”的外王局面。过分强调“内圣”，以至于以心性修养代替一切，实际上是把现实社会“三纲五常”政治的伦理原则异化为天理，又将天理赋予人而体现为人性和人心，这样就把人的内在本质和本性归结为道德本性，以此论证“三纲五常”等封建道德的合理化。而尽性的根本途径就是要“存天理，灭人欲”，此时，唐宋的管理心理学思想已背离了经世致用的儒家管理心理学思想的传统，在理论上深化了以往的管理理念，构筑了以人性为基础、以道德为目标、以自我管理为核心的中国管理心理学思想体系，在实践上强化了人们按社会政治伦理准则行事的自觉性。这一思想体系对维护中央集权的君主专制社会后期的稳定产生了很大的作用。但由于它扼杀了人们的感性欲望，空谈心性，因此束缚了人们主体性的发挥，使管理僵滞化，对社会的进步产生了消极的影响。

唐宋时期中国管理心理学思想的发展进入理论完善阶段。这一时期的管理心理学思想主要体现在《长短经》《太白阴经》《虎钤经》《武经总要》《容斋随笔》等著作中。贞观统治集团、韩愈、柳宗元、范仲淹、王安石、朱熹等关于治国理政的主张中也包含丰富的管理心理学思想。

五、中国管理心理学思想的现代转向

明清之际，漫长的封建社会发展已进入它的末期，新的资本主义经济关系开始萌芽，但腐朽的封建生产关系及强固的上层建筑，阻碍着新生产力的生长，各种社会矛盾空前激化。顺应时代发展的潮流，一大批有识之士鉴于明代学术空疏误国的教训，对主张居敬主静、明心见性的宋明性理之学深恶痛绝，转而提倡匡时济世、经世济用的实学，代表人物有顾炎武、黄宗羲、王夫之及主张会通中西学术的徐光启和倡导习行之学的颜元等人。中国管理心理学思想的发展因此呈现出新的动向，展现出务实求真的特征。例如，颜元倡导经世致用之学，反对空谈“性理”的宋明理学，认为读书人最主要的任务是经世济民，治理国家，而不是埋首书本之中。如何经世济民？颜元提出了“富天下”“强天下”“安天下”的治国方略：“如天不废予，将以七字富天下：垦荒，均田，兴水利；以六字

强天下：人皆兵，官皆将；以九字安天下：举人材，正大经，兴礼乐。”这里，颜元认为国家富裕是第一位的，他认为理学家对人心性修养的要求，一般人极难做到，就是理学家自身也不能以身作则，深受其害的是广大的劳动人民。这样的观点抨击了“存天理，灭人欲”的两宋理学观点，对人的合理需要进行了充分的肯定。明清之际的一位思想家王夫之摆脱了神学史观，对中国传统文化，特别是儒家思想进行了全面而深刻的反思，对前人的思想成果进行系统的总结，几乎涉及管理心理学的所有重要问题，堪称明清时期思想领域的集大成者。

值得注意的是，这一时期文学领域的《水浒传》《红楼梦》等文学名著，揭露和批判了封建制度对人的心灵和性情的禁锢，极力倡导突破封建礼教的桎梏，反映了新兴市民意识的觉醒。《菜根谭》《呻吟语》《小窗幽记》《围炉夜话》等著作都体现了娴熟的管理智慧和老练的生存艺术。应当看到，这一发展新趋向的出现，是我国封建社会走向末期的历史必然，尽管仍不可避免地存在阶级和时代的局限性，但它们表现出的实事求是的科学态度和历史主义的批判精神，极大地推动了以自然科学为基础的近代中国社会政治经济文化的发展。

中国近现代的管理心理学思想，是从引进、翻译西方心理学著作开始的。也就是说，这一时期中国没有直接从西方引进独立的管理心理学，管理心理学思想是蕴涵在工业心理学与人事心理学之中的。从这个意义上说，在管理心理学的早期发展中，为开拓这一领域作出了重要贡献的心理学家，主要有潘菽、周先庚、陈立、萧孝嵘等。他们介绍西方工业心理学，倡导并着手在国内开展工业心理学的研究，这一开拓性工作为我国现代管理心理学的建立和发展奠定了基础。其中，潘菽早在1929年，就撰文介绍了心理学在工商业方面的应用情况。1935年，陈立撰写和出版的《工业心理学概观》一书，第一次从环境、疲劳、休息、工作方法、事故与效率，以及工业组织、激励与动机等重要方面，系统论述了中国工业心理学和管理心理学的基本问题，成为中国近现代管理心理学理论发展的重要里程碑。[①] 此外，抗日战争时期，萧孝嵘倡导人事心理研究，并发起成立中国人事心理研究社，对中国近现代管理心理学的发展作出了一定的贡献。

---

① 王重鸣. 管理心理学[M]. 北京：人民教育出版社，2000：19.

第四节　中国管理心理学思想的意义

众所周知，管理心理学这门科学的诞生和发展是与西方工业文明的发展历史紧密联系在一起的。然而，20 世纪 60 年代以后，日本及亚洲“四小龙”在经济上的崛起，使得人们意识到，所谓的现代管理不再是西方文明的专利品，东方文化背景下的文明同样可以产生先进的管理理论和模式，这促使人们从一个新的层面去探究管理的本质。因而，学习、研究中国管理心理学思想，对于发展中国和世界的管理科学都有着积极的意义。

一、有利于促进中国管理科学的本土化

回顾东西方现代管理发展的历史，无论是孕育出现代管理原理和方法的美式管理还是曾经取得过辉煌成就的日式管理，两者并不存在孰优孰劣的问题。它们共同的特点就是现代管理理论和自身文化的融合。正是由于这一规律，美国人在学习日本管理的时候发现，那些受日本文化影响的东西他们学不了。同样，当 20 世纪 90 年代初日本泡沫经济发生衰退，日本企业又重新学习美式管理的时候，美国管理模式中折射出的文化层面的东西，也不太容易为日本企业所吸收。

中国管理理论与实践的发展同样符合这一规律。伴随着改革开放的步伐，西方现代管理科学逐渐传入中国，作为现代管理理论重要组成部分的行为科学，管理心理学也随之传入。在对西方管理科学进行理论研究和实践应用的进程中，我们同样质疑西方管理理论和模式在非西方文化中的普遍适用性。

中国的文化土壤中，没有生长出西方式的“科学”的管理理论，但作为一个有着五千年历史的文明古国，它具有的管理思想和经验，特别是有关管理活动中人的心理规律方面的思想是极其丰富的。如果说管理心理学作为一门学科起源于美国，那么管理心理学的思想则起源于中国。例如，管子提出“以人为本”。他认为：“夫霸王之所始也，以人为本，本理则国固，本乱则国危。”孔子提倡“以德为先”；老子教人“治大国若烹小鲜”；庄子说：“顺物自然而无容私焉，而天下治矣。”（《应帝王》）《易经》中“物极必反”“否极泰来”“盛极必衰”等观点，揭示了深刻的管理心理思想。可以说，现代中国人的心态与管理行为已深深打上了历史传统的烙印。因而，无视中国人自身的心理特性和管理实践而盲目地追

随西方管理心理学研究的趋势，对我们这样一个大国来说是很不明智的。

二、有利于完善世界管理科学的发展

世界管理科学的发展离不开对东西方管理发展历史的梳理。渊源于古希腊文化传统的西方管理心理思想，在近代资本主义的条件下演变为具有一定科学形态的管理理论，这一理论植根于实用主义的经济学、唯理的哲学以及新教的个人主义道德，这使得它的产生从一开始就以追逐企业的利润、提高效率为目标，表现为一种微观领域的管理，因而与中国农业社会的管理形态有明显区别。西方管理心理学的这种进取、征服、实用的价值倾向曾经是创造近代工业文明的一个重要原因。但是进入 20 世纪，导致了很多不良的后果，诸如生态系统的破坏，能源的枯竭和道德的危机等，甚至影响到人类的生存，因而西方的管理从"二战"以后就力图从东方文化中寻找"和谐"的因素，这种"和谐"应体现在人与人之间，人与物之间，人与自然之间。而以中国古代管理心理思想为代表的东方管理文化正好可以发挥这样的作用。

渊源于华夏文化传统的中国管理心理思想是中国农业文明的产物，它的基础是中国的伦理文化。在中国的封建社会中，宗法血缘关系渗透到社会生活的各个方面和各个层次，积淀成为一种极为稳固的文化结构、心理力量和组织形式，这些在很大程度上影响着中国管理心理思想的发展，使得它具有了不同于西方管理心理思想的理论模式，表现出整体观、协和观、人本观和辩证观等特点。它的优点主要是：重视发挥人在管理中的能动作用，注意各种管理因素的协调平衡，善于从整体的、长远的管理目标出发来决定各种管理措施，努力在管理的过程中建立和谐的人际关系，倡导群体凝聚的精神，培育高尚的道德情操。

然而，中国古代的管理心理学思想是在封建的农业社会的土壤中生长起来的，它有不可避免的缺陷：过于浓厚的王权意识、宗法观念、等级习俗和官本位思想；轻思辨，轻分析，缺乏科学的数理分析；缺乏与市场经济的紧密联系，无法形成系统的科学形态。

中国古代管理心理学思想和西方管理心理学理论优劣共生，利弊相通，互相对应，互为补充。它说明了人类管理的趋异性，即管理具有民族性，不同的民族文化、经济发展水平以及不同的经济体制将形成不同的管理风格和管理模式。同时，它也说明了管理的趋同性，即管理经验通过互相学习，可以在不同的国家民族之间转移，但需要有一个与本民族的文化、国情相融合的过程。这两

种思想的交流和融合，可以使中国传统管理心理思想在新的历史条件下得到改造和重建，从而丰富世界管理科学的内容，促进世界管理科学的发展。

本章摘要

西方管理心理学围绕个体心理、群体心理、组织心理三方面建立的体系，偏重企业管理。从人性、领导、目标、人力、环境、时间、信息决策、自我这些方面架构管理心理学体系，适用于各种组织管理乃至个人管理。中国古代管理心理学思想集中体现在人性、领导、目标、人力、环境、时间、信息决策、自我等管理方面。

中国管理心理学思想的五个基本特征是：以人为本、以德为先、以和为贵、无为而治、中庸之道。

先秦时期是中国管理心理学思想产生和奠基的时期。诸子百家在政治、经济、军事、文化等方面提出了不同的管理主张。传统管理心理思想由此发轫。

汉魏六朝时期，贾谊、董仲舒、司马迁、王充、王符、诸葛亮提出了一些对当时的社会发展，以及现代管理都有借鉴意义的管理心理学思想。唐宋时期中国管理心理思想的发展进入理论完善阶段。这一时期的管理心理学思想主要体现在《长短经》《太白阴经》《虎钤经》《武经总要》《容斋随笔》等著作中。明清之际中国管理心理学思想的发展呈现出新的动向，展现出务实求真的特征。思想家王夫之对中国传统文化，特别是儒家思想进行了全面而深刻的反思，对前人的思想成果进行系统的总结，几乎涉及管理心理学的所有重要问题。中国近现代的管理心理学思想，是从引进、翻译西方心理学著作开始的。潘菽、周先庚、陈立、萧孝嵘等心理学家介绍西方工业心理学，倡导并着手在国内开展工业心理学的研究，这一开拓性工作为我国现代管理心理学的建立和发展奠定了基础。

学习、研究中国管理心理学思想，对发展中国和世界的管理科学都有积极的意义。具体来说，有利于促进中国管理科学的本土化，有利于完善世界管理科学的发展。

第二章 中国管理心理学思想的理论基础：人性论与欲求观

先秦人性论与欲求观

汉魏六朝人性论与欲求观

唐宋人性论与欲求观

明清人性论与欲求观

第一节　先秦人性论与欲求观

管理者有什么样的人性观与需要观，就决定了他们会采取什么样的方式去进行管理。人性论与欲求观是中国管理心理学思想的理论基础。

先秦时期的人性论与欲求观以儒家、道家、法家的观点最具有代表性。下面就这些观点进行详细介绍。

一、儒家的人性论与欲求观

（一）儒家的人性论

1. 性善论

人性问题，在孔子时代还没有作为独立的问题提出来进行探讨。孔子关于人性最重要的言论是“性相近也，习相远也”（《论语・阳货》）。他揭示了人的先天本性没有多少差别，而后天习染使之相差甚远，这说明了人性在后天环境中的可塑性。

战国时期，对人性的探讨成为百家争鸣中的一个重要问题，关于人性存在几种不同的论点。孟子在孔子人性理论的基础上对人性进行了系统的研究，提出了性善论的观点。这一观点是通过他和告子的辩论展开的。

第一，孟子“人性善”的提出。告子曰：“性犹湍水也，决诸东方则东流，决诸西方则西流。人性之无分于善不善也，犹水之无分于东西也。”（《孟子・告子上》）孟子则反驳说：“水信无分于东西，无分于上下乎？人性之善也，犹水之就下也。人无有不善，水无有不下。今夫水，搏而跃之，可使过颡；激而行之，可使在山。是岂水之性哉？其势则然也。人之可使为不善，其性亦犹是也。”（《孟子・告子上》）

告子认为，人性如水流一样没有东西定向。而孟子认为水总是向下流，人性的根本也是善的。虽然有时可以使人做不善的事，但这不是他的本性决定的，而是外势使然。

第二，孟子“人性善”的含义。《孟子・告子上》中记载，告子曰：“生之谓性。”“食色，性也。”孟子则反驳说：“然则犬之性犹牛之性，牛之性犹人之性与？”这段论辩中，告子把人的没有善与不善的本性等同于生物的本性，而孟子认为人的善的本性是不能和动物的本性相提并论的。那么，孟子所说的善的人性指的是什么呢？他说："由是观之，无恻隐之心，非人也；无羞恶之心，非人也；无辞让之心，非人也；无是非之心，非人也。恻隐之心，仁之端也；羞恶之心，义之端也；辞让之心，礼之端也；是非之心，智之端也。人之有是四端也，犹其有四体也。"(《孟子·公孙丑上》)"仁义礼智，非由外铄我也，我固有之也，弗思耳矣。"(《孟子·告子上》)

孟子认为，恻隐之心、羞恶之心、辞让之心和是非之心是仁义礼智这些善德的萌芽，它们就如同人的四肢一样是人所固有的。不具备这些品质，就不能称为人。从这里可以看出，孟子赋予了人性先验的社会道德属性，使之成为人异于禽兽的本质所在，并期望具有这些社会属性的人能从动物界中提升出来。

第三，孟子"人性善"的探求。孟子这样说道："仁，人心也；义，人路也。"(《孟子·告子上》)"求则得之，舍则失之。"(《孟子·告子上》)"富岁，子弟多赖；凶岁，子弟多暴，非天之降才尔殊也，其所以陷溺其心者然也。"(《孟子·告子上》)

孟子为孔子"仁"的管理心理思想加入了人心的现实载体，开辟了儒学发展史上以"心"释仁和以"义"行仁的新阶段，把孔子倡导的"仁"内化为人的心理状态，同时又以"义"为原则外化为人的行为方式，以此说明"仁"是天赋予人类的本性，但物欲的蒙蔽和不良环境的影响都可能使人丧失原本的善性。所以，"尽其心者，知其性也。知其性，则知天矣"(《孟子·尽心上》)。说明只要加以探求就会得到善的人性，如果放弃努力，不去探求和发扬人性的本质，就会表现出不善良的行为来。

2. 性恶论

在人性的思想上，荀子提出了与孟子性善论相反的性恶论。荀子在《荀子·性恶》篇开头就表明性恶论的主要宗旨："人之性恶，其善者伪也。"要理解荀子性恶论的宗旨，就要全面了解荀子"性伪之分"和"化性起伪"的含义。

第一，性伪之分。荀子对"性"和"伪"的界定是通过对孟子性善论的反驳展开的。他写道："孟子曰：'人之学者，其性善。'曰：是不然。是不及知人之性，而不察乎人之性、伪之分者也。凡性者，天之就也，不可学，不可事；礼义者，圣人之所生也，人之所学而能、所事而成者也。不可学、不可事而在人者谓之性，可学而能、可事而成之在人者谓之伪。是性、伪之分也。"(《荀子·性恶》)

孟子认为，人之所以能够学习是因为本性是善的；而荀子批判孟子没能真正认识人的本性，不了解本性与人为之间的区别。他认为，人的本性是自然而然生成的，不可能通过后天的学习和人为而获得。而礼、义等善的行为是圣人制定的，是人们在后天的学习和努力中能够获得的。因此，自然而然生成的，不是通过学习而获得，也不是通过后天人为的努力而获得的，叫做“性”，即本性；可以通过学习获得，也可以通过人为努力成就的，叫做“伪”，即人为。这就是荀子“性伪之分”的主要论点。

荀子还具体阐述了“性”的种种表现。“饥而欲食，寒而欲暖，劳而欲息，好利而恶害，是人之所生而有也，是无待而然者也，是禹、桀之所同也。目辨白黑美恶，耳辨音声清浊，口辨酸咸甘苦，鼻辨芬芳腥臊，骨体肤理辨寒暑疾养，是又人之所常生而有也，是无待而然者也，是禹、桀之所同也。”（《荀子·荣辱》）

从荀子的论述中可以看出，荀子“性”的内涵主要指人的口鼻耳目之欲等生理特征，其次还包含趋利避害等心理上的特征。

荀子还论述了关于性恶的观点。《荀子·性恶》载：“今人之性，生而有好利焉，顺是，故争夺生而辞让亡焉；生而有疾恶焉，顺是，故残贼生而忠信亡焉；生而有耳目之欲，有好声色焉，顺是，故淫乱生而礼义文理亡焉。然则从人之性，顺人之情，必出于争夺，合于犯分乱理而归于暴。故必将有师法之化、礼义之道，然后出于辞让，合于文理，而归于治。用此观之，然则人之性恶明矣，其善者伪也。”

在这段话中，荀子把“好利”“疾恶”等人在社会中形成的心理特征看成与耳目声色之欲一样是生来就有的，说明顺从它们会引起“争夺”“残贼”“淫乱”“犯分乱理”等罪恶，以此说明人性原本是恶的；而“辞让”“忠信”“礼义文理”等善的行为，只是后天的“师法之化”和“礼义之道”带来的结果，因而是“伪”的。

第二，化性起伪。荀子在论述他的人性之恶、性伪之分思想的同时，又提出性伪合和化性起伪的论点。他虽然强调“性”和“伪”的区别，但在人的行为塑造上并不把它们产生的作用孤立起来对待。《荀子·礼论》记载：“性者，本始材朴也；伪者，文理隆盛也。无性则伪之无所加，无伪则性不能自美。性伪合，然后成圣人之名，一天下之功于是就也。”

荀子认为，人的本性是人天生的自然材质，而人为的努力能使礼法的条理日趋完善。没有天生的自然材质，礼法的条理就没有加工、改造的对象；而没有礼法条理的完善，天生的自然材质就不能变得更好。天生的自然材质和礼法条理相结合，就能成全圣人的名望，统一天下的功业就可以完成了。如果说荀子“人性之恶”和“性伪之分”的论点带有绝对化、静止化和孤立化看问题的缺陷，那么他的“性伪合”的论点可以说弥补了一些不足。在对人的行为塑造的思考上，他把人的自然性和社会性有机地结合了起来，尤其强调后天的教化对人的

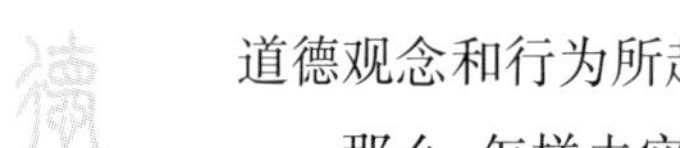

道德观念和行为所起的重要作用。

那么，怎样去实现“性伪合”呢？荀子在《性恶》中进一步论述了化性起伪的论点：“故枸木必将待檃栝、烝、矫然后直，钝金必将待砻、厉然后利。今人之性恶，必将待师法然后正，得礼义然后治。今人无师法则偏险而不正，无礼义则悖乱而不治。古者圣王以人之性恶，以为偏险而不正，悖乱而不治，是以为之起礼义，制法度，以矫饰人之情性而正之，以扰化人之情性而导之也。”“故圣人化性而起伪，伪起而生礼义，礼义生而制法度。然则礼义法度者，是圣人之所生也。”

荀子所说的化性起伪其实就是化恶为善。追求至善至美是自孔子以来儒家一贯的传统，荀子也不例外。在荀子看来，人性是恶的，所以只有通过圣人后天建立的礼义法度才能兴起善的行为，抑制恶的人性。反之，如果人们没有师法的教化，就会偏邪而不端正，没有礼义，就会违背礼法制度而不能治理。

3. 两种理论的对比

在先秦儒家管理心理学思想体系中，孟子和荀子思想的对立是显而易见的，这种对立思想的讨论主要是从人性论上展开的。尽管孟子和荀子在人性的善和恶的问题上存在着截然不同的意见，但从整个儒家管理心理学思想的发展来看，两者不仅是相容的，而且是互相补充、互为一体的。就两者的人性论来说，他们所说的人性侧重点不同，孟子所说的人的善性侧重的是人的内在的社会道德属性，而荀子所说的人的恶性侧重的是人的自然属性，两者的人性论实际上各有所长，亦各有所短。他们的人性论为后世儒家的人性论奠定了基本方向。尽管孟子和荀子的人性论不同，但在最后归宿上，他们走到了一起。就个体管理而言，两者的目的都是要使人去恶存善，超凡入圣；就群体和社会管理而言，则都是要实现一个秩序井然、人人安居乐业的理想王国。如果说孟子从事的是扬善的工作，那么荀子从事的则是抑恶的工作，两者的思想相辅相成、共同促进先秦儒家管理心理学思想体系的系统化和完善。

（二）儒家的欲求观

1. 孔孟的欲求观

孔子、孟子的欲求论思想都不大丰富。孔子的欲求论思想主要反映在这两段话中：“夫仁者，己欲立而立人，己欲达而达人。”（《论语·雍也》）“己所不欲，勿施于人。”（《颜渊》）一个能这样对待他人的管理者，其管理工作肯定是可以做好的。

孟子的欲求论思想，主要体现在如下三种观点中：一是“同欲”说。即认为人人都具有味、色、声、臭、安逸等生理的或物质的低层次欲求，也具有追求富贵的心理的或精神的高层次欲求。二是“寡欲”说。如《孟子·尽心下》说：“养心莫善于寡欲。”三是“二者不可得兼”说。鼓励人们用高一层次的欲求战胜低一层次的欲求。这三种观点与管理的关系似乎不够直接，但管理者如果能顾及人的欲求，能以身作则清心寡欲，能鼓励人们坚定信念不为物欲所动，这对于搞好管理工作肯定大有裨益。

2. 荀子的欲求观

荀子的欲求思想相当丰富，可以说是集大成者。结合管理工作而言，其主要观点是“贵乎生，乐乎安”的管理动力思想。这也是法家管理的基本出发点。法家认为，管理者应该从人们的基本欲求出发，这样管理才能够取得成效。荀子说：“故人莫贵乎生，莫乐乎安，所以养生安乐者莫大乎礼义。”（《荀子·强国》）就是说，生存和安全的需要是人生的第一需要，因此“养生安乐”是管理的第一要义。

他还分析了人的基本需要的具体内容。“凡人有所一同：饥而欲食，寒而欲暖，劳而欲息，好利而恶害，是人之所生而有也，是无待而然者也，是禹、桀之所同也。目辨白黑美恶，耳辨音声清浊，口辨酸咸甘苦，鼻辨芬芳腥臊，骨体肤理辨寒暑疾养，是又人之所常生而有也，是无待而然者也，是禹、桀之所同也。”（《荀子·荣辱》）

这些基本需要无论贫富贵贱，莫不相同。而要满足这些需要，达到生存和安全的目的，就必须运用“礼义”。“君人者，爱民而安，好士而荣”，两者缺一不可。因此，荀子提出了“节用裕民”的管理办法。这实际上是把人的需要放在了管理的第一位。他写道：“足国之道，节用裕民而善臧其余。节用以礼，裕民以政。彼裕民，故多余。裕民则民富，民富则田肥以易，田肥以易则出实百倍。”（《荀子·富国》）

荀子把人的需要看成管理的出发点，是管理行为产生效用的动力源，这为先秦法家管理思想奠定了基础。后来的法家代表人物韩非、商鞅等也发展了荀子的人性思想。

荀子对人的趋利避害思想的认识则更加清楚。在他看来，人不仅有“利”的驱动力，还有“义”的约束力。荀子指出“义”和“利”是人的两种本性。“义与利者，人之所两有也。虽尧、舜不能去民之欲利，然而能使其欲利不克其好义也。虽桀、纣亦不能去民之好义，然而能使其好义不胜其欲利也。故义胜利者为治世，利克义者为乱世。上重义则义克利，上重利则利克义。”（《荀子·大略》）

上古圣王尧、舜，从不抑制百姓对利的追求，但能做到不让对“利”的追求超过对“义”的追求。暴君桀、纣也无法阻止百姓对“义”的追求。“义”胜于“利”就会有“治世”，“利”凌驾于“义”就是“乱世”。而国君对“义”或“利”的重视和倡导起决定性的影响，聪明的国君能够充分利用趋利避害的心理，使百姓对“义”和“利”的追求能和谐进行。

二、道家的人性论与欲求观

道家是先秦时期的一个重要学派，老子和庄子的影响最大，老子被视为道家的始祖。老子、庄子代表当时社会的没落势力，面对社会的巨变，他们幻想着恢复到人类社会的原始状态。他们的管理心理思想，服务于这一目标，主要倾向是消极的。但其中不乏积极的和有价值的思想内容，这些内容是中华管理智慧中最值得珍视的内容之一。

（一）道家的人性论

先秦道家认为，“素朴”是人的本性。老子说：“见素抱朴，少私寡欲。”（《老子·十九章》）“素”，指没有染色的丝；“朴”，指没有雕琢的木。“素朴”，即单纯、朴实的意思。老子主张人要外表单纯，内质朴实，保持素朴的自然本性，减少私心，减少欲望。庄子认为，原始人的朴素无知是人的本性。“同乎无欲，是谓素朴；素朴而民性得矣。”（《庄子·马蹄》）老庄都认为当时社会环境物欲横流，人的素朴本性受到扭曲，因此，提出要复归，还原人性的本来面目。《老子》一书多次提到“婴儿”，要人返璞归真，保持赤子之心。《老子·二十八章》写道，“复归于婴儿”，“复归于无极”，“复归于朴”。主张人应该复归到婴儿状态中去，复归到本真状态中去，复归到淳朴状态中去。庄子则赞赏“同与禽兽居”的原始社会，认为那是“至德之世”，在那种社会里人的本性才能得以体现。

应该看到，老庄提出要“少私寡欲”，甚至要“无知”“无欲”，是针对诡诈、贪欲横行的社会现状，是为了使人复归素朴人性。不能据此认为，道家就是主张无知、无欲。老子说，“生而不有，为而不恃，功成而弗居”，“水善利万物而不争”。这里，“生”“为”“功成”“善利万物”都不是“无欲”的表现。道家主张的是不把自己所做的据为己有，不居功。应该说，这才是素朴人性的特点和内涵。既然人性素朴，又积极入世，那么人就蕴藏着无穷的创造潜力，管理者就应创造良好环境，排除对人性干扰的因素，顺应人的本性，把人的创造潜力充分发挥出来。

（二）道家的欲求观

先秦道家重视满足合理的欲求。《老子》认为治国者要使百姓过上安居乐业的美满生活，即“甘其食，美其服，安其居，乐其俗”（《老子·八十章》）。庄子把这样的理想社会称为“至德之世”，认为“若此之时，则至治已”（《庄子·胠箧》）。

现代心理学认为，需要会受到环境的影响，环境因素会诱发需要的产生，通过对环境的控制可以对需要产生作用。道家提出了通过对社会环境进行治理来控制贪婪欲求的主张，与现代心理学的观点是一致的。

《老子·十二章》指出过分追求感官享受会导致感官受到伤害：“五色令人目盲，五音令人耳聋，五味令人口爽。”并认为贪欲还会导致行为不轨：“驰骋畋猎令人心发狂，难得之货令人行妨。”对名利欲念的控制可以使“民心不乱”，从而达到有利于治理的目的。《老子·三章》指出：“不尚贤，使民不争；不贵难得之货，使民不为盗；不见可欲，使民心不乱。”意思是不显摆贤名、金银财宝这些名利，那么，百姓的心意就不会迷乱了。这样可以避免争名逐利、偷盗行为的发生。

道家倡导自然、不强求的需要满足方式。知足，自然地满足需要能长久和安全；否则，会带来祸害。我们认为老子、庄子在谈到“欲”这个问题时，虽然说到“寡欲”“无欲”，但其用意是倡导一种自然的需要满足方式，并不是主张要灭绝人性，这与后来宋明理学家的提法不尽相同。

三、法家的人性论与欲求观

先秦法家认为欲望是人行为的基本驱动力，但由于人对自己的欲望缺乏抑制，可能会纵欲无度、为所欲为，从而造成社会的混乱现象，所以先秦法家认为，对人的欲求行为必须加以控制。其内容主要有如下三个方面。

（一）“有欲甚则邪心胜”

商鞅指出，民性的根本特点是追求个人利益的满足。他说：“民之性：饥而求食，劳而求佚。苦则索乐，辱则求荣，此民之情也。民之求利，失礼之法；求名，失性之常。奚以论其然也？今夫盗贼上犯君上之所禁，而下失臣民之礼，故名辱而身危，犹不止者，利也。”（《商君书·算地第六》）

商鞅认为，人们在追求利益时，必然会失去礼法、丢失常性。“民之所欲万，而利之所出一。民非一，则无以致欲，故作一。作一则力抟，力抟则强。”（《商君书·说民第五》）。也就是说，百姓的欲望是巨大的，难以全部满足，只有加以控

制和统一，才能给予适当的满足，这样才能集中百姓的力量，使国力强大。韩非子同样认识到人的欲望是处于第一位的，他说："人莫不欲富贵全寿，而未有能免于贫贱死夭之祸也。心欲富贵全寿，而今贫贱死夭，是不能至于其所欲至也。"(《韩非子集解·解老第二十》)"富贵全寿"是所有的人想要得到而害怕失去的，而人们在现实生活中又经常失去它们，这是人们生存和发展的基本矛盾。在物质生活资料比较缺乏的时代，如果没有运用恰当的管理措施去节制人们的欲望，满足大多数人的基本需要，那么社会的基本矛盾就得不到妥善解决，人们就可能轻举妄动，导致管理秩序混乱，因此人的欲望就成为灾祸的源泉。

韩非子也指出："人有欲则计会乱，计会乱而有欲甚，有欲甚则邪心胜，邪心胜则事经绝，事经绝则祸难生。由是观之，祸难生于邪心，邪心诱于可欲。可欲之类，进则教良民为奸，退则令善人有祸。……故曰：'祸莫大于可欲。'"(《韩非子集解·解老第二十》)意思是说，人的欲望会扰乱人的心计，心计乱了之后人的欲望会更加强烈。欲望过于强烈就会产生邪念，有了邪念就会滋生灾祸。所以说，灾祸是由人的欲望引起的。人的各种欲望轻则使善人有祸，重则使良民作奸。对上可以削弱国君的权力，对下可能会伤害天下百姓，所以"祸莫大于可欲"。

(二)"顺民心，从民欲"

人的欲望是多种多样的，而对利益的追求是人的根本驱动力和唯一目标。如管子就清楚地认识到名利就是百姓乐于效力和接受管理的原因。正如他所说："政之所兴，在顺民心；政之所废，在逆民心。民恶忧劳，我佚乐之；民恶贫贱，我富贵之；民恶危坠，我存安之；民恶灭绝，我生育之。……故从其四欲，则远者自亲；行其四恶，则近者叛之。"(《管子校正·牧民第一》)

管子明确地指出，管理者必须顺应民众的欲望，满足其基本需要，即逸乐、富贵、生存、生育"四层次"欲求，民众才能为我所用，为管理者效力，否则必然导致众叛亲离。

韩非子也说："故王良爱马，越王勾践爱人，为战与驰。医善吮人之伤，含人之血，非骨肉之亲也，利所加也。故舆人成舆，则欲人之富贵；匠人成棺，则欲人之夭死也。非舆人仁而匠人贼也，人不贵则舆不售，人不死则棺不买，情非憎人也，利在人之死也。"(《韩非子集解·备内第十七》)

这里的王良、勾践、医生、造车和造棺材的匠人，都是为了追求各自的利益，并没有善恶之辨。商鞅则将此种情况概括为"名利之所凑，则民道之"(《商君书·算地第六》)。

（三）善、恶的控制诱导

人的本性的善或恶是可以控制或诱导的，关键是管理者如何去控制或诱导。如管子认为，国君的喜好和追求对百姓有引导作用。“御民之辔，在上之所贵；道民之门，在上之所先；召民之路，在上之所好恶。”（《管子校正·牧民第一》）他还指出，百姓的行为不仅受到国君的口头提倡的影响，而且受到国君的情感好恶和实际行为的影响。“凡民从上也，不从口之所言，从情之所好者也。上好勇则民轻死，上好仁则民轻财。故上之所好，民必甚焉。”（《管子校正·法法》）他举例说：“夫楚王好小腰，而美人省食；吴王好剑，而国士轻死。死与不食者，天下之所共恶也，然而为之者何也？从主之所欲也。”（《管子校正·七臣七主第五十二》）

商鞅具体地阐述了用刑法来阻止人们过分追求享乐的思想。他说：“民之有欲有恶也，欲有六淫，恶有四难。从六淫，国弱；行四难，兵强。故王者刑于九而赏出一。刑于九，则六淫止；赏出一，则四难行。六淫止，则国无奸；四难行，则兵无敌。”（《商君书·说民第五》）

这里的“六淫”在商鞅的著作中又叫“六虱”，是指过分追求享乐的六种坏习气，即“岁”“食”“美”“好”“志”“行”。“岁”和“食”是指产生于农业而败坏农业的事情，如农民有了余粮，年终大宴宾客和自己大吃大喝；“美”和“好”是指产生于商业而败坏商业的事情，如贩卖华美衣物和珍奇珠宝等；“志”和“行”是指产生于官场而败坏官场的事情，如官员意志消沉，办事消极。“四难”是指务农、力战、出钱、告奸四件事，是人们厌恶而难以做到的事情。以上这段文字有三个方面的含义：（1）人们总是贪图享乐、厌恶劳作，如果这样纵欲无度，国家的实力就会被削弱，如果抑制享乐思想而让百姓做自己不愿意做的事，那么国家就会强大。（2）要改变人们的这种不良习性，最好的办法是采用刑法，“德生于刑”，这样才能很好地进行管理。（3）采用多刑和重赏的方法，阻止六淫，倡导四难，改变人们的习性，就能够达到“国无奸”和“兵无敌”的状态。

韩非子则强调，应该充分利用人的“畏恐”心理，端正人的行为、事理，这样才能实现人的欲望的最大满足。他说：“人有祸则心畏恐，心畏恐则行端直，行端直则思虑熟，思虑熟则得事理。行端直则无祸害，无祸害则尽天年；得事理则必成功。尽天年则全而寿；必成功则富与贵；全寿富贵之谓福。”（《韩非子集解·解老》）

如果不充分运用“畏恐”心理，人的欲望的满足是没有止境的。即使得到“全寿富贵”也可能会有灾祸降临。“人有福则富贵至，富贵至则衣食美，衣食美则骄心生，骄心生则行邪僻而动弃理。行邪僻则身死夭，动弃理则无成功。夫内有死夭之难，而外无成功之名者，大祸也。”（《韩非子集解·解老》）

法家的这种人性论，为他们的管理思想奠定了基础。由于他们对人性的认识是建立在人的欲求这一现实的基础上的，充分地重视欲望在人的行为中的驱动作用，因而使法家在管理方面的探索有了一个突出的特点，即具有很强的功利性，也就增加了法家管理心理学思想的合理成分。

第二节　汉魏六朝人性论与欲求观

汉魏六朝时期的人性论与欲求观以贾谊以及《太平经》的观点最具有代表性。

一、贾谊的人性论

贾谊（前 200—前 168），洛阳（今河南洛阳东）人，西汉著名的政治家。18 岁时以才华学识闻名本郡，为郡守吴公所器重。汉文帝即位后，征吴公为廷尉，吴公向文帝推荐贾谊通“诸子百家之书”，贾谊被召为博士。他学识渊博，善于奏对，深受汉文帝赏识，一年之中即被破格提升为太中大夫。但此后由于受到大臣周勃、灌婴等人的排挤，文帝对他逐渐疏远，被贬为长沙王太傅，后又改任梁怀王太傅。所著政论有《陈政事疏》《过秦论》等。明人辑有《贾长沙集》。另传有《新书》十卷，虽编次凌乱，但从思想内容上看，可视为贾谊作品。贾谊的著作现被整理为《贾谊集》出版。这些著作都是研究贾谊管理心理思想的重要源泉。

在人性论上，贾谊承袭了孔子“性相近，习相远”的观点，并引用孔子的“少成若天性，习贯如自然”的说法，认为“人性非甚相远也”（《贾谊·新书·保傅》）。例如，舜实际上“与我同性”，不过“舜僶俛而加志，我儃僈而弗省”，故一个为“贤圣”，一个则“无邻里之闻”。秦二世胡亥也非生来性恶，“岂胡亥之性恶哉？其所以习道之者非理故也”。因此，通过教育及环境熏陶，加上个人的努力，明君圣王的产生是可能的；也正是在这一人性论基础上，贾谊提出了塑造明君圣王的方法。

贾谊根据“性相近”的观点，认为君王是可以按照某种标准进行塑造的。其途径有教育和熏陶两个方面。他说：“天下之命，县于太子；太子之善，在于早谕教与选左右……开于道术，智谊之指，则教之力也。若其服习积贯，则左右而已。”(《贾谊·治安策》)既然人性善恶并非天生，而是受环境和教育影响，甚至君王之“性”的或善或恶也不例外。这用在管理上，首要的任务和措施，就是要整治环境、加强教育，以培养和调控人的本性。

二、《太平经》的人性论与欲求观

《太平经》在东汉末年被称作《太平青领书》。此书编撰于东汉末年顺帝之际。襄楷献此书给桓帝时，称它“有兴国广嗣之术”(《后汉书·襄楷传》)。在东晋葛洪的《抱朴子·遐览篇》《神仙传》中始称《太平经》。该书内容庞杂，吸收了道、儒、墨、佛的思想成分，有宗教神学色彩，但书中也不乏治国之道的论述，主张“治国之道，乃以民为本”。①

《太平经》主张管理者要关心人的最基本欲求，重视和解决“三急”“三实”问题。何谓“三急”？即指人的饮食、男女、衣服这些最基本的需要。《太平经》说：“天下大急有二，小急有一……不饮不食便死，是一大急也……如男女不相得，便绝无后世。天下无人，何有夫妇父子君臣师弟子乎？以何相生而相治哉？天地之间无牝牡，以何相传，寂然便空，二大急也……天道有寒热，不自障隐，半伤杀人。故天为生万物，可以衣之；不衣，但穴处隐同活耳，愁半伤不尽灭死也，此名为半急也。”②

这是说，食物、性、衣用都为人类生存繁衍所必需，是迫切需要解决的需求。其中食物、性是最基本的需要，是“大急”。衣也为人的生存所必需，是“半急”。满足人的最基本的需要，方能保证“无为而治”，“上古所以无为而治，得道意，得天心意者，以其守本不失三急”。③ 用“急”字表示这些基本需要的迫切程度，这在古代有关人的需要的表述中颇具特色。

圣人守本而不失三急，也叫守“三实”。《太平经》指出，确保满足人的基本需要是实现“致太平”管理目标的根本条件。它说：“是故古者圣人守三实，治致

① 王明. 太平经合校[M]. 北京：中华书局，1960：151.
② 同上：43—44.
③ 同上：46.

太平，得天心而长吉。”[①]这说明三种最急迫的需要也是人的最实际的基本需要。

《太平经》认为在这些基本需要之外，人的其他需要都是“不急”之物，追求这些需要的满足会带来祸害。例如：“天下大急有二，小急有一，其余悉不急，反厌人耳目，当前善而长，为人召祸。”[②]

东汉末年，奢靡之风盛行。贪欲给人带来了祸害：“六情所好，人人嬉之，而不自禁止，意转乐之，因以致祸，君子失其政令，小人盗劫刺，皆由此不急之物为召之也。天下贫困愁苦，灾变连起，下极欺其上，皆以此为大害。”[③]虽然针砭时弊，反对贪欲的主张是合理的，但是在基本的生理需要以外，人还有尊重需要、认知需要以及获得成功的需要。把基本需要以外的所有需求都列入禁止范围内，未免失之偏颇。

第三节　唐宋人性论与欲求观

一、朱熹的人性论

朱熹（1130—1200），字元晦，一字仲晦，号晦庵，别称紫阳，又称云谷老人、沧州病叟。祖籍徽州婺源（今属江西），出生于南剑州尤溪（今属福建），是程颐的四传弟子。因出生在福建，故后人称他的学派为“闽学”，与濂学、洛学、关学并称为宋代四大学派。朱熹生活的南宋时代，阶级矛盾和民族矛盾十分尖锐，国力日衰，统治阶级内部也是纷争迭起，社会较为动荡。虽然如此，但当时在学术上是一个极盛的时代，学派众多，思想也空前活跃。朱熹学术思想以孔、孟为主体，兼取佛、道思想，构成了一个“致广大，极精微，综罗百代”的集大成的体系。因此，人们把他称为理学的集大成者。另外，朱熹在其客观唯心主义哲学体系的基础上，建立了一个比较完整、系统和全面的唯心主义的心理学思想体系。他对我国古代心理学思想史上的一些重要范畴和命题，几乎都作了周详的研究、精微的辨析，并且提出了许多精辟的见解。特别是他的管理心理学思想，已形成一个体系，主要见于他所著的《四书章句集注》《朱文公文集》《朱子语类》

① 王明. 太平经合校[M]. 北京：中华书局，1960：48.

② 同上：43.

③ 同上：45.

等书。特别要指出的是，到南宋后期，理学实际上已经取得了统治地位，并从元到清一直被封建王朝奉为官方学说，在意识形态领域执牛耳达数百年之久。因此，凭着这一点，朱熹思想对中国后世社会的影响极为深远。在这里，我们着重探讨朱熹的管理心理学思想中的人性论。

中国古代思想家关于心理学思想的基本观点，都受自身哲学思想的指导，朱熹也不例外。其哲学思想的核心是“理”，朱熹的人性论思想便是建立在这个基础上的，并在无形中影响着他的管理心理学思想。

“心”即今之心理，是理学的一个重要范畴。人性是人的心理机能。朱熹曾说：“心包万理，万理具于一心。”（《朱子语类·卷九·学三·论知行》）他论述的人的心理性能，可以分为行为系统、情感系统、感知系统三大系统。这三大系统将心的性能组合成一个有机的严密的整体，使心成为一个运转灵活、机能全面的指挥中心。朱熹将人生看作人性的开端和源头，由此派生出人的三大本能：求生本能、性本能和舐犊本能。这三种本能渗透在广大的人伦关系中，维系着整个人类社会的生存与发展。就本身而言，它们都是善的，但发而为情，便有适中与过头或不及的区别，适中者为善；过头或不及者，则有损于社会或他人，而成为恶。他的这个观点可以成为我们认识人性的社会本质，处理人际关系的一种思想工具，同时也提醒管理者在运用管理手段时要充分考虑到这些因素。

在关于什么是性的问题上，朱熹有不少论述。“性者，人之所得于天之理也；生者，人之所得于天之气也。性，形而上者也；气，形而下者也。人物之生，莫不有是性，亦莫不有是气。然以气言之，则知觉运动，人与物若不异也；以理言之，则仁义礼智之禀，岂物之所得而全哉？此人之性所以无不善，而为万物之灵也。”（《四书章句集注》）

在朱熹眼中，性有广义、狭义之分。广义的性包括人性和物性；狭义的性专指人性。他继承二程的“性即理”的思想，认为性是“理”在人身上的体现。同时，他还承袭了张载、二程把人性一分为二的思想，也将人性分为天命之性和气质之性。

在人性和物性的异同上，朱熹认为：“人物之性，有所谓同者，又有所谓异者。知其所以同，又知其所以异，然后可以论性矣。”（《朱子语类·卷四·性理一·人物之性气质之性》）这个观点告诉我们，在研究心理问题时，不仅要考虑人之心理的自然属性，而且要考虑人之心理的社会属性。特别是在对人的管理过程中，既要注重对人之基本需求的满足，又要兼顾其他心理感受和需求，做到双管齐下。只有这样，才能营造出积极向上的组织气氛。

在朱熹看来，作为世界本原的天理在人出生前就存在于天地间，当人形成气后，就降临到人身上化为性。由于受之于天，故称天命之性。他在《答胡广仲》一文中写道："天命之性，不可形容，不须赞叹，只得将它骨子实头处说出来，乃于言性为有功。故熹只以仁、义、理、智四字言之，最为端的。"

朱熹把封建道德规范看作人的天命之性，并认为天命之性是至善至美的。实际上，这里的天命之性，就相当于人的社会属性，是由社会赋予的。而气质之性，按照朱熹所言，指的是由人禀受的天气地质，亦即阴阳五行决定的一种人性。气质之性由气禀决定，内含人的自然本性，是情和欲的根源。气质之性中的不纯成分，会蒙蔽、干扰天命之性；变化气质之性，即摒除恶的成分，有助于复归和实现天命之性。在朱熹的学说中，天命之性和气质之性的矛盾，集中表现在天理和人欲的冲突中。天理即外在的规范；人欲则是人的欲望，特指人类对外物的过分追求。朱熹曾举过一个非常形象的例子：就吃饭这件事而言，什么是天理，什么是人欲呢？答曰：人要生存，就要吃饭，这是天经地义的事；如果不仅有吃饭的需要，而且提出要享受美味佳肴，那么这种举动就是人欲的表现。对此，朱熹提出要存天理，灭人欲。这固然显得有些极端，但也从一个侧面说明，朱熹也具有人性可塑的思想。他认为，人人都有为善的可能，主张对人性加以引导和塑造。因此，在他的管理理念中，特别强调人在后天的修养和学习，不断修正自己的行为，以达到德业日进的理想状态。

二、陆九渊的人性论

陆九渊（1139—1193），南宋著名哲学家、教育家。字子静，自号存斋，抚州金溪（今属江西）人。曾结茅讲学于象山，人称象山先生。"心学"创始者。著作经后人编为《象山先生全集》。陆九渊的思想，既有道家老庄思想的内容，又包含着佛教禅宗的一些成分，但其思想体系的基本支柱源于孟子思想。他创立的"心学"，明确提出了"宇宙便是吾心，吾心便是宇宙"的命题。这强调的是"心即理"的观念。

陆九渊基本承袭了孟子的人性思想。他认为，人的仁爱之心是人与禽兽的根本区别，是人成为人的根本原因。"仁，人心也，心之在人，是人之所以为人，而与禽兽草木异焉者也，可放而不求哉？"（《陆九渊集·卷三十二·学问求放心》）孟子曾说："人性之善也，犹水之就下也。"认为人性是善的。陆九渊也认为："人性本善，其不善者迁于物也。知物之为害，而能自反，则知善者乃吾性之固有,循吾固有而进德,则沛然无他适矣。”(《陆九渊集·卷三十四·语录上》)在认定人性是善的同时,他还指出:“人生而静,天之性也,感物而动,性之欲也,是为不识艮背行庭之旨。”(《陆九渊集·卷三十四·语录上》)可见,“人性善”是陆九渊人性论的基本取向。

陆九渊在肯定善的本性的同时,还对恶进行了研究。“心之本真,未尝不善,有不善者,非其初然也。”(《陆九渊集·卷三十六·年谱》)认为后天社会环境、教育、习俗的影响,对人之善恶的形成起着决定性的作用,即“不善”是后天“渐习”的结果。就是说,人性在某些特定条件下可能表现为恶,特别是在受到外物引诱时,人们往往会迷失本性,一味追求享乐和欲望的满足,私欲之心不断膨胀。“惟夫陷溺于物欲而不能自拔,则其所贵者类出于利欲,而良贵由是以浸微。”(《陆九渊集·卷三十·天地之性人为贵论》)人性恶的表现很多,陆九渊举例说,由于利令智昏,人性甚至会变得让人琢磨不透,“人无不知爱亲敬兄,及为利欲所昏便不然”(《陆九渊集·卷三十五·语录下》)。良心善性遭到蒙蔽,其后果就是染上恶习,而变善为恶,所谓:“七重铁城,私心也。私心所隔,虽思非正。”(《陆九渊集·卷三十五·语录下》)

人性本善,有时却不然,因此进行道德教育非常必要。知道什么行为是错误的,这些做法错在哪里,“知非则本心即复”,这是善的前提。如何改恶为善,陆九渊提出了一些可行的方法:“积思勉之功,旧习自除。”(《陆九渊集·卷三十五·语录下》)思考、劝勉的力量无疑是德育的重要手段。“人之患,在不知其非不知其过而已。所贵乎学者,在致其知,改其过。”(《陆九渊集·卷十四·与罗章夫》)通过了解自身的缺失之处,不难达到改过迁善的目的。“隐,伏也,伏绝其恶,而善自扬耳。”(《陆九渊集·卷三十四·语录上》)认为道德的培养对自身和他人而言,其目的是相同的,无论是对像国家一样的大型组织的统治与管理,还是对一个小小的社会组织的秩序和协调而言,都有重大的现实意义。陆九渊认为,对于恶,管理者应该像农夫锄草一样,绝其本根,使之失去成长的土壤,这样就能净化风气、抑恶扬善,从而为成功的管理创造前提条件。

三、陈亮的人性论

陈亮(1143—1194),字同甫,婺州永康(今属浙江)人,南宋著名的思想家、文学家,当时功利之学的代表人物之一。他为人才气超迈,喜谈兵。孝宗隆兴二年(1164年),宋金“隆兴和议”以后,朝廷不图恢复,他立即向孝宗上了《中兴

五论》，分析当时的形势，反对和议，力主抗金，但因受权臣阻挠，不被采纳，回家著书讲学十年。淳熙五年(1178年)，陈亮又到临安(今浙江杭州)，接连三次上书，建议迁都建康(今江苏南京)，守备荆襄，推进抗金形势，但遭到众大臣的反对，并由此受到当权者的嫉恨与迫害，数次被捕入狱，几至于死。他的主要著作有《龙川文集》《龙川词》等，经中华书局组织整理校勘，编为《陈亮集》。由于时代的局限性，陈亮的管理思想中不乏维护封建统治思想的消极东西，但从中国管理心理学思想研究的角度去审视，仍有很多值得我们参考和借鉴之处。

陈亮认为欲望是人的天性，是与生俱来的。“耳之于声也，目之于色也，鼻之于臭也，口之于味也，四肢之于安佚也，性也。”“出于性，则人之所同欲也。”指出人有各种各样的欲望，但能被满足的程度是不同的。“富贵尊荣，则耳目口鼻之与肢体皆得其欲；危亡困辱则反是。”为什么有如此大的差别呢？这是由命决定的，而此种命又由君主决定：“一切惟君长之为听。”但是，“君长非能自制其柄也，因其欲恶而为之节而已”。(以上引文均见《陈亮集·问答下》)怎样“节”欲呢？则要依照封建制度下的“典”与“礼”。他反对君主以个人的喜怒来决定人们欲望的满足。理学家朱熹宣扬“存天理，灭人欲”，认为“三代专以天理行，汉唐专以人欲行”(《陈亮集·又甲辰秋书》)，“三代以前都无利欲，都无要富贵底人”(《陈亮集·又乙巳秋书》)。陈亮反驳说：“亮以为才有人心便有许多不净洁。”(《陈亮集·又乙巳秋书》)陈亮把人欲看作“不净洁”的，这说明他和朱熹一样，也把人欲看作同“天理”相对立的东西。但他不主张“灭人欲”，而是主张由君主依据“典”和“礼”来对人欲加以节制。

在陈亮看来，欲望属于人的本性，是要满足的，这实际上把满足人的欲望放在了重要地位。同时人的欲望又是无止境的，所以他又主张由君主根据“典”和“礼”来节制人欲，这充分体现了他竭力维护封建统治的思想。

第四节　明清人性论与欲求观

一、黄宗羲、顾炎武的人性论

黄宗羲(1610—1695)，字太冲，号南雷，学者尊为梨洲先生，浙江余姚人。他是明清之际著名的思想家、史学家。其父为东林党骨干，被魏忠贤陷害。黄宗羲十九岁入京讼冤，以铁锥毙伤仇人。明末又领导“复社”成员坚持反宦官权贵的斗争，几遭残杀。清兵南下，他招募义兵，成立“世忠营”进行抵抗，被南明鲁王任为监察御史，后又为左副都御史。南明灭亡后，他隐居著述，屡拒清廷征召。黄宗羲学问渊博，对天文、算术、乐律、经史百家以及释道之书，无不研究。与孙奇逢、李颙并称三大儒，与顾炎武、王夫之同为明清之际三大思想家。黄宗羲的主要著作有《宋元学案》《明儒学案》《明夷待访录》《南雷文定》等，后人编有《黄梨洲文集》。黄宗羲具有以“非君论”为核心的朴素民主管理思想，曾提出很多在当时极具进步意义的改革主张，对于涉及国计民生的行政、赋税、工农关系等管理革新都有自己独到的见解。这一进步思想主要集中在他的著作《明夷待访录》中。

顾炎武(1613—1682)，原名绛，后改名炎武，字宁人，号亭林，还曾化名蒋山佣，江苏昆山人。他早年曾参加复社，后随人参加抗清，被鲁王授予兵部司务，兵败后离家出游，曾垦田于山东章丘长白山下和雁门之北、五台之东，后定居于陕西华阴。顾炎武的著作有《日知录》《音学五书》《顾亭林诗文集》等，另辑有《天下郡国利病书》《肇域志》。顾炎武在《天下郡国利病书》中，详尽分析了封建制度下的经济活动规律，并结合明清之际出现的手工业和工商业萌芽，提出了颇具实践价值的经济管理思想。这些思想涉及封建社会的地理、历史、民风、物产、经济、军事等多方面的宏观管理，而且在行政管理方面也提出了独具见解的“寓封建之意于郡县之中”的主张。

(一) 身与心的关系

人类的社会活动受物质与精神的共同作用，也受生理与心理的相互制约。如何剖析身心关系是理解人性的基础。在这一点上，黄宗羲、顾炎武二人各有不同的观点。

黄宗羲用“气”“理”来解释物质与精神亦即身心关系，比较复杂。他认为气(物质)是第一性的，理(精神)是第二性的，基本上属于一元论的唯物主义观点。他说：“通天地，亘古今，无非一气而已……气一本也……无气则无理，理为气之理。”(《黄梨洲全集》)这实际上是用“气”来统一管理实践中的物质基础问题。在身心关系上，黄宗羲倾向于王守仁的心学，以“心”至上，认为“人受天之气以生，只有一心而已”，“在天为气者，在人为心。在天为理者，在人为性”(《黄梨洲全集》)。这种观点虽说在哲学意义上有唯心化的倾向，但重视人的心理活动在管理实践中的价值，因而具有特别的意义。黄宗羲实际上是在人类社会活动的物质基础上突出了心理活动的重要性。

顾炎武对身心关系的阐述比较简单。他受张载“太虚即气”的影响，也用“气”来解释人类社会活动的物质基础。“盈天地之间者皆气也。”(《肇域志》)在身心关系中，“气”代表的生理基础是人心理活动的载体和体现者。“精气为物，

自无而之有也；游魂为变，自有而之无也。”（《肇域志》）顾炎武认为，精神世界的变化都只是“气”的聚散而已。中国古代学者对身心关系的解释也大多认为身是心的基础。

（二）人性假说

黄宗羲在其著作《明夷待访录·原君》中，鲜明地提出了“有生之初，人各自私”的观点。在他看来，无论是万人之上的君王还是普通的黎民百姓，都是“自私”“自利”的个体。认为自有人类社会以来，每个人便都是为自己谋利益，不帮助别人，也不侵犯别人。天下人有共同的利益，但没有人组织他们去谋取；天下人有共同的危险，也没有人带头去消除，这是百姓之“私”。而古代的圣君是不为个人谋私利而为天下人谋幸福的，后世的君王不明白这个道理，于是视“食于人”为一己私利，不认为为民谋利是君王的义务，于是天下之利尽归君王，天下之害尽归百姓。君王将自己的私利当成天下人的公利，“敲剥天下之骨髓”以满足一人之淫乐，甚至视天下为莫大的产业，传于子孙，享受无穷。因此，为夺帝位，历史上战事连连。这样看来，君王之“私”尤其甚之。孟子说过“人之初，性本善”，荀子说过“人之性恶，其善者伪也”，这是孟荀的人性假说；黄宗羲的人性假说可以用一“私”字概括。从积极的意义上看，这尊重了个体的需要；从消极的一面看，却忽视了人性中的利他性，也忽视了人类社会的集体性。黄宗羲的人性假说与西方学术界的“经济人”假说相近。

顾炎武没有明确提出人性假设，也没有简单地说人性是善或恶。他认为善可以不同而论：有天生而善的人，也有天生不善的人；有自善而变为不善的人，也有自不善而变为善的人。他还认为人性可变是由于人情可变。这与西方的权变思想很相似。但顾炎武对人们尤其是百姓的合理需要还是非常重视的。他在《日知录·言利之臣》中说：“为人上者，可徒求利而不以斯民为意与？”这就旗帜鲜明地反对统治阶层只追求自己的经济利益，而不顾万千百姓的生计。他还认为统治阶层应看到整体的社会利益；人们的需求多种多样，其满足与否不应仅以经济利益来衡量。这就提醒我们的企业管理者要从社会整体利益出发，改善组织的生产和管理环境，特别要有全局观念，注重组织与社区乃至整个社会的整体效益。

二、王夫之的人性论

王夫之（1619—1692），字而农，号姜斋。因晚年隐居于衡阳石船山，后人称之为船山先生。他生活的明末清初是一个多变的时代，黄宗羲曾用“天崩地裂”

来概括那个时代的特点。王夫之正是一位诞生于这样一个转型期社会的启蒙思想家。如果对王夫之生活的时代背景有所了解，那么对理解他的思想之精华，尤其是本节即将探讨的管理心理学思想将大有裨益。其主要著述有《四书训义》《读四书大全说》《周易外传》《尚书引义》《张子正蒙注》《思问录》《老子衍》《庄子通》《诗广传》《姜斋诗话》《古诗评选》《黄书》《噩梦》《读通鉴论》等。下面从五个方面整理王夫之关于人性的思想。

（一）人性的界定

王夫之重“人贵”论，在论述人性命题时同样如此，首先对人与动物进行区别。他以评判性的笔调这样写道：“西山（即宋濡蔡元定）云，人物均有一心，人能存，物不能存。此语卤莽害道不小……孟子明白决断说一个‘异’字，西山却将‘均’字换了。犬之性犹牛之性，牛之性犹人之性，告子犹能知其不然，而西山却灭裂此心，教同牛犬蛇蝎去，悲哉！……禽兽只一向蒙蒙昧昧，其或有精明处，则甘食悦色而已。此心存之，又将何用？”（《读四书大全说》卷九）

王夫之显然注意到了“甘食悦色”，是人与动物共有的生物特性。他继续阐述道：“恻隐、羞恶、恭敬、是非，惟人有之而禽兽所无也。人之形色足以率其仁义礼智之性，亦唯人则然而禽兽不然也。”（《读四书大全说》卷九）为什么说人之于动物有“仁义礼智”之性呢？这是由于“四端”使人之性异于动物之性有了更为实际且更为抽象的倾向与内容。由此可见，他将人性一分为二，一为自然本性，一为社会本性，这符合人性本质的科学划分。而且这种划分在很广的社会范围内得到了认可。

王夫之下面的论述可以进一步阐释这一问题：“人之所不学而能，不虑而知者即性之谓也。学、虑，习也。学者学此，虑者虑此而未学则已能，未虑则已知……此未学则已能，未虑则已知者则既非不良之知，不良之能也，抑非或良或不良，能良能不良之知能也。皆良也，良即善也。良者何也？仁也，义也。能仁而不能不仁，能义而不能不义。知仁而不知不仁，知义而不知不义，人之性则然也。故人性之有仁义，非知性不足以见其藏也。……由其亲亲而知吾性之有义也。何也，以亲亲者仁之实，而敬长者义之实也。”（《读四书大全说》卷十）

上述的“良即善也”阐述了人性善的倾向，所以说“良知良能”是仁义礼智的内潜之力。王夫之虽生于明末清初，但他没有完全从孟子性善论的传统看法中解脱出来，因此上述的一番议论，难免有主观倾向和思辨色彩。[①]

---

① 蔡尚思．王船山思想体系[M]．长沙：湖南人民出版社，1985.

众所周知，自然本性是人性的先天因素，与遗传有关联；而社会本性是人性的后天因素，与学习有关。王夫之曰："盖性者，生之理也。均是人也，则此与生俱有之理，未尝或异；故仁义礼智之理，下愚所不能灭，而声色臭味之欲，上智所不能废，俱可谓之为性。"（《张子正蒙注》卷三）这正说明他亦主张人性乃由先天后天之"珠联璧合"而成。再结合其"人贵"论思想，可以说，他既看到了人与动物的联系，又看到了人与动物的区别。总之，王夫之把人性的概念和"人贵"的说法推到了一个新的高度。

（二）性一元论与性二元论之争

张岱年说："性两元论支配思想界约数百年，后来乃渐起反动。"[①]这里所讲述的，正是自宋代张载提出"气质之性"与"天命之性"的主张后，中国古代心理思想史上遂出现了这种性二元论。船山先生不主张性二元论，而力主性一元论。下面再引述王夫之的一段言论："质是人之形质，范围著者生理在内；形质之内，则气充之。……自人言之，则一人之生，一人之性；而其为天之流行者，初不以人故阻隔，而非复天之有。是气质中之性，依然一本然之性也。"（《读四书大全说》）

王夫之指出，对人而言，质（即形质，指人的身体）包含了气，于是便有了生命；气包含了理，于是人性得而有之。这意思很明显，他认为只有气质之性，没有或不必去讲什么天命之性，从而否定了天命之性的说法。应当看到，王夫之的性一元论是唯物主义的主张，它对指导多种多样的管理工作具有积极的参考价值。

（三）"性日生日成"论

王夫之的这一观点，是其人性思想的精华所在。其意为：人性非生来就有，也非固定不变，它随着时间、环境等因素的变化而"日生日成"。他的这一命题非常深刻博大，仔细分析可以初步体会出以下两方面的意思。

第一，王夫之认为，人之初生，只有性之根，并无性之成。其意为人在"初生之顷"，确实从大自然那里获得了某些东西，但这些东西只是为人性的发展提供了物质前提，绝非人性的现实性与定型物。这一思想体现在他所说的如下这段文字中。"夫性者生理也，日生则日成也。则夫天命者，岂但初生之顷命之哉？但初生之顷命之，是持一物而予之于一日，俾牢持终身以不失，天且有心以劳劳于给与；而人之受之，一受其成形而无可损益矣。"（《尚书引义》）

① 张岱年．中国哲学大纲[M]．南京：江苏教育出版社，2005：216.

第二，在王夫之看来，人性变化发展的这一思想是完全正确的。对此，他曾有过这样的论述："夫天之生物，其化不息。初生之顷，非无所命也。何以知其有所命？无所命，则仁、义、礼、智无其根也。幼而少，少而壮，壮而老，亦非无所命也。何以知其有所命？不更有所命，则年逝而性亦日忘也。形化者化醇也，气化者化生也。……形日以养，气日以滋，理日以成；方生而受之，一日生而一日受之。受之者有所自授，岂非天哉？故天日命于人，而人日受命于天。故曰性者生也，日生而日成之也。"(《尚书引义·太甲二》)

(四)"习与性成"说

实际上，"习与性成"是中国古代人性论思想的一个传统观点。王夫之继承了这一观点，并将其与人性的"日生日成"联系起来。他很重"习"，认为人性之所以生生不已、日生日成是"习"之作用使然。诚如他所说："人之皆可为善者，性也；其有必不可使为善者，习也。习之于人大矣，耳限于所闻，则夺其天聪；目限于所见，则夺其天明；父兄熏之于能言能动之始，乡党姻亚导之于知好知恶之年，一移其耳目心思，而泰山不见，雷霆不闻。……故曰：'习与性成。'成性而严师益友不能劝勉，醉赏重罚不能匡正矣。"(《读通鉴论》卷十)

王夫之认为，如果熏陶之各种因素不具备，就不能使人耳聪目明，也不能使人性获得正常发展。更有价值的是，他不仅指出了"习与性成"这一规律的价值，而且力主对这一规律加以应用。如他说："《易》言：'蒙以养正，圣功也。'养其习于童蒙，则作圣之基立于此。人不幸而失教，陷入于恶习，耳所闻者非人之言，目所见者非人之事，日渐月渍于里巷村落之中，而有志者欲挽回于成人之后，非洗髓伐毛必不能胜。"(《俟解》)

这里，他警告世人要重视人的童年教育，认为教育必须及时。如果童年失教，成年之后就难以补救了。他的这一思想，在物质生活日益改善的今天，更应该引起社会的关注，因为中国今日之教育就是中国明日之希望。教育的成功始于童年，所以"习于童蒙"即强调早期教育，在一定意义上也是社会教育管理研究领域的一大课题。

(五)"继善成性"说

王夫之将人性看作在自然本性的基础上，通过"习"而不断获得社会本性的过程和结果。这是他人性论思想的闪光之处。但正如太阳一样，虽然养育着万物，却难免也有瑕疵，即存在黑子。王夫之的这一思想中也有"黑子"。为什么呢？下面试作些分析。

王夫之虽然用"习与性成"说纠正了孟子的先验主义，但同时又企图维护孟

子的性善论。如他写道："易曰，继之者善也，成之者性也，善在性先。孟子言性善则善通性后。"（《读四书大全说》卷八）

可见，王夫之对善与性的次序很在意，也很重视。他还说："言性之善，言其无恶也。既无有恶，则粹然一善而已矣。""有善者，性之体也；无恶者，性之用也。"（《思问录·内篇》）可见，他主张性善论是十分明显的。其所谓"道大而善小，善大而性小，道生善，善生性"云云，则显然为他所乐道之"序"。这里就不详引原文而赘言之。

王夫之所言之"继善"，就是把天道的善和性联结起来，从而有性善（性之善）或善性（善之性）之分。他说："不成未有性，不继不能成。天人相绍之际，存乎天者莫妙于继，然则人以达天之几，存乎人者亦孰有要于继乎？夫繁然有生，粹然而生人，秩焉纪焉，精焉至焉，而成乎人之性，惟其继而已矣……继之则善矣，不继则不善矣。天无所不继，故善不穷。人有所不继，则恶兴焉。"（《周易外传·卷五·系辞上传第五章二》）

在王夫之看来，"成性"就是把善始终固定在性之中，即使性固定起来。正如其所言："成，犹定也，谓一以性为体而达其用也。善端见而继之不息，则终始一于善而性定矣。"（《诚明篇》）他又指出，"继善"与"成性"是密切联系的："成性"必须"继善"，不"继善"就不必说什么"成性"；"继善"是为了"成性"，不"成性"的话，"继善"便毫无意义。

既然王夫之主张继善而成性善，那么恶从何而来呢？对此，他自有一番解说。认为一来自"习"。就是说，"习"可以使人为善，也可以使人为恶，即所谓"近朱者赤，近墨者黑"，"染于苍则苍，染于黄则黄"。这尚讲得通，但他认为恶之另一源头为"才"。他说："性借才以成用，才有不善，遂累其性，而不知者遂咎性之恶，此古今言性者，皆不知才性各有从来，而以才为性尔。"（《诚明篇》）他甚至明确指出："人之为恶，非才为之，而谁为之哉？"

著名心理学家高觉敷这样评价王夫之的"继善成性"说：从孟子的性善论出发，又以"继善成性"说来维护它。可见，"继善成性"说不能不说是王夫之人性思想中的"黑子"。

王夫之的人性思想，对我们理解其他诸多方面的管理心理学思想有着极其重要的价值。正如现代管理学一样，其中诸多的管理理论和管理方法及策略，事实上与对人性的理解（或人性假设）的关系十分密切。因而，王夫之在政治、军事、治国、教育、法律、经济等领域的管理思想无不与其人性思想有着密切的关联。

三、颜元的人性论

颜元(1635—1704),字易直,又字浑然,号习斋。清初思想家和教育家。自24岁起,40多年间一直从事教育事业,到去世为止。其主要著作有《四存编》《四书正误》《朱子语类评》《习斋记余》等。今校编有《颜元集》(全二册),由中华书局于1987年出版。清代戴望撰《颜氏学记》十卷,也是研究颜元思想的重要资料。

明末清初,学术思想比较活跃。颜元继承并发扬了李贽以来的所谓“异端思想”,并针对当时人民的痛苦、民族危亡和文教衰敝等现实,提出了一套较为完整的学说。他抨击宋明理学,排斥佛老之说,强调践履实用,是我国17世纪思想界中的一支异军。颜元对于人的需要与管理的主要观点如下。

颜元倡导经世致用之学,反对空谈“性理”的宋明理学。认为读书人最主要的任务是经世济民、治理国家,而不是埋首书本之中。他说:“儒之出也惟经济,故‘大学之道’,惟‘明德、亲民、止至善’,诸如‘用之则行’……离此一路,幼而读书,长而解书,老而著书,莫道讹伪,即另著一种《四书》、《五经》,一字不差,终书生也,非儒也。”(《习斋记余·寄桐乡钱生晓城》)

如何经世济民?颜元提出“富天下”“强天下”“安天下”的治国方略。“如天不废予,将以七字富天下:垦荒,均田,兴水利;以六字强天下:人皆兵,官皆将;以九字安天下:举人材,正大经,兴礼乐。”(《颜元集·颜习斋先生年谱》卷下)

在这里,使国家富裕是第一位的。从当时讳言功利的社会来看,此主张是大胆而深刻的。“存天理,灭人欲”是宋明理学的学术宗旨,而且这一思想渗透于社会生活之中。“天理”指的是封建社会的纲常伦理。“人欲”有两种含义:一是指对“声色货利之属”的追求,二是所谓“从躯壳上起意”的物质生活之欲。[1]在理学家眼里,纲常伦理是最重要的,人与人的需要则微不足道,甚至是应该被扼杀的。实际上,理学家的这种要求,一般人极难做到,就是理学家自身也难以身作则,深受其害的则是广大的劳动人民。颜元把国家富裕作为治国方略的首要内容,包含了对人的合理需要的肯定。他要求统治者应更多地考虑百姓的需要,减少剥削:“上宜菲供膳,薄税敛,汰冗费,以足民食。”(《颜元集·存

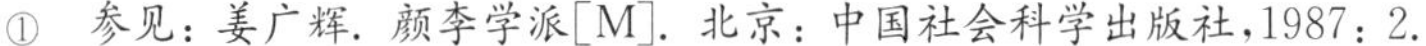

① 参见:姜广辉. 颜李学派[M]. 北京:中国社会科学出版社,1987:2.

治篇·治赋》)任何管理工作都必须考虑人性与欲求,颜元的人性论思想对构建和发展中国管理心理学思想是有益的。

本章摘要

人性论与欲求观是中国管理心理学思想的理论基础。管理者有什么样的人性论与欲求观,就决定了他们会采取什么样的方式去进行管理。

先秦儒家有性善论、性恶论之说。道家认为,"素朴"是人的本性,重视满足合理的欲求。法家认为,欲望是人行为的基本驱动力,对人的欲求行为必须加以控制。

汉魏六朝人性论与欲求观以贾谊以及《太平经》的观点最具有代表性。贾谊根据"性相近"的观点,认为君王是可以按照某种标准进行塑造的。其途径包括教育和熏陶两个方面。《太平经》主张管理者要关心人的最基本欲求,把饮食、男女、衣服这些最基本的需要称为"三急"。

唐宋人性论与欲求观以朱熹、陆九渊、陈亮的观点为代表。朱熹提出要"存天理,灭人欲"。这固然显得有些极端,但也从一个侧面说明,朱熹具有人性可塑的思想。陆九渊基本承袭了孟子的人性思想。他在肯定善的本性的同时,还对恶进行了研究。认为后天社会环境、教育、习俗的影响,对人之善恶的形成起着决定性的作用。陈亮认为欲望是人的天性,是与生俱来的。因此是要满足的。同时人的欲望又是无止境的,所以他又主张由君主根据"典"和"礼"来节制人的欲望。

明清人性论与欲求观以黄宗羲、顾炎武、王夫之、颜元的观点为代表。黄宗羲提出"有生之初,人各自私"的观点。顾炎武重视百姓的合理需要。王夫之认为"甘食悦色"是人与动物共有的生物特性。人性非生来就有,也非固定不变,它随着时间、环境等因素的变化而"日生日成"。颜元提出了"富天下""强天下""安天下"的治国方略。把国家富裕作为治国方略的首要内容,包含了对人的合理需要的肯定。

第三章 领导管理心理思想

领导管理的心理过程思想

领导管理的心理品质思想

领导管理的权变思想

领导管理的权力思想

第一节 领导管理的心理过程思想

心理过程包括认知过程、情感过程、意志过程。这些一般的心理过程，在领导管理活动中会通过各种不同的方式表现出来，促使管理工作取得成效。因此，探索与有效领导管理直接相关的心理过程规律，是研究中国领导管理心理思想的重要内容。

一、《周易》论领导管理心理过程

《周易》对人的认知、情感、意志等心理活动有生动具体的描述，其中包含的心理学思想对领导行为有直接的指导意义。

（一）观察和思维

《易经》"观卦"讲的就是观察，其"爻辞"即包含了观察的种类和内容两个方面。从种类上看，观察分为"童观"和"窥观"。前者指幼稚无知的观察，后者指片面孤陋的观察。从内容上看，有"观我生""观其生""观国之光"等。"观我生"指观察贵族的亲族，"观其生"指观察其他的亲族，"观国之光"指观察周王国的光辉。经过这样的观察，处理好贵族内部、外部以及其他部族与王国的关系，这样对贵族从政有利。"观卦"告诉我们，作为领导者，观察要高远，不可幼稚无知；要全面系统，不可管窥褊狭。

在思维方面，《易经》提供给我们的是经验思维模式。《易经》由 64 个用象征符号表示的"卦"组成，并附以 64 条"卦辞"和 384 条"爻辞"。每一卦都包含着数、象、事、理。数、象、事、理相统一，即由数而生象，因象以指事，言事以寓理。这种运用经验、表象进行的思维模式就是经验思维模式，也可叫作形象思维模式。

《易经》还包含着深刻的现代科学数理逻辑原理。当代科学对此十分重视，德国数学家莱布尼茨明确声称，他的数学二进制的发现深受《易经》八卦阴阳的启发。《易经》将世界简化为阴和阳两个基本元素。这两个基本元素按数理原理合成 64 种阴阳爻结构方式。当仅有一阴一阳时，事物就只有两种存在的可能状态：阴或阳。此称"两仪"，即所谓"太极生两仪"。太极指阴阳统一的整体世界或整体事物。当有两阴两阳元素时，就可组合成四种状态：阳阳、阴阴、阴阳、阳阴，概称为"四象"，即所谓"两仪生四象"。当有三阴三阳共六种元素时，便可以组合成八种不同的形态：阳阳阳(乾卦)、阴阴阴(坤卦)、阳阴阳(离卦)、阳阴阴(艮卦)、阴阳阳(兑卦)、阴阴阳(震卦)、阳阳阴(巽卦)、阴阳阴(坎卦)，即所谓“八卦”。八卦被用以分别指代宇宙万物存在的八种基本状态或八种物态，如天、地、雷、风、水、火、山、泽。将世界简化为两个基本元素，再逐层分解组合，便可以得到64个形态模式。这便是《易经》历五千年而不衰，反而越来越呈现出它鲜活生命内涵的全部数理秘密或科学秘密。

(二)情感和意志

《易经》中“震”和“兑”两卦对人的情感作了某些描述。震为雷，古代人们对打雷存在恐惧心理。但由于各人的经验不同，认识有别，恐惧程度不尽相同，态度上也各有差异。“震卦”的有关描述是，人们对待打雷，有三种反应：一是惊恐，见打雷就全身发抖；二是照样谈笑，似乎打雷与自己毫无关系；三是非常镇定，听到震惊百里的大霹雳，手中拿着盛酒的勺子，酒不会洒出一点。《象传》认为，听打雷而惊恐的人，行动谨慎，可以得福；不怕打雷，不慌乱的人，行动有法则；非常镇静的人，可以做诸侯，守护宗庙国家，作为祭祀宗庙社稷的祭主。《象传》不以恐惧为坏事，相反，认为能因此提醒人们注意修身，即所谓“君子以恐惧修身”。《论语·乡党》说孔子“迅雷风烈必变”。孔子自己说：“战战兢兢如临深渊，如履薄冰。”如果将上述两方面结合起来，那么作为领导者要时刻小心谨慎，注意修身，又要处变不惊，保持镇定。

《周易》不仅注意到领导者的情绪状态，而且注意到百姓的喜怒哀乐。“兑卦”中的“兑”是“悦”的原始写法，“心中喜悦”的意思。《彖传》指出：“说以先民，民忘其劳。说以犯难，民忘其死。”意思是领导者要先于百姓劳动或犯难，百姓才悦而忘劳忘死。在以后的儒家管理心理学思想中，我们可以看到这种思想的延续。《论语·子路》中说：“子路问政，子曰：‘先之，劳之！’”领导者以身作则，先于百姓劳动，这样百姓也会乐意努力工作。现代管理主张关心员工的情绪生活，这与《周易》的有关思想是一致的。

“恒卦”“节卦”“蹇卦”和“解卦”的内容，涉及人的意志。“恒卦”的“恒”指持久、坚持之意。“恒：亨。无咎。利贞。利有攸往。”意思是做事持之以恒、坚持到底就能万事亨通，无往不利。从“爻辞”看，有恒十分重要，“不恒其德，或承之羞”。同时，有恒要有一定的限度，应适可而止，不可趋于极端。如掘深是好事，但掘深过久则凶：“初六浚恒，贞凶。”从管理来讲，领导者要有目标，行动要朝向目标，并努力不懈；同时，又不能顽固、执拗、一意孤行。

“节卦”的“节”指节度，有节制行为的意思。一个人善于自我节制，就会万

事亨通，工作顺利。但节制也不可过度，所谓“节：亨，苦节不可贞”。“节卦”之“初九”说：“不出户庭，无咎。”“九二”又云：“不出门庭，凶。”这是告诉人们节制的“度”：应当节制而不节制，往往会自取其咎；不当节制而加以节制，就会失去时机。“爻辞”主张“安节”，即心安理得的节制；还主张“甘节”，即甘心愉快的节制。实行这两种节制，就能使节制顺其自然，无过无不及，万事获得成功。

“蹇卦”和“解卦”的基本思想，是阐述对待困难、解决困难的原则。现代心理学认为，意志行动与克服困难相联系，意志水平也往往以困难的性质和克服困难的难易程度为衡量标准。“蹇卦”《彖传》说：“蹇，难也，险在前也；见险而能止，知矣哉！”意思是，碰到困难，危险就在前面，要冷静思考，见险能止，这是智慧的表现。见险而止并不是见险后退，而是等待时机，去克服困难。《象传》云：“往蹇来誉，宜待也。”经历了艰难的历程，困难终将被克服，必定会大有所得，大有作为。“解卦”之“解”有“解除困难”的意思。困难发生之初，是解决困难的最佳时机，这时要迅速、果断。《象传》说：“刚柔之际，义‘无咎’也。”对困难应当彻底清除，为此，不惜采取严厉手段。“九二”云：“田获三狐，得黄矢，贞吉。”“三狐”可理解为问题对象，“黄矢”指铜箭头，可引申为严厉的措施。

二、《尚书》论领导管理心理过程

《尚书》对领导者的心理过程有精彩的论述，取得了规律性的认识，并且对后世产生了较大的影响。

《洪范》是《尚书》中的重要篇目之一。它主要阐述了“洪范九畴”，即治国安民的九条法则。其中第二条是“敬用五事”。“五事：一曰貌，二曰言，三曰视，四曰听，五曰思。貌曰恭，言曰从，视曰明，听曰聪，思曰睿。恭作肃，从作乂，明作哲，聪作谋，睿作圣。”

这里的目明耳聪属感知，睿思属思维。现代心理学把认识过程分为感知和思维两个阶段来研究。“五事”说初步反映了这一认识过程的基本性质。不仅如此，“五事”说还提出了管理者在认识方面的基本要求：领导者的态度要恭敬，言语要恰当并合乎道理，观察要明白，听取意见要敏锐，思维要通达。这些要求并非抽象的罗列，而是直接服务于管理活动。因为领导者态度恭敬，下属就会严肃；言语恰当、合乎道理，天下就会大治；观察事物清楚明白，就不会受到蒙蔽；听取意见敏锐，就不会拿错主意；考虑问题通达，可以成为圣人。后世思想家对“五事”十分重视。如西汉董仲舒在《春秋繁露·五行五事》中对“五事”

作了具体阐发；北宋王安石根据《洪范》篇对“五事”的论述，探索了视听与思虑的关系。

三、《吕氏春秋》论领导管理心理过程

《吕氏春秋》对领导者的社会知觉以及思维有丰富的论述。

（一）领导者的社会知觉

在社会中，对社会对象的知觉简称社会知觉。社会对象包括社会中的个人、群体与组织。社会知觉中人际知觉是主要内容。影响社会知觉的因素包括知觉者、被知觉者和情境。领导者能否形成正确的社会知觉，关系到管理工作的成败。

《吕氏春秋》指出了领导者形成正确的社会知觉的重要性。认为不正确的社会知觉危害很大，有亡国的危险，亡国之君大多存在错误的社会知觉。《去宥》写道：“夫人有所宥者，固以昼为昏，以白为黑，以尧为桀，宥之为败亦大矣。亡国之主，其皆甚有所宥邪？故凡人必别宥然后知，别宥则能全其天矣。”

同时，《吕氏春秋》还揭示了错误知觉的影响因素。

1. 知觉对象彼此相似，就容易被混淆

《疑似》写道：“使人大迷惑者，必物之相似也。玉人之所患，患石之似玉者。相剑者之所患，患剑之似吴干者。贤主之所患，患人之博闻辩言而似通者。亡国之主似智，亡国之臣似忠。相似之物，此愚者之所大惑，而圣人之所加虑也。”因此，领导者要特别注意比较相似之物，不为之所迷惑。

2. 在习以为常的对象上，知觉者容易疏忽大意

作为领导者，即使对已知的对象，也不可掉以轻心，要再三验查，这样才能保证无所过失。《谨听》写道：“故人主之性，莫过乎所疑，而过于其所不疑；不过乎所不知，而过于其所以知。故虽不疑，虽已知，必察之以法，揆之以量，验之以数，若此，则是非无所失而举措无所过矣。”

3. 知觉会受到知觉主体情感的影响

《去尤》写道：“所以尤者多故，其要必因人所喜与因人所恶。东面望者不见西墙，南乡视者不睹北方，意有所在也。”《去尤》还讲述了一个生动的故事：有人丢失一把斧子，主观地认为斧子是邻人之子偷的，于是看其走路、观其脸色、听其说话都像偷斧子的人。后来他翻挖谷堆找到了斧子，再看邻人之子时，其动作态度再也不像偷斧之人了。这个故事的寓意在于劝告人们认识客观事物时，要排除主

观好恶的干扰。作为领导者,对下属形成正确知觉,需要排除个人主观偏见。

4. 知觉主体的需要、愿望也会影响到社会知觉

《去宥》有一个生动的故事说明了这一心理活动的规律。齐国有个财迷,白天在黄金市场上,见到黄金就上前夺取,被官吏捉住,问他:“在众目睽睽之下,你怎敢抢人黄金?”他说:“殊不见人,徒见金耳。”领导者在知觉过程中,排除私欲的干扰十分重要。

(二) 领导者的思维

思维是人脑对客观事物间接的、概括的反映。掌握思维活动的规律,不仅有助于领导者正确地认识世界,而且能帮助他们自觉地改造世界,完成实践任务。感知是思维的基础,但对事物的认识不能停留于感知,要得出正确认识还需要通过进一步的思维加工。《吕氏春秋》提出“流言必察”的主张,把它作为领导者不同于一般人的一个特征。“听言不可不察,不察则善不善不分。”(《听言》)“夫得言不可以不察,数传而白为黑,黑为白,故狗似玃,玃似母猴,母猴似人。人之与狗则远矣,此愚者之所以大过也。……闻而不审,不若无闻矣。”(《察传》)

《吕氏春秋》指出,作为领导者,不同于一般人的特征就是不仅能知其然,而且能知其所以然,从而把握事物背后的原因。领导者如何把握事物的本质和规律呢?对此,《吕氏春秋》有以下四点主张。

1. 通过分析比较把握事物的本来面目,作出正确判断

《观表》写道:“圣人之所以过人以先知,先知必审征表,无征表而欲先知,尧、舜与众人同等。”这里“审”字含有积极思考、审察明白的意思。面部、身段、言语、表情动作,常反映人的内心活动。对此作仔细辨察,能够把握内心的真实情况。《精谕》记述了齐桓公与管仲谋伐卫,卫姬察而知之;桓公因卫姬之请而止伐卫,管仲察而知之。二人之察皆非凭空猜想,“管子乃以容貌音声,夫人乃以行步气志”。领导者捕捉各种信息,掌握对方的情况,在现代管理中更显重要。

2. 不为假象所迷惑

社会生活中,某些事物表现出来的情况往往与本质属性相反。《吕氏春秋》注意到了这一问题。《似顺论》写道:“事多似倒而顺,多似顺而倒。有知顺之为倒、倒之为顺者,则可与言化矣。”作为领导者,要作出正确的判断,需要认清假象。《似顺论》举了一个事例说明这个道理。荆庄王欲伐陈,探知陈国“城郭高,沟洫深,积蓄多”,看起来对进攻很不利。楚臣宁国却从陈国貌似强固的外表下,看出其本质的虚弱,说:“夫陈,小国也,而蓄积多,赋敛重也,则民怨上矣;城郭高,沟洫深,则民力罢矣。兴兵伐之,陈可取也。”后来事实证明,宁国的分析是对的。

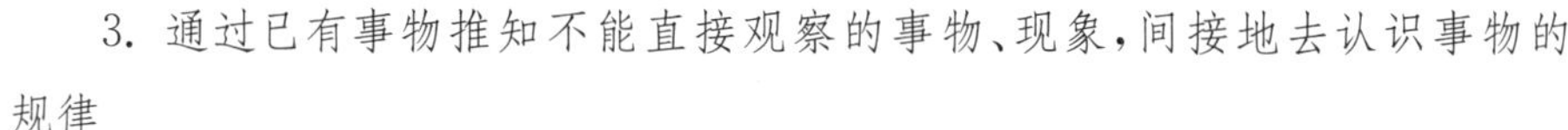

3. 通过已有事物推知不能直接观察的事物、现象，间接地去认识事物的规律

《察今》写道："有道之士，贵以近知远，以今知古，以益所见，知所不见。故审堂下之阴，而知日月之行、阴阳之变；见瓶水之冰，而知天下之寒、鱼鳖之藏也；尝一脟肉，而知一镬之味、一鼎之调。"

4. 仔细辨察事物的细微征兆，把握事物变化发展的趋势

《吕氏春秋》中专辟《察微》篇，其中写道："使治乱存亡若高山之与深谿，若白垩之与黑漆，则无所用智，虽愚犹可矣。且治乱存亡则不然，如可知，如可不知；如可见，如可不见。故智士贤者相与积心愁虑以求之，犹尚有管叔、蔡叔之事与东夷八国不听之谋。故治乱存亡，其始若秋毫。察其秋毫，则大物不过矣。"作为领导者，要用发展的眼光看待事物的细微变化，增强对事物变化的预见能力。

四、董仲舒论领导管理心理过程

董仲舒（前179—前104），西汉著名的思想家、政治家。少治《公羊春秋》，景帝时为博士，成为名重当世的大儒。当时，西汉社会正处于由初期进入中期的大变动时期，政治经济的发展趋势是消除割据分裂、加强地区联系，以建立统一的中央集权制的封建统治。元光元年，汉武帝举行历史上著名的举天人三策，董仲舒因应武帝策问，连上《天人三策》畅谈天人关系，宣扬大一统学说，受到武帝重视，从而开创了中国政治思想史上"罢黜百家、独尊儒术"的局面。其主要著作是《春秋繁露》《天人三策》（载于《汉书·董仲舒传》）等。董仲舒的领导管理心理思想，以儒家思想为中心，杂糅了阴阳五行、黄老道家、法家等诸家思想，创立了一个符合巩固大一统中央集权需要的新的领导思想体系。由于时代的局限性，其中不乏带来消极影响的东西，但从中国管理心理学思想研究的角度去审视，仍有很多值得我们参考和借鉴之处。

（一）领导者的社会认知

领导行为受一系列心理因素的影响，而领导者的社会认知，是影响领导行为的主要因素。领导者的社会认知依赖于他们对工作对象的看法和理解，而这种看法和理解是通过观察、感知、表象、记忆、思维等一系列心理过程的作用而产生的。董仲舒认为，貌、言、视、听、思是人先天的自然本性，领导者需要修炼好它们，以便能明察秋毫，正确地判别事物，这样才能治理好百姓。

那么，怎样才能正确地认知呢？《春秋繁露·五行五事》中写道："王者貌曰恭，恭者敬也。言曰从，从者可从。视曰明，明者知贤不肖，分明黑白也。听曰聪，聪者能闻事而审其意也。思曰容，容者言无不容。"这就是说，态度要恭敬；言语要适当；视觉要明晰，能分清是非；听觉要聪敏，能听到事物并审视它的含义；思维要通达，能听得进任何意见。

认知活动是一种注意活动，通常情况下领导者对必须解决的问题应有预定的注意点，这种预定的注意点往往关系到领导活动的成败。董仲舒从"天道无二，人道贵一"的观点出发论述了注意集中的问题。《春秋繁露·天道无二》载："事无大小，物无难易。反天之道，无成者。是以目不能二视，耳不能二听，一手不能二事。一手画方，一手画圆，莫能成。"

（二）领导者的情绪

情绪、情感在中国古代被称为"情"，历代思想家对人的情绪、情感的理解是多角度的。在情的归类划分上，董仲舒继承传统的"情二端"说，认为人有好和恶两种基本情绪。他将人的基本情绪与天的四时联系起来，认为人的喜怒哀乐与天的晴暖寒暑、春夏秋冬相统一。《春秋繁露·天辨人在》写道："人无春气，何以博爱而容众？人无秋气，何以立严而成功？人无夏气，何以盛养而乐生？人无冬气，何以哀死而恤丧？天无喜气，亦何以暖而春生育？天无怒气，亦何以清而秋就杀？天无乐气，亦何以疎阳而夏养长？天无哀气，亦何以激阴而冬闭藏？故曰天乃有喜怒哀乐之行，人亦有春秋冬夏之气者，合类之谓也。"

作为领导者，应该合理地控制和调节好自己与他人的情绪，使它在管理中发挥积极的作用。董仲舒提出了合理调节情绪的建议。

1. 合理宣泄情绪

《春秋繁露·如天之为》说："人有喜怒哀乐，犹天之有春夏秋冬也。喜怒哀乐之至其时而欲发也，若春夏秋冬之至其时而欲出也，皆天气之然也。其宜直行而无郁滞。"这说明人的喜怒哀乐如春夏秋冬一样是自然特性，因而不可使其郁积。而应在适当的情况下合理地表现。《春秋繁露·王道通三》中论述了同样的道理："四气者，天与人所同有也，非人所能畜也，故可节而不可止也。节之而顺，止之而乱。"也就是说，对待情绪的态度应是节制而不是郁滞，否则，就会出乱子。

2. 保持乐观情绪

《春秋繁露·循天之道》中写道："和乐者，生之外泰也；精神者，生之内充也；外泰不若内充，而况外伤乎？忿恤忧恨者，生之伤也；和说劝善者，生之养也。君子慎小物而无大败也。行中正，声向荣，气意和平，居处虞乐，可谓养生矣。”这段话强调了平和愉快的情绪对养生的益处，忿恤忧恨等消极的情绪对人的伤害，提倡领导者心平气和、乐观向善。

3. 避免极端情绪

《春秋繁露·循天之道》中列举了十种不良状况对身体的伤害。“泰实则气不通，泰虚则气不足；热胜则气寒，寒胜则气热；泰劳则气不入，泰佚则气宛至；怒则气高，喜则气散；忧则气狂，惧则气慑。”董仲舒又提出，克服不良情绪的最好方法是本着中和的态度，避免在情绪上走大喜大悲的极端。即“凡此十者，气之害也，而皆生于不中和。故君子怒则反中而自说以和，喜则反中而收之以正，忧则反中而舒之以意，惧则反中而实之以精。夫中和之不可不反如此”。

4. 适时表现情绪

董仲舒在《春秋繁露·王道通三》中论述了领导者应适时表现自己的情绪。他认为，领导者好恶喜怒的情绪像“天以暖清寒暑化草木”一样对下属起着激励作用。“喜乐时而当，则岁美；不时而妄，则岁恶。”因此，领导者应加强内省，谨慎、适时地表现自己的情绪，“使好恶喜怒必当义乃出，若暖清寒暑之必当其时乃发也”。否则，“当喜而怒，当怒而喜，必为乱世矣”。

第二节　领导管理的心理品质思想

中国自古至今，一直提倡贤人政治，崇尚以德为先，对领导者的道德品质要求很高。它作为一种非权力影响力，是反映领导者内在素质的最重要的指标。优秀的心理品质会给领导者树立良好的威信，从而带来较大的影响力，使下属产生敬重感，甚至把领导者作为自己学习的榜样。

一、《周易》《尚书》论领导管理心理品质

从《周易》开始，中国古代思想家就设计出了一种理想人格模式。燕国材先生曾将《周易》中蕴含的理想人格思想，概括出十八项心理特征：天人合一的主客观念；奋发有为的积极态度；自强不息的进取精神；仁义礼智的完整道德；谦虚逊让的美好德行；诚信不欺的正直精神；不怕困难的坚强意志；自我节制的调控能力；持之以恒的坚持精神；与人和乐的积极情感；与人和同的待人态度；光明磊落的宽广胸怀；认真负责的工作态度；刚柔并济的处事方法；对待成败的正

确态度；趋时守中的处世原则；革新创造的变革精神；特立独行的完美人格。[①] 这十八项心理特征是《周易》描绘的圣贤、君子共同的理想人格内容，也可以成为今天管理者的人格基础。

《尚书·皋陶谟》提出了“九德”，即“宽而栗，柔而立，愿而恭，乱而敬，扰而毅，直而温，简而廉，刚而塞，强而义”。“九德”包括了十八种个性（人格）特点，相对完善的个性才可称为“德”；十八种个性特点的两两结合构成了“九德”。对领导者而言，其个性在一般个性特点之上要有更高的要求，即他们的个性要注意原有个性特点的补充和完善。

基于对领导者个性心理的揭示，“九德”既是领导者的心理品质要求，又是“知人”——识别人才的标准。“九德”对后世管理心理学思想的发展产生了深远的影响。刘劭《人物志》关于性格的五分法、八分法和十二分法，都明显受到“九德”的分类启示。《贞观政要》第一篇论“君道”中，就论述了魏徵上疏唐太宗要弘扬“九德”。中国历代有些思想家在探讨领导者性格特征时，还直接运用了“宽而栗，柔而立”等表述形式。日本当代著名作家山本七平十分推重“九德”理念，认为“九德”是正面理念，若从反面来说就是“十八不德”。在现代管理中，存在着“十八不德”样样具备的领导者，他们从早到晚，忙得团团转，对部下怒声责难，工作却毫无绩效可言。[②]

二、孔子论领导管理心理品质

在孔子的思想中，君子是能修己和正人的领导者的理想代表。孔子对领导者心理品质的要求，主要体现在如下六个方面。

（一）“正身”：以身作则

孔子说：“苟正其身矣，于从政乎何有？不能正其身，如正人何？”（《论语·子路》）在他看来，领导者是表率、榜样，其言行举止具有示范意义、榜样作用。领导者如果注意自己的修养，就能起到上行下效的作用，从而带动整个社会水平的提高；否则，就不能胜任领导者的职务。

（二）“敬事而信，节用而爱人”

孔子认为，领导者在工作中应以仁的精神为主旨，不仅要在工作上尽心尽

---

① 燕国材.《周易》的心理学思想及其在先秦的发展[J]. 心理学报，1994，26（3）：312-318.

② （日）山本七平. 贞观政要的领导艺术[M]. 北京：三联书店，1990：35.

力，吃苦在前，享受在后，而且要勤俭节约，为民着想。对此，他对领导者提出了一些具体要求，例如："先之劳之。"（《论语·子路》）"居之无倦，行之以忠。"（《论语·颜渊》）"道千乘之国，敬事而信，节用而爱人，使民以时。"（《论语·学而》）

（三）乐观向上、积极有为

先秦儒家要求领导者应具备乐观向上、积极有为的进取精神，如孔子提出："人之生也直，罔之生也幸而免。"（《论语·雍也》）"发愤忘食，乐以忘忧，不知老之将至云尔。"（《论语·述而》）

（四）持之以恒

孔子认为，领导者必须具备持之以恒的精神。他从反面强调说："为山九仞，功亏一篑。"（《尚书·旅獒》）又引当时的谚语云："人而无恒，不可以作巫医。"（《论语·子路》）孟子也强调学习必须有恒在胸、坚持到底，既反对"一曝十寒"，更反对"自暴自弃"。

（五）实事求是

孔子要求领导者能以谦虚的态度和踏实的作风，对待工作中的人和事，处理问题必须以事实为依据，反对凭空猜测、绝对肯定、固执己见和唯我独是的主观主义作风。例如，《论语·子罕》载："子绝四——毋意，毋必，毋固，毋我。""君子不以言举人，不以人废言。"（《论语·卫灵公》）"如有周公之才之美，使骄且吝，其余不足观也已。"（《论语·泰伯》）

（六）文质彬彬

孔子要求领导者具有内在的、真实而高尚的道德品质，同时这种品质能以富有修养的形式表现出来。孔子说："质胜文则野，文胜质则史。文质彬彬，然后君子。"（《论语·雍也》）强调文质并重，反对片面地重质轻文或重文轻质。《论语·述而》中，也描述了孔子这方面的良好形象："子温而厉，威而不猛，恭而安。"孟子和荀子都继承了孔子的这一思想，在领导管理心理品质上，既要求注重心胸宽广、正直刚强、恭敬谨慎等内在的道德品质，同时又要求领导者具有温文尔雅的仪态风度。

三、墨子论领导管理心理品质

（一）"厚乎德行"的品德特征

墨子认为，考察"德行"的指标主要有十一项：强志、重信、轻财、守道、明察、诚实、自省、实干、谦虚、睿智、无私（参见《墨子·修身》）。强志指重视意志的磨炼，因为意志不坚强，才智不会通达。重信指以信为本，如果说话不讲信用，行动就不会果敢。轻财指君子不爱财，更不吝啬，拥有钱财不肯分给别人，这样的人不值得与他交朋友。守道指自己为人处世有原则，信仰追求要专一。明察指认识事物要广博，分辨能力要强。诚实指言行一致，如果行为不诚实，名声必定会败坏。自省指经常反思自己的行为，及时纠正行为的偏差。实干指少说多做，致力于空谈而行动迟缓，即使能言善辩，别人也不会听。谦虚指即使出力多也不夸耀自己的功劳，聪明的人心中明白，但不求夸夸其谈，名扬天下。睿智指既有智慧又内敛，不锋芒毕露。无私指没有求名求利的私心，谋利之心很重而成为天下的贤人，这是从来没有的。这些品德特征对任何领导者来说都是必需的。

墨子指出，德行是一个人最重要的东西，这一根基不牢，其他方面就会缺乏发展的基础。《墨子·修身》篇写道："君子战虽有陈，而勇为本焉；丧虽有礼，而哀为本焉；士虽有学，而行为本焉。是故置本不安者，无务丰末。"君子作战虽有阵法，但勇敢是根本的东西；治丧虽有礼仪，但哀痛是根本的东西；士人虽有学问，但德行是根本的东西。根基立得不牢靠，就别求细枝末节的茂盛。可见在形成领导者品质的各要素中，品德行为占有很重要的位置，因为道德品质的好坏直接影响到领导者行为的性质与工作的效能。

如何做到"厚乎德行"？墨子认为应该从别人对自己的态度中了解自己的情况，并经常内省，自我批评，从而早日养成高尚的道德情操。《墨子·修身》篇说："君子察迩，修身也。修身，见毁而反之身者也，此以怨省而行修矣。"君子能明察左右，接着修养自己的德行；知道不修养自己的德行，将会受到别人的毁谤，所以经常反躬自问，检查自己。这样，别人的怨言就会逐渐减少，自己的德行修养就会得到提高。墨子还进一步要求人们，为了修身就要接受有益的劝告，否则是难以提高自己的德行的。《墨子·贵义》篇从反面说明了这一点："世之君子，欲其义之成，而助之修其身则愠，是犹欲其墙之成，而人助之筑则愠也。岂不悖哉？"世上的君子想实现自己的"义"，可是别人帮助他修身就恼怒。这犹如想把墙筑好，但别人帮助他筑墙就恼怒一样，岂不是很荒谬吗？

（二）"博乎道术"的知识结构

在先秦诸子中，墨子是一位"博乎道术"的理论家和实践家。在理论方面，墨子与孔子等圣贤一样，能够深入到哲学层次，进行哲理性思辨，并著书立说，掀起百家争鸣的学术高潮。在实践方面，墨子是一位手艺精湛、技术高超的工匠，能顷刻之间削三寸之木成一能载五十石的车轴，能研制会飞的木鹰；墨子是

一位杰出的外交家和军事家，独自一人到楚国与公输班进行模拟战争，并说服楚王放弃侵略；墨子是一位教育家，由他创办的墨家学派其实是一所强调实践和献身精神的流动性综合学校，“其弟子弥丰，充盈天下”。现代科技的飞速发展与国内外市场竞争的异常激烈，对领导者学识方面的要求越来越高，因为知识越渊博，阅历越丰富，其分析问题和解决问题的能力就越强，其应变能力与决策能力就越强。我们认为，墨子“博乎道术”的理论修养和实践经验，是颇值得现今领导者借鉴的。

（三）“辩乎言谈”的语言能力

在组织管理过程中，能言善辩的口才是成为一个成功领导者的基本条件。在这一点上，墨子也颇值得现今领导者向其学习。墨子热衷于政治实践，游说各国的王公大臣，经常与平民百姓和自己的弟子辩论，在长期的辩论、谈判、讲学过程中，墨子坚持原则，灵活运用娴熟的辩论技巧，常能出奇制胜，驳倒对方，而且总结出一套行之有效的辩论方法和技巧，留下了传世之作《墨辩》。可以说，善辩是墨子的一大特色。

他在《墨子·小取》篇提出辩论的目的是：“夫辩者，将以明是非之分，审治乱之纪，明同异之处，察名实之理，处利害，决嫌疑焉。”就是说，辩论要分清是非的区别，审察治乱的规律，辨明同异的所在，考察名实的道理，决断利害，解决疑惑。

《墨子·小取》篇还总结了一套立辩的方法：“或也者，不尽也。假者，今不然也。效者，为之法也。所效者，所以为之法也。故中效，则是也。不中效，则非也。此效也。辟也者，举也物而以明之也。侔也者，比辞而俱行也。援也者，曰：子然，我奚独不可以然也？推也者，以其所不取之，同于其所取者，予之也。是犹谓也者同也，吾岂谓也者异也。”“或”指有可能，“效”指立个标准，“辟”指举别的例子来说明此物，“侔”指两个词义相同的命题可以由此推彼，“援”指援引对方的已肯定的命题来证明自己的正确性，“推”指用对方不赞同的命题，类同于对方赞同的命题来反驳对方。在辩论中，墨子常用的辩论技巧有打比方、举例子、援引对方观点、归谬法、举反例等。墨子在辩论中屡屡获胜。这启示我们，现代领导者应该具备一定的哲学修养，懂一些逻辑知识，掌握一些辩论技巧，培养墨子那种“辩乎言谈”的语言能力，以避免口才成为木桶中最短的那块木片，成为自己和组织发展的“瓶颈”。

（四）“摩顶放踵”的工作态度

领导者为实现组织目标而不计个人得失的工作态度，言必行、行必果的实干精神和注重理性的科学精神是现代组织成功的重要条件。

墨子崇尚先王圣贤，以他们为榜样，“摩顶放踵利天下”，为百姓利益劳作一世也不后悔和厌倦，正如《墨子·节用中》篇所说：“古者明王圣人所以王天下，正诸侯者，彼其爱民谨忠，利民谨厚，忠信相连，又示之以利，是以终身不厌，殁世而不卷。”

墨子在行“义”的过程中，遇到很多困难，也遭到别人的误解，甚至有生命危险，他的朋友劝他放弃孤身一人去行义。但他不肯退缩，而是一如既往，积极实干。不仅如此，他还严格要求弟子不能贪图功利而违背自己的信仰，违背自己的行事原则，违背墨家倡导的“义”。例如，当墨子听到公输班为楚造云梯将攻宋，便带领弟子，起于齐，行十日十夜而至于郢，见公输班，与之展开一场惊心动魄的模拟战争。总之，墨子和弟子就凭着如此“摩顶放踵”的态度，为“兴天下之利，除天下之害”而舍生忘死，矢志不移，为国为民作出巨大贡献。我们认为，“摩顶放踵”的工作态度是现代领导者应具备的基本品质，尤其在复杂多变的现代社会，这种品质更显其独特魅力，对个人和组织的成功起着不可估量的作用。

（五）“非乐节用”的生活作风

“俭节则昌，淫佚则亡”（《墨子·辞过》）是墨子领导心理思想的一个主要内容。为此，他特地撰写了《非乐》《节用》《节葬》三篇文章来论述自己的这一思想。在“非乐”方面，墨子针对当时民有三患的实情，认为应该首先满足百姓的生存需要，才可以考虑王公大臣娱乐方面的精神需要，因为王公大臣若喜欢大钟鸣鼓琴瑟竽笙之声，制造乐器，则必将厚敛乎万民，而且撞巨钟、击鸣鼓、弹琴瑟、吹竽笙，无助于“饥者不得食，寒者不得衣，劳者不得息”的现状，同时奏乐必使人“废丈夫耕稼树艺之时”，“废妇人纺绩织纴之事”，舞人还要“食必粱肉，衣必文绣”，导致的结果是“与君子听之，废君子听治；与贱人听之，废贱人之从事”，最后墨子得出结论：“乐之为物，将不可不禁而止也。”（《墨子·非乐上》）

在“节用”方面，墨子认为节省开支，避免浪费，其实就是增加了收入。他在《节用上》写道：“圣人为政一国，一国可倍也。大之为政天下，天下可倍也。其倍之，非外取地也，因其国家，去其无用，足以倍之。圣王为政，其发令兴事、使民用财也，无不加用而为者。是故用财不费，民德不劳，其兴利多矣。”意思是，圣人治理一国，国家的财富成倍增加，不是向外扩展、掠夺土地，而是省去无用的费用，也就是要节用。由于贵族阶层为满足物质享受，横征暴敛，非法掠夺，对外侵城掠地，因而使双方死伤无数，损失极大，正如墨子所言“今天下为政者，其所以寡人之道多。其使民劳，其籍敛厚，民财不足，冻饿死者不可胜数也”。

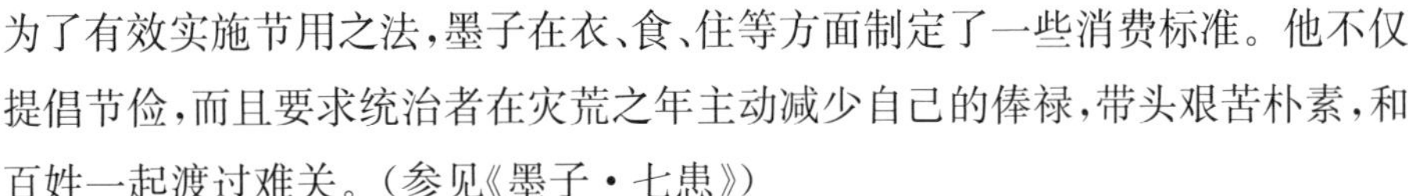

为了有效实施节用之法，墨子在衣、食、住等方面制定了一些消费标准。他不仅提倡节俭，而且要求统治者在灾荒之年主动减少自己的俸禄，带头艰苦朴素，和百姓一起渡过难关。（参见《墨子·七患》）

春秋战国时期生产力比较落后，加上连年战乱，百姓生活水平很低，而当时的许多王公大臣生则奢靡，死则厚葬，加剧了国穷民困，社会混乱。为此，墨子抨击腐败，提倡廉洁。两千多年过去了，现在有些领导者在创业时期能艰苦朴素，但当事业稍有所成时就贪图享乐，奢侈浪费，不思进取，结果阻碍了组织的发展。所以墨子的节俭思想对反腐倡廉，帮助领导者养成节俭朴素的生活作风有一定的借鉴意义。

（六）“兼容安心”的为人原则

良好的心境是领导者心理品质中不可缺少的内容，关于如何保持积极、乐观、平和的心境，创造和谐愉快的人际环境，墨子在《亲士》篇中阐述了“兼容安心”的为人处世原则。

先说“兼容”。《墨子·亲士》说：“是故江河之水，非一原之流也；千镒之裘，非一狐之白也。夫恶有同方取不取同而已者乎？盖非兼王之道也。是故天地不昭昭，大水不潦潦，大火不燎燎，王德不尧尧。者，乃千人之长也。其直如矢，其平如砥，不足以覆万物。是故溪陕者速涸，逝浅者速竭。”就是说，江河里的水不是一个源头的水，价值千金的皮衣也不是一只狐狸的皮毛能制成的。哪里有不用同道的人，而只用与自己意见相同的人的道理呢？那样做就不是兼爱天下的君王的原则了。因此天地并不是永远光明，大水也不是永远浩大，大火并不是永远不灭，君王的德行并非高不可攀。如果管理千人的官吏为政刚直得像箭，平直得像磨刀石，那么就不能包容万物了。狭隘的小溪干涸快，水浅的川流枯竭快。可见，没有兼容之心的领导者是很难管理好一个组织的。现代领导者应该有虚怀若谷、包容万物的胸怀，善于听取不同的意见，虚心学习别人的长处，有效地利用外界有利因素来成就大业。

再说“安心”。它指领导者不管处于何种位置，都应该有自信心、平常心，不轻易放弃自己的原则，勇于承担重任难事。《亲士》篇说：“非无安居也，我无安心也。非无足财也，我无足心也。”“君子进不败其志，内究其情，虽杂庸民，终无怨心，彼有自信者也。是故为其所难者，必得其所欲焉；未闻为其所欲，而免其所恶者也。”墨子认为，并非没有安适的居所、丰足的财产，而是没有安定、满足之心。君子应该自己承担难事，让别人做容易的事，做官时不改变自己的志向，丢官时能探究实情，即使杂处在平庸的百姓中间，也没有怨恨之心，因为他有自信心和平常心。

四、老子论领导管理心理品质

道家倡导顺应自然、无为而治的领导者。这样的领导者应具备以下五种心理品质。

(一)尽心尽责

道家不太重视成就动机的激励作用,虽不反对有所作为和建功立业,但不以其作为追求的最终目标。道家追求的是能长久地有所作为和建立功业,因而强调对待事业要有超然态度。虽然如此,但道家又认为,做事必须尽心尽责,才能够保全和长久。《老子·二章》指出:“圣人处无为之事,行不言之教,万物作焉而不辞,生而不有,为而不恃,功成而弗居。夫唯弗居,是以不去。”意谓圣人用“无为”的态度来处事,用“不言”的方法来施教,任万物自然生长,不据为己有;作育了万物,不自恃其能;事业完成后,不自居其功,从而赢得尊敬爱戴,功绩也永远不会丢失。

(二)服务精神

处理好领导者与被领导者的关系,是影响领导有效性的重要问题,服务精神是道家在处理此种关系上的一项品质要求。老子认为,圣人应该没有私心,重视民心民意:“圣人无常心,以百姓心为心。”(《老子·四十九章》)领导者应具备那些愿意牺牲自己为天下人服务的品质,要时刻关心百姓疾苦,任劳任怨地为百姓服务。

(三)淡泊名利

道家认为,如果统治者贪婪成性,百姓就难以治理,因而要求管理者不与民争利。老子向当时的统治者提出了一些值得深思的问题:“名与身孰亲? 身与货孰多? 得与亡孰病?”他告诫管理者:“甚爱必大费,多藏必厚亡。”(《老子·四十四章》)告诫统治者不要横征暴敛、激起民愤,否则人财难保,自掘坟墓。同时还要加强监督,严格执法,提高领导者的思想素质。

(四)知人、自知

道家认为,领导者既要知人,也要自知;既要胜人,也要自胜。如老子云:“知人者智,自知者明。胜人者有力,自胜者强。”(《老子·三十三章》)能认清别人的人是聪明的,能认清自己的人才是高明的。战胜别人表明有力量,战胜自己才表明真正强大。“知不知,上;不知知,病。”(《老子·七十一章》)能知道自己无所知,这是最聪明的表现;不知道自己无所知,这是一种缺点。在管理中,

如果领导者能审视自己，相信自己，克制自己，关心员工利益，就能调动员工的积极性，使企业处于不败之地。

（五）稳重、清净

管理工作千头万绪，社会情况瞬息万变，这要求领导者遇事不惊，不被假象迷惑，时刻保持清醒的头脑。老子认为，修身治事，以稳重、清净最为重要，稳重是轻浮的根本，清净是急躁的主帅。因此，体道的圣人整天行走，不离开装载行李的车辆，虽有华美丰富的物质享受，却能处之泰然，不受它左右。这就正如《老子·二十六章》所说："重为轻根，静为躁君。是以圣人终日行不离辎重。虽有荣观，燕处超然，奈何万乘之主，而以身轻天下？"领导者肩负重任，决不能轻浮急躁地处理工作，否则，就难以实施有效的管理。

五、《吕氏春秋》论领导管理心理品质

《吕氏春秋》就成败的君主作了比较分析，对领导管理的心理品质提出了多方面的要求，其中直接影响管理成效的品质主要有以下四个。

（一）公心

领导者应不谋私利，秉公执法，这样就会赢得下属的拥戴，实施有效的管理。《去私》篇祁黄羊"外举不避仇，内举不避子"，以及腹䵍执法杀子"忍所私以行大义"等故事，就说明了这个道理。《贵公》篇倡导领导者要为民谋利益，并认为这是取得有效治理的先决条件。该篇写道："昔先圣王之治天下也必先公，公则天下平矣，平得于公。"较"智"而言，它认为"公"这一品质更为重要："人之少也愚，其长也智，故智而用私，不若愚而用公。"

（二）重民

实施有效管理离不开对下属意愿的了解和尊重。《吕氏春秋》提出领导者要根据民心而行事的主张："尧授之禅位，因人之心也。汤、武以千乘制夏、商，因民之欲也。"（《贵因》）《顺民》篇则更为明确地把顺应民心与成就功名联系在一起，认为前者是后者的前提条件："先王先顺民心，故功名成……失民心而立功名者，未之曾有也。"并指出领导者在采取措施前就应审视民心民意："故凡举事，必先审民心，然后可举。"

（三）贵信

前面说过，《孙子兵法》将"信"作为领导者必须具备的一项品质："将者，智、信、仁、勇、严也。"《吕氏春秋》也明确地把"信"作为领导者的基本要求，并从反

面指出，“不信”会给管理带来危害：“君臣不信……不可使令。”

（四）不矜

《吕氏春秋》反对领导者过度依仗自己的能力，包揽众事，并认为这样会带来混乱。如《审分览》篇写道：“不知乘物而自怙恃……此亡国之风也。”领导者的主要职责是用人和督察，应做到“问而不诏，知而不为，和而不矜，成而不处”。

六、贞观之治集团论领导管理心理品质

贞观之治集团以道家的节欲、不扰民等思想，作为修身的重要内容。贞观初年，唐太宗对侍臣说：“朕每思伤其身者不在外物，皆由嗜欲以成其祸。若耽嗜滋味，玩悦声色，所欲既多，所损亦大，既妨政事，又扰生人……朕每思此，不敢纵逸。”（《贞观政要·君道》）唐太宗指出了嗜欲的危害，提出要想治理好国家就不能贪图享乐。古代帝王的享乐是建立在百姓劳动基础之上的，帝王多欲，百姓就会遭殃。唐太宗提出“抑情损欲”的主张，“君多欲则人苦，朕所以抑情损欲，克己自励耳”（《贞观政要·务农》）。唐太宗不仅这样提倡，而且付诸行动。唐太宗患有气疾，不宜居底下潮湿之处，考虑到修建阁楼“靡费良多”，故弃臣子建议，拒绝修阁。在其倡导下，当时社会形成俭朴的风俗，“由是二十年间，风俗简朴，衣无锦绣……”

魏徵向太宗上“十思”疏，希望唐太宗注意十个方面的问题。这十个方面指出了唐太宗时期君臣对自身的品质要求。从内涵上看，属于清虚自守的道家风范，服务于“无为而治”的管理目标，又包含了儒家励精图治的济世精神。魏徵指出：“人主诚能见可欲则思知足，将兴缮则思知止，处高危则思谦降，临满盈则思挹损，遇逸乐则思撙节，在宴安则思后患，防壅蔽则思延纳，疾谗邪则思正己，行爵赏则思因喜而僭，施刑罚则思因怒而滥，兼是十思，而选贤任能，固可以无为而治，又何必劳神苦体以代百司之任哉！”①

若从反面来看这十个方面，则领导者应注意克服十个不良品质。

第一，不思知足：就是贪得无厌。见到想要的，不知满足。

第二，不思知止：就是不知适可而止。兴修土木，毫无节制。

第三，不思谦降：就是高傲。身居高位，目中无人。

第四，不思挹损：就是盲目扩充，不知限度。

---

① 司马光. 资治通鉴(卷一九四)[M]. 北京：中华书局，1956：6128.

第五，不思撙节：就是不知节省，沉溺于逸乐之中。

第六，不思后患：就是草率行事，不考虑后果。

第七，不思延纳：就是自以为是，埋没人才。

第八，不思正己：就是不修身正己，轻信谗言。

第九，不思因喜而僭：就是奖励一个人，因为自己喜欢而过度。

第十，不思因怒而滥：就是惩处一个人，因为愤怒而不按律法行事。

日本作家山本七平对“十思”理念十分推崇，认为十思的反面也是现代管理者要克服的毛病。

七、清初统治集团论领导管理心理品质

康雍乾祖孙三帝对领导者心理品质有过极为细致的论述，他们在对君主自身的修养以及封建官僚的选拔和任用中表达了丰富的关于领导者心理品质的观点。其中，康熙在以熊赐履、李光地为代表的汉族官僚的影响下，全面接受了儒家的管理心理学思想，并结合施政实际，形成了一套富有“帝王”色彩的领导品质思想；雍正则以“公诚论”从官僚为政的原则出发，全面、深刻、系统地阐述了封建官僚应具备的基本品质。上述思想可归纳为以下五点。

（一）居敬行简

在君主的个人修养上，康熙把“主敬”作为基本内容。他说：“人主势位崇高，何求不得，但须有一段敬畏之意，自然不至差错，便有差错，也会省该。若任意率行，略不加谨，鲜有不失之纵侈者。朕每念及此，未尝一刻敢暇逸也。”（《康熙起居注》）作为封建统治的最高权威，康熙本无须顾忌，但他仍理性地认识到：统治者个人的修养是维护封建专制的重要因素，统治者如不节制个人欲望，会给国家带来无穷的灾难。

在御制文《居敬行简论》中康熙还进一步指出，主敬是实现简政刑清的根本前提，君主只有以敬修身，正心诚意，才能实现无为而治。康熙在儒家文化的熏陶下，逐渐成为“明君贤主”的典范。

（二）躬行实践

领导者在运筹帷幄之外是否应身体力行呢？在这一点上，康熙对躬行实践极为赞同，他认为知行相比，行比知更重要。“毕竟行重。若不能行，则知亦空知耳。”（《池北偶谈》）康熙对“知”与“行”的关系给出了很好的解释。他认为，为官不宜空谈，主张将理论学说付诸实践，以解决现实问题为主要目的。注重解

决实际问题的能力，这也是现代管理心理学关于领导者品质的重要观点。

（三）德才兼备

人才重“德”还是重“才”，这是中国历代文人争论的焦点之一。康熙结合政事，在宣扬君主之义，忠君报国思想的同时，对这一命题给出了自己的见解。他认为，凡为臣子，必须才德兼全，若有才无德，不如有德无才也……他将“德”放在首位，力主在“才德兼全”的基础上“以德为先”。康熙通过自己的言行向封建统治集团内部发出了这样的信息，坦诚事君是臣僚从事政务的基本准则。当价值观统一以后，统治集团内部必合其力为一，为了共同的利益和目的竭尽全力。为强化这一价值观，康熙将其付诸实践，对竭忠为国者，往往“励节加恩，弥彰异数”，以之作为大小臣工效法的榜样。

（四）著诚去伪

雍正根据统治集团的现实问题，将“诚”作为选拔和任命官僚的一项基本原则，把它作为官僚行事的首要品质。诚即忠，要求官僚在言行上与统治集团的高层“一德一心”保持高度一致；诚是对权威的“心悦诚服”，保持敬慎，官僚要做到至诚事君，忠贞不二，必先要有敬爱君主之心，所谓“必敬而后能诚”；诚是无欺无隐，坦诚事君。坦诚相待是处理君臣关系的最基本准则，雍正反复告诫群臣“人臣事君之道惟以诚实无欺为本”。

（五）公而忘私

雍正认为官僚忠诚体现在言行上就是“致身”二字。所谓致身，就是竭诚事君，为政以公。公是惟知有君，绝朋党之私情，杜绝相互包庇，相互纵容的非正式组织；公是以君臣大义为重，以父兄之情为轻；公是不洁己沽名。

第三节　领导管理的权变思想

20 世纪 70 年代初，西方管理学界出现了权变管理思潮。用这一理论来看有效领导者，可以认为，有效的领导不取决于领导者不变的品质和行为，而取决于领导者、被领导者以及环境三者的配合关系。领导者的有效行为应随着被领导者的特点和环境的变化而有所不同。中国古代有丰富的权变思想。

一、《老子》《庄子》的权变思想

老子以水为喻，提出因势而变的思想。《老子·八章》说：“上善若水……动善时。”认为水能方能圆，曲直随形；水的动静变化无不顺应时势。水的这一特性实质上是道的特性。老子作此比喻的目的，在于希望领导者具备应变能力。《庄子》指出，礼义法度应该根据时势不同而相应地作出变化：“故礼义法度者，应时而变者也。”（《庄子·天运》）庖丁解牛的故事，表达了类似的主张。其中写道，“依乎天理”“因其固然”“以无厚入有间，恢恢乎其于游刃必有余地矣”（《庄子·养生主》）。

庄子提出“因”这一概念是极具进步意义的。同样是论道，老子主张人道要服从天道。针对违反天道的做法，他提出自然无为，即顺其自然，不违反天道。老子所说的无为并不是要人们不为或无所作为，但无为的提法毕竟容易带来理解上的偏差。“因”这一概念的提出不仅能避免认识上的误解，而且突出了人的主观能动性。人们可以按照规律行事，譬如解牛，只要按照牛天然的生理结构，顺着本来的骨架构造，就能游刃有余。“因”作为一般概念非庄子所独论，《论语·为政》有“殷因于夏礼”，《孙子兵法·虚实篇》有“水因地而制流，兵因敌而制胜”，《管子·心术上》有“因也者，舍己而以物为法者也”。但从道家思想发展的轨迹来看，其进步性仍然是显著的。

二、《孙子兵法》的权变思想

孙武善于根据敌情的变化灵活应变，从而取胜。《虚实篇》云：“水因地而制流，兵因敌而制胜。故兵无常势，水无常形；能因敌变化而取胜者，谓之神。”孙武认为，战争的形势是千变万化的，战略战术也要随着敌情的变化而变化，从而使指挥达到出神入化、神鬼莫测的境界。《计篇》提出：“利而诱之，乱而取之，实而备之，强而避之，怒而挠之，卑而骄之，佚而劳之，亲而离之。”这是“因敌制胜”的八种方式，善于灵活运用，必能稳操胜券。

三、《吕氏春秋》的权变思想

《吕氏春秋》的权变思想非常丰富，专辟《贵因》篇论述了“因”的内涵和作用。陈奇猷在校释“贵因”时说，贵因者，贵于因时因势而行事也。《贵因》篇写道：“三代所宝莫如因，因则无敌。禹通三江五湖，决伊阙，沟回陆，注之东海，因水之力也。舜一徙成邑，再徙成都，三徙成国，而尧授之禅位，因人之心也。汤、武以千乘制夏、商，因民之欲也。如秦者立而至，有车也。适越者坐而至，有舟也。秦、越远涂也，竫立安坐而至者，因其械也。”“夫审天者，察列星而知四时，因也。推历者，视月行而知晦朔，因也。禹之裸国，裸入衣出，因也。墨子见荆王，锦衣吹笙，因也。孔子道弥子瑕见釐夫人，因也。”这两段中，所“因”具体的“时”“势”主要有五种：(1) 自然之力；(2) 民心、民意；(3) 人为之力；(4) 自然运行规律；(5) 习俗、礼节。

因时势而行事的思想，还包含在《吕氏春秋》其他篇目中。如《执一》篇写道：“变化应求而皆有章，因性任物而莫不宜当。”又如《顺说》篇云：“善说者若巧事……因其往而与往。”意思是说，游说者要循循善诱，顺势而引导对方，把对方打动。在论军事时，它也主张因时势行事，提出用兵之道，要善于将敌方种种条件为我所用，才能立于不败之地。《吕氏春秋》不仅系统地论述了“因”的概念，而且明确提出“因者君术”“为者臣道”的主张，可以说这是自觉地应用权变思想于管理之中。

四、陆贾的权变思想

陆贾指出，圣人不同于一般人的地方，最重要的就是能做到“统物通变”。所谓“统物”，就是悉察天文、地理、人事，做到“天人合策”；所谓“通变”，就是根据情况，应时举措，而不是墨守成规，即“万端异路、千法异形，圣人因其势而调之”(《新语·思务》)。

他特别强调要从反面引出教训来予以变通：“尧、舜承蚩尤之失，而思钦明之道，君子见恶于外，则知变于内矣。桀、纣不暴，则汤、武不仁。”(《新语·思务》)他还论述了“进取者不可不顾难”的道理，并提醒人们要注意“见一利而丧万机，取一福而致百祸”(《新语·思务》)的教训。

五、董仲舒的经权管理思想

董仲舒从天人合一的角度论证了“经”的不变性：“道之大原出于天，天不变，道亦不变。”(《天人三策·第三策》)但他又认为，因为人、时、事和地在不断变化，所以应当遵循万事万物都有变和不变之分。《春秋繁露·玉英》说：“春秋有经礼，有变礼……天子三年然后称王，经礼也；有物故则未三年而称王，变礼也。妇人无出境之事，经礼也，母为子娶妇，奔丧父母，变礼也。明乎经变之事，然后知轻重之分，可与适权矣。”因事和时而变的思想，在董仲舒的言论中曾多

次表现出来。例如:“量势立权,因事制义。”(《春秋繁露·考功名》)“行身不放义,兴事不审时,其何如此尔!”(《春秋繁露·竹林》)“帝王之条贯同,然而劳逸异者,所遇之时异也。”(《天人三策·第二策》)“凡天地之物,乘于其泰而生,厌于其胜而死,四时之变是也。”(《春秋繁露·循天之道》)这些论点主张的是时异而变,最重要的是适时。正如《春秋繁露·天道无二》所说:“时之所宜,而一为之。”

那么,如何处理好经与权的关系呢?董仲舒认为:“明乎经变之事,然后知轻重之分,可与适权矣。”(《春秋繁露·玉英》)这就要求把握好变的度。他还指出,领导者经权关系的最佳处理方法,就是遵循儒家传统的中和原则,即经和权的配合,其主旨是求得此时此地不变的中道,以获得此时此地的最佳决策。

第四节　领导管理的权力思想

领导是领导者通过一定的人际关系,对被领导者或组织、群体施加影响的过程。领导权力即影响力,是指影响和改变他人心理与行为的能力,包括权力性影响力和非权力性影响力两种。中国古代有丰富的领导权力思想。

一、董仲舒的领导权力思想

董仲舒深知当时政治经济思想发展的趋势,是要消除割据分裂,巩固地主阶级专政,建立统一的中央集权的封建统治,因此他极其重视领导者的权威作用。

(一)关于权力性影响力——加强王权

为维护封建社会的大一统,董仲舒采取多方面措施来巩固王权。他借天的权威提出了王权天命神授说:“天者百神之君也。”(《春秋繁露·郊义》)“唯天子受命于天,天下受命于天子。”(《春秋繁露·为人者天》)这样,天成为宇宙最高的主宰,是至高无上的“神”,而王权代表天意,因此王权也是神圣不可侵犯的。同时他还以阴阳、五行、三纲、五常来加强君主的地位。在当时人们普遍信仰宗教祭礼和超自然力量的情形下,这一理论无疑使百姓在心理上对君主产生一种敬畏感和服从感,从而在内心深处自觉自愿地接受君主的主宰和控制。董仲舒为提高君主的地位,对“王”“君”两个名号进行了特别的解释。认为树立君王的权威,不仅应表现在名义上,而且应体现在实际中。他说:“未有去人君之权,能制其势者也,未有贵贱无差,能全其位者也。”(《春秋繁露·王道》)必须保证君王有位、有权、有威、有势，强调君王如能“全其位”，就可以通过“悦有庆赏，严于刑罚，疾于法令”（《春秋繁露·郊语》）来约束限制诸侯和大臣；君主如操“生杀之势”，就可以“化万民”。一句话，只要君王能够真正拥有地位和权力，就一定可以使臣民对其产生畏惧感。

（二）关于非权力性影响力——必仁且智

董仲舒关于领导者非权力性影响力的思想，主要体现在他对仁智统一原则的深刻阐述中。这一原则早已由孔子确立。董仲舒在吸收前人成果基础上把它作为领导者非权力性影响力的重要因素。他说：“莫近于仁，莫急于智。不仁而有勇力财能，则狂而操利兵也；不智而辨慧獧给，则迷而乘良马也。”（《春秋繁露·必仁且智》）领导者要有德和才，还要与下属建立良好的关系，这样就能使下属对领导者产生一种亲切感，增强非权力性影响力的作用。他提出的“爱民而好士”“亲近来远，同民所欲，则仁恩达矣”（《春秋繁露·十指》）的观点，正好表达了这一思想。他还从反面说明了这个道理：“所好多则作福，所恶多则作威。作威则君亡权，天下相怨；作福则君亡德，天下相贼。”（《春秋繁露·保权位》）如果领导者作威作福，使下属相怨相贼，自然就无非权力性影响力可言。

综合董仲舒的有关言论，他还从另一个角度提出了某些加强领导者影响力的观点：第一，限制滥用权力。董仲舒在强化君权的同时，也反对韩非、李斯等法家提倡的君主拥有绝对权力而可以为所欲为的观点。第二，谨慎使用权力。董仲舒认为：“天有和有德，有平有威，有相受之意，有为政之理，不可不审也。”（《春秋繁露·威德所生》）因此，庆赏刑罚就应该慎重，领导者要在冷静、平和的状况下行使权威，不能被一时的情绪冲动左右。第三，做出良好表率。君主想要治理好天下，应当严格要求自己。第四，公正对待下属。第五，居无为之位，行不言之教。在一定意义上，这些观点对今之领导管理工作是有参考价值的。

二、《太平经》的领导权力思想

中国历代思想家对如何影响和改变他人的心理与行为有独特的看法。法家主张用权势和法术去控制人。韩非说：“势者，胜众之资也。”（《韩非子·八经》）认为制服人靠的是权势。道家在如何服人、胜人的问题上，反对用刑罚、权术、武力压服人，主张爱利下属，以道服人。

《太平经》在论述如何“服人”问题时，提出“服人以道不以威”的主张。它指出："古者三皇上圣人胜人，乃以至道与德治人；胜人者，不以严畏智诈也。"[①]认为用压服的手段只能使人表面上服从，做出恭敬的样子，并不能使其内心诚服。但也并非完全放弃这种压服手段，而是肯定"夫严畏智诈，但可以伏无状（罪大无可名状）之人"。[②] 文中还提出了"刑不可妄用"的主张。

《太平经》认为，服人、胜人的最有效方法，是用道与德、仁和爱利。它说："古者圣贤，乃贵用道与德，仁爱利胜人也，不贵以严畏刑罚，惊骇而胜服人也。"[③]那么如何以道服人呢？它就"最好"的管理从高到低排了一个序列，从中可以看出"以道服人"的具体含义："凡人之行，君王之治也。人最善者，莫若常欲乐生、汲汲若渴，乃后可也……其次罪过及家比伍也，愿指有罪者，慎毋尽灭煞人种类，乃可也。"管理者手上拥有"刑""杀"的权力，这些权力会使下属产生惧怕感与服从感。但是"服人"不能只依仗这种力量，而是要使下属更好地生存和发展。因此，从高到低好的管理是："存活他人"→"成全他人"→"施惠他人"→"制定法律，但只发挥其威慑作用"→"施行教化"→"不轻罪重罚"→"即使犯下死罪，不搞株连"→"不赶尽杀绝"。

三、清初统治集团的领导权力思想

在统治集团内部，权力的分配与控制关系到统治集团权力结构的稳定，也关系到统治集团的运作能否维持在共同的方向上。清初在康熙以前，君臣之间没有明确固定的权力界限。为了加强皇权，以理学名臣为代表的汉族官僚坚定地站在了皇权的一边，如熊赐履鼓吹康熙"朝纲独握"，提出"用舍黜陟，人主出治之大权，最当审量者也"（《康熙实录》卷二十七）。在对统治集团内部权力的分配和控制上，康熙作了很大的努力，也取得了良好的效果。这可归纳为以下三点。

（一）用人之权不可旁落

用人，实质上就是授予或分配政治权力。康熙说："用人之权，关系最为重大，故臣下不得专擅。"（《康熙实录》卷一四四）他对朝廷用人实行高度垄断，亲政以后，清除鳌拜乱党，在列数其罪行时，特别指责"欺朕专权，恣意妄为，文武各官尽出伊门下，内外用伊奸党"（《康熙实录》卷三十四）。康熙在验升官员时，

① 王明. 太平经合校[M]. 北京：中华书局，1960：143.
②③ 同上：144.

对武官要亲自验看骑射，升补文官，也要尽量了解所升官员的实际情况，强化对验升过程的控制。

(二) 严禁臣僚越权

为保证皇帝的权威不被侵犯，康熙在用人时推崇谨慎守分者，对有专权之嫌者绝不信任。康熙五十三年，刑部郎中宫梦熊由于“行止不端，胆大执拗，事皆包揽而行”遭到革退，就是一个例子。这种对权力的严格限制，不但保证了封建统治集团内部权力结构的稳定，而且最大限度地避免了由权力冲突导致的无谓纠纷。

(三) 强化对军队的控制

康熙对军队控制极为严格，想方设法不使权力下移。在平定三藩之乱后，康熙总结经验，不但不许军官久握军权，而且令军官经常朝见，使军官“心知敬畏”。“边疆提、镇，久据军权，殊非美事。兵权久握，心意骄纵，故每致生乱也。”(《康熙起居注》)

本章摘要

在领导管理的心理过程思想方面，《周易》对人的认知、情感、意志等心理活动进行了生动具体的描述。《尚书》提出“敬用五事”，即领导者的态度要恭敬，言语要恰当并合乎道理，观察要明白，听取意见要敏锐，思维要通达。《吕氏春秋》对领导者的社会知觉以及思维有丰富的论述。董仲舒的思想中包含领导者的社会认知以及情绪方面的思想。

在领导管理的心理品质思想方面，《周易》关于领导者心理品质的思想，可概括为天人合一的主客观念、奋发有为的积极态度、自强不息的进取精神、仁义礼智的完整道德、谦虚逊让的美好德行、诚信不欺的正直精神、不怕困难的坚强意志、自我节制的调控能力、持之以恒的坚持精神、与人和乐的积极情感、与人和同的待人态度、光明磊落的宽广胸怀、认真负责的工作态度、刚柔并济的处事方法、对待成败的正确态度、趋时守中的处世原则、革新创造的变革精神、特立独行的完美人格十八项心理特征。《尚书》提出了“九德”。《周易》《尚书》关于领导者心理品质的思想对后世产生了深远的影响。孔子对领导者心理品质的要求，可概括为以身作则、仁爱、进取、持之以恒、实事求是、文质彬彬六个方面。墨子关于领导者心理品质的思想可从“厚乎德行”的品德特征、“博乎道术”的知识结构、“辩乎言谈”的语言能力、“摩顶放踵”的工作态度、“非乐节用”的生活作风、“兼容安心”的为人原则六个方面去分析。道家倡导顺应自然、无为而治的领导者品质。《吕氏春秋》、贞观之治集团、清初统治集团也都提出了领导者品质要求。

在领导管理的权变思想方面，老子以水为喻提出因势而变的思想，庄子提出“因其固然”的主张。《孙子兵法》主张根据敌情变化而灵活应变。《吕氏春秋》专辟《贵因》篇论述了“因”的内涵和作用。陆贾主张圣人不同于一般人的地方，最重要的是能做到“统物通变”。董仲舒的言论中曾多次表现出因事和时而变的思想。

在领导管理的权力思想方面，董仲舒关于领导权力的思想包括两方面：权力性影响力——加强王权，非权力性影响力——必仁且智。《太平经》在论述如何“服人”问题时，提出“服人以道不以威”的主张。清初统治集团在对权力的分配和控制上采取了若干有效的措施。

第四章 目标管理心理思想

先秦目标管理心理思想

汉魏六朝目标管理心理思想

唐宋目标管理心理思想

明清目标管理心理思想

第一节 先秦目标管理心理思想

目标是人类社会主体活动的特征,目标管理便是目标的制定、实施和评价等一系列的活动。充分发挥目标的心理功能,明确目标管理的心理要求,是目标管理达到预期效果的心理基础。中国历代虽然没有明确提出目标管理的概念,但类似的思想是比较丰富的。先秦时期,兵家的目标管理心理思想最丰富、最突出。

一、《孙子兵法》的目标管理心理思想

在这方面,《孙子兵法》的贡献集中体现在提出了“全胜而非战”的管理目标。先秦的兵家著作对此基本上达成了共识,因而这一时期有比较丰富成熟的目标管理心理思想。

关于这一管理目标,被称为兵家“圣典”的《孙子兵法》对之作了较系统的阐释。它写道:“凡用兵之法,全国为上,破国次之;全军为上,破军次之;全旅为上,破旅次之;全卒为上,破卒次之;全伍为上,破伍次之。是故百战百胜,非善之善者也;不战而屈人之兵,善之善者也。”(《谋攻篇》)这里提出的“全国为上”,是指在能够保全双方利益的基础上获得完全的胜利。“不战而屈人之兵”则是“全胜”思想的最好诠释,正如它所强调的:“善用兵者,屈人之兵而非战也,拔人之城而非攻也,毁人之国而非久也,必以全争于天下,故兵不顿而利可全,此谋攻之法也。”(谋攻篇)真正善于用兵的人,使敌人屈服,占领敌人的城池,毁灭敌人的国家,不会让军队长期作战而付出惨重的代价。但必须向全胜的目标努力,这样才能够做到军队不受挫折,目标利益却能够保全。孙武的“全胜而非战”的目标心理思想,是兵家目标管理的最高境界,中外兵家思想论著中无出其右者。

从上面引述的话中,还可以看出《孙子兵法》把“全胜而非战”的目标分为五个不同的层次,即“全国”“全军”“全旅”“全卒”“全伍”,这可以看成是远大的战略目标和较近的战略目标。在这五个层次上,又有“全”与“破”两个水平。孙武认为,“破”是通过直接的交战获取胜利,不管取得多大的利益,这种取胜的方法总是其次的,直接作战必然有伤亡和损失,因此不能称为“善之善者也”;“全”是不通过直接的交战而使敌人屈服的“全胜”,这样既能实现目标、保全利益,又不会造成损失,这才是“善之善者也”,也是孙武希望达到的最理想的境界。能够

达到这种理想状态的善战将领，既没有智谋的名声，又没有威猛的武功，因为他们对取得胜利都很有把握，且被认为是理所当然的，这样才显示出他们优秀的指挥才能。“故善战者之胜也，无智名，无勇功。故其战胜不忒，不忒者，其所措必胜，胜已败者也。故善战者，立于不败之地，而不失敌之败也。”（《形篇》）由此可以认为，《孙子兵法》中的“全胜”主张，与它的“胜于易胜”和“胜已败者”的观点是一致的。孙武重视谋略和人的因素在战争中的重要作用，同时又认为胜利不仅仅依靠某一方面，强调把军事力量和人的谋略恰当地结合起来，以获得完全彻底的胜利。

二、其他兵学著作的目标管理思想

《孙子兵法》的“全胜而非战”的目标思想，在先秦的其他兵学著作中也有类似的论述，比较有代表性的著作是《尉缭子》《司马法》《吴子兵法》。

（一）《尉缭子》的目标管理思想

《尉缭子》提出：“兵胜于朝廷。不暴甲而胜者，主胜也；陈而胜者，将胜也。”（《兵谈第二》）这里的“兵胜于朝廷”，就是指在国内进行富国强兵，建立法度，使自己立于不败之地，然后伐谋伐交，等待机会来临便可取得胜利。它把管理目标分为“主胜”和“将胜”两种：“主胜”——不用调动军队作战而取得的胜利；“将胜”——在战场上经过立阵交锋、流血拼搏而取胜。“主胜”是理想境界，要求以最小的代价获取完全的胜利。

（二）《司马法》的目标管理思想

《司马法》指出：“古者，以仁为本、以义治之谓正……是故杀人安人，杀之可也；攻其国，爱其民，攻之可也；以战止战，虽战可也。”（《仁本第一》）这里的“安人”“爱民”和“止战”，既是目的也是手段，都是为了获取最大的胜利——“治”天下。为了实现这样的目标，必须“以仁为本、以义治之”。可以通过“爱”和“威”来达到“守”和“战”，即“内得爱焉，所以守也；外得威焉，所以战也”（《仁本第一》）。而“爱”和“威”的确立，必须以五德即“仁”“义”“智”“勇”“信”作为具体的行为规范。“仁见亲，义见说，智见恃，勇见方，信见信”（《仁本第一》），这是“五德”具备的心理功能，能够产生应有的心理功效，是“爱”和“威”能够建立的心理基础。这样用兵，才能够胜券在握。

（三）《吴子兵法》的目标管理思想

《吴子兵法》说：“天下战国，五胜者祸，四胜者弊，三胜者霸，二胜者王，一胜者帝。是以数胜得天下者稀，以亡者众。”(《图国篇》)意即经过多次连续的作战而取得胜利、夺取天下，将会招致灾祸，只有一举取得胜利才能成就帝业。这与孙武的“非战”“非攻”“非久”而取得彻底胜利的思想不谋而合。

三、先秦兵家目标管理心理思想的特征

一是认识到战争的最终目的是为了不战，为了和平，反对穷兵黩武。而要实现这一最终目标，不能仅仅依靠人的智谋，也不能仅仅依靠战争，而是要使两者恰当地配合，巧妙地运作，才能达到理想的境界。

二是重视人谋，认识到只有首先在战略和外交上获取优势，才最为明智，而出兵攻城总是下策。正如《孙子兵法》所说：“上兵伐谋，其次伐交，其次伐兵，其下攻城。”(《谋攻篇》)这种主张得到了先秦以及后来兵家的继承和发扬。

三是战略目标必须通过修仁政、建法度、富国强兵来实现。《孙子兵法》写道：“善用兵者，修道而保法，故能为胜败之政。”(《军形篇》)

四是重视以最小的代价来获取最大的利益，而且要在解决冲突的前提下，努力保全敌我双方的利益。《孙子兵法》的“不战而屈人之兵”，以及《尉缭子》的“兵胜于朝廷”的思想，都显示出了先秦兵家的远见卓识，乃至中国目标管理心理思想高屋建瓴的特征。

第二节　汉魏六朝目标管理心理思想

一、“爱民安国”的战略心理思想和目标管理原则

自《孙子兵法》确立“全胜而非战”的兵家最高管理目标后，历代军事家几乎都继承了这一思想，但在理论阐述的侧重点和实现的方法、途径等方面有所不同。这一时期由于经历了西汉和东汉较长时期的统一和安定，百姓能够休养生息，社会也因此得到充分的发展。于是兵家对战争的认识也具有了某些时代特征，他们开始以国家民族的大局为出发点思考问题，大都产生了“爱民安国”的战略心理思想，并进一步阐明了和平与安定对国家和民族的重要性。由此形成了这一时期兵家的以下四条目标管理原则。

(一) 合于天道，诛暴讨乱

《六韬》指出：“天下非一人之天下，乃天下之天下。”(《文师篇》)想夺取天下

的人，不能像野兽一样撕抢，这样天下所有人都会来与之争夺；只有同舟共济，与天下人或天下大多数人同利共害，才能取得彻底的胜利。《三略》认为："圣王之用兵，非乐之也，将以诛暴讨乱也。"即古代圣王用兵只是为了剿灭暴乱，而不是喜好战事。"夫兵者，不祥之器，天道恶之，不得已而用之，是天道也。夫人之在道，若鱼之在水；得水而生，失水而死。故君子者常畏惧而不敢失道。"认识到战争是不祥的，与天道相悖，只有不得已才使用它。如果人的行为符合这个天道——不轻易发动战争，就能够如鱼得水，否则便会失水而死。所以，有远见的人都惧怕违背这个天道。这里强调了用兵作战是有害的，绝不能轻易发动战争。当然，军队和战争有时候也是必要的，只有在不得已的时候，合乎天道而非用不可的时候，才让它发挥其应有的作用，并取得彻底的胜利。

（二）文武并举，人心思归

诸葛亮指出："治军之政，谓治边境之事，匡救大乱之道，以威武为政，诛暴讨逆，所以存国家安社稷之计。是以有文事必有武备……"（《诸葛亮集·治军》）治理军队是为了管理国家的边境，拯救重大的灾变，征讨叛逆，以确保国家和社会的安定。因此，国家不仅要有政治文化，而且必须有强大的军队。他还举了一个生动的比喻：任何有血性的动物都会有锋利的爪牙，高兴时就一起玩耍，愤怒时就相互搏击；而人没有锋利的爪牙，所以用兵戈器械来保护自己，用军队来保护国家。治理好军队是实现国家长治久安的重要手段之一，但要与国家的整体战略目标一致，即要求能够扶危、除忧、救灾、恩泽天下百姓。正如《三略》指出的："夫能扶天下之危者，则据天下之安；能除天下之忧者，则享天下之乐；能救天下之祸者，则获天下之福，故泽及于民，则贤人归之；泽及昆虫，则圣人归之。"只有这样才能居安、享乐、获福、人心思归。

（三）民心所向，全胜所至

人心向背对战争胜负有决定性的影响。诸葛亮就强调民心的重要性："用兵之道，攻心为上，攻城为下；心战为上，兵战为下。"（《诸葛亮集·南征教》）用兵之妙在于心战，心战的目的和手段主要是得民心。他为了感化蜀汉南疆的少数民族，采用著名的"七擒七纵"战术，就是"得民心者得天下"的战略心理思想的具体运用，使蜀汉的南疆获得了长久的安宁。这种战略心理思想要求在采取军事行动之前，先了解分析民情，然后进行决策。"故凡举事，必审民心然后可举"，就是要求战略决策的制定，必须依据民众意向，遵循天理公道，获得绝大多数人的支持，才能取得最后的胜利。这一思想充分显示，汉魏六朝时期兵家十分重视军队作战、生存、取胜的心理条件。

(四) 安国爱民，义兵必胜

“兵不接刃而民服若化”是兵家追求的理想境界，是《孙子兵法》“不战而屈人之兵”思想的发展，这只有“兴义兵”才能实现。黄石公《三略》中说：“夫以义诛不义，若决江河而溉爝火，临不测而挤欲堕，其克必矣。”以符合天道、正义的军队去攻克违背天道、非正义的敌人，就像江河决堤浇灭小小的火把，像在悬崖上挤落摇摇欲坠的人一样容易，获胜是必然的。那么如何才能做到“兴义兵”，得到绝大多数人的支持呢？这个时期的兵家认为，必须贯彻“爱民”思想，否则难以达到目的。《六韬》中指出：“故善为国者，驭民如父母之爱子，如兄之爱弟。见其饥寒，则为之忧；见其劳苦，则为之悲；赏罚如加于身，赋敛如取己物。此爱民之道也。”（《文韬·国务》）“爱民之道”是这一时期兵家的治军之道，也是治国之道，是实现“安国安民”战略目标的有效途径。

二、战略战术心理思想

(一) 重视心理战和防御战

这一时期的兵家强调发动战争之时，对内要统一思想，对外要分化瓦解敌人。为此，“举事用兵”之前，要开展强大的宣传攻势，通过心理战来争取多数，孤立少数。这样就能做到兵未发而战局已定，因为能够得到多数人的支持，为最后的胜利创造条件。

然而，战争的危害是巨大的，战争的危险也难以预料，因此，这一时期的兵家开始意识到战略防御的重要性。诸葛亮提出了“居安思危，有备无患”的思想。他写道：“夫国之大务，莫先于戒备……无备，虽众不可恃也。故曰，有备无患。故三军之行，不可无备也。”（《诸葛亮集·戒备》）他还指出了“无备”的严重后果：“若乃居安而不思危，寇至而不知惧，此谓燕巢于幕，鱼游于鼎，亡不俟夕矣！”（《诸葛亮集·戒备》）意思是说，处在和平时期没有考虑到可能发生的危机，侵略者来到却不知恐惧，这就像燕子在帷幕上筑巢，鱼儿在大锅里游动一样，肯定是危在旦夕。

(二)《六韬》的心理战术策略

《六韬·武韬·文伐》从人的心理特征出发，提出了十二种策略，即所谓“十二节备，乃成武事”。这些是我国古代较早提出的比较完整而成熟的战略战术思想，如果在实践中发挥作用，战事就能够取得胜利。其主要内容可以概括为以下五个方面。

1. 投其所好，消磨斗志

“因其所喜，以顺其志，彼将生骄，必有奸事，苟能因之，必能去之。”利用敌人喜好的事情，顺着他们的志趣，因势利导，使其产生骄傲的情绪，从而疏忽大意，出现有利于我方的情形，如果能够恰当地利用这种策略，就可以消灭敌人，即利用敌人性格中的弱点，寻找机会，击破敌人。用“乱臣”“美女”“犬马”等来消磨其意志，扰乱其视听，再根据形势对其进行诱惑，制造出有利于我方的战局，就能够取得成功。

2. 贿赂忠臣，离间关系

“亲其所爱，以分其威。一人二心，其中必衰。廷无忠臣，社稷必危。”与敌人宠信的人员亲近，来分解其威信。如果宠信之人怀有二心，则他的忠诚就会减弱，朝廷中没有忠臣，国家也必然会面临危机。另外，“赂以重宝，因与之谋，谋而利之，利之必信，是谓重亲；重亲之积，必为我用”。采取贿赂手段拉拢对方的重臣，与之共谋，使其有利可图，从而取得其信任后，“必为我用”。同时，这些被收买的重臣，必然心怀二意，不能忠心报效其君主，从而会大大地削弱敌方的力量。

3. 招贤纳士，削弱实力

人总是喜欢富贵高官而厌恶贫贱，因而可以利用这种心理特征，来招纳敌方的豪杰、智士和勇士等人才。招贤纳士后，要给这些人才以高官厚禄，即充分满足他们的物质和精神需要。这样，就可以使敌国缺乏各类人才，从而走上穷途末路，危及存亡。

4. 轻忠贵佞，扰乱任用

对待敌国派出的忠心的使臣，恭敬对待，给他以微薄的供奉，长期羁留，但不与他谈任何事情，使其没有政绩。极力促使敌方改派使臣代替忠臣，并且与之真诚合作，友好相处，如果敌国的国君因此改变用人的态度，那么敌人的用人政策就被扰乱了，长期如此，就可以通过“伐交”达到不战而胜的目的。

5. 收罗内奸，培养代理

《六韬·武韬·文伐》提出网罗代理人的方法有两种：一是收买其朝中大臣，离间其在外的大臣，使敌国有才能的大臣、将领成为我方的朋友。另一种是与敌方的下属官员建立信任关系，从而了解他们的情况，再暗中收买他们，到关键时刻就可以让他们发挥作用。如果这两种方法成功，那么敌国的灭亡就好像是命中注定的一样。

以上这些方法策略如果能够得到巧妙的运用，也就是“上察天，下察地，征已见，乃伐之”。在全面掌握情况的条件下，运用这些战略战术，并能验证预见，就意味着伐谋伐交的成功，再进行讨伐，必能以最小的代价取得全面的胜利。

第三节　唐宋目标管理心理思想

唐宋时期是我国封建社会的鼎盛时期，疆土辽阔，人口众多，经济文化繁荣，国力强盛。这一时期兵家的管理心理思想，在理论和实践上继承了以孙武为代表的兵家的军事思想，也从韩信、曹操等人的实战中获得了经验教训，从而得到了丰富和发展。同时，由于唐代儒佛盛行，给兵家以较大的影响，因而其管理心理思想也就融入了儒家和佛教的管理理念，并富有鲜明的时代特色。这些特色是：更加强调“和为贵”，追求和平与安宁；反对战乱，反对穷兵黩武；更加重视人的作用；谋略的运用也更加成熟。

一、目标管理的主要原则

（一）贵和重人，安定人心

“和为贵”的思想在这一时期成为兵家管理的重要目标，把国内国外、军内军外、君臣上下的“和”，作为实现最高战略目标的基本原则。《太白阴经》说：“先王之道，以和为贵。贵和重人，不尚战也。”（《贵和篇》）这里显然是把儒家的“和为贵”思想作为兵家的一种理想和策略加以运用。认识到人是军事活动中最重要的因素，“和平”与“和谐”成为兵家最高的管理目标。《长短经》指出：“夫兵不可出者三：不和于国，不可以出军；不和于军，不可以出阵；不和于阵，不可以出战。”否则，难以保证军事行动的顺利和胜利。宋代思想家陈亮也很重视安定与和谐，强调这是国家稳固的保证。他说：“民心已一，而吾之根本固矣。”（《陈亮集・酌古论》）就是说，民心统一是立国安邦之本，政治、经济、军事等一切活动的和谐都取决于民心，如果民心涣散不一，其他任何举措都是舍本求末。《虎钤经・先胜第十六》也强调“三和”：“国不和则人心离，军不和则教令乱，阵不和则行列不整，不先务此三和之道，何其可战耶？”认为国家不和睦则人心涣散，军队不和睦则军令混乱，行阵不和睦则队列不整齐，这样出征作战必败无疑。因此，“欲谋行师，先谋安民”，要想采取军事行动，就必须先谋求百姓安定。“欲谋胜笔，先谋人和”，要想取得战争胜利，必须先谋求国内各种关系的和谐协调。

（二）率领义兵，必获全胜

《长短经》说：“兵战之场，立尸之所，帝在不得已而用之矣。故曰：‘救乱诛暴，谓之义兵，兵义者王……’”（《卷九·兵权》）战争必然造成巨大的伤亡，善于统治天下的人总是在不得已之时才使用战争。因此，平定祸乱、诛除暴虐的军队才能称为义兵，善于使用义兵的人才能称王天下。“夫以义而诛不义，若决江河而溉萤火，临不测之渊而欲堕之，其克之必也……故曰：远人不服，则修文德以来之。不以德来，然后命将出师矣。”兴义兵的目的在于获得全胜，只有以义诛不义，才能以绝对的优势获得全胜。对待荒居远处的人，先以高尚的品德教化吸引他们，如他们不服教化，才可命令将士出征讨伐。《太白阴经》写道：“古先帝王，所以举而胜人，成功出于众者，先文德以怀之，不服，饬玉帛以啖之，啖之不来，然后命上将练军马，锐甲兵，攻其无备，出其不意，所谓叛而必讨，服而必柔，既怀既柔，可以示德。”认为古代德高望重的帝王能够一举获胜，取得超乎寻常功绩的主要原因，是他们能够先以礼义道德来感化敌方；如果凭此不能使其臣服，就赠送玉帛来引诱其归顺；如果引诱不来，则命令军队做好充分的准备和训练，“攻其无备，出其不意”，取得胜利。总之，他们强调采用两种手段对付敌国，即先怀柔后讨伐，这可以显示出本国是礼仪之邦。

显然，这种兴义兵、获全胜的思想，在这一时期形成了一个基本的操作模式，首先是以德服人，然后是物质引诱，最后再下令出战。但不论运用什么方式或手段，都是为了实现全胜的战略目标。对此，《太白阴经·主有道德篇》作了一个较好的小结：“以道胜者帝，以德胜者王，以谋胜者伯，以力胜者强。强兵灭，伯兵绝，帝王之兵前无敌，人主之道，信其然也。”帝王之师并非仅以道、以德获取胜利，而是掌握了“道、德、谋、力”四者的运作规律，并能够适时恰当使用，以实现全胜的战略目标。

（三）顺天应人，不失时机

即使是兴义兵也应该顺天应人，不失时机，否则也是不可能取得胜利的。“天道无灾，不可先来；地道无殃，不可先昌；人事无失，不可先伐。”（《庙胜篇》）这是《太白阴经》提出的告诫。就是说，在“天道无灾”“地道无殃”“人事无失”之时，不可以随便用兵。但它又指出，在“圣王之道”和“法”“术”“权”等不足以治理好天下之时，可以用“势”，即利用一切可以利用的条件和手段去获取最大的胜利。“圣人知道不足以理，则用法；法不足以理，则用术；术不足以理，则用权；权不足以理，则用势。势用则大兼小，强吞弱。”（《主有道德篇》）这里包含事物相生相克的朴素辩证法思想，揭示了事物变化发展的基本规律，也是实现战略目标应遵循的基本原则。

二、主要的心理战术

(一)"先谋为本",胜券在握

《虎钤经·先谋》指出:"用兵之要,先谋为本。"这与先秦孙子提出的"先为不可胜,以待敌之可胜"的思想是一致的。这里提到的"本",包括"安民""通粮""地利""人和""储蓄""正其赏罚""不失其迹"等方面,其思想在广度和深度上已大大超过了前代。它不仅强调了天时地利人和,而且涉及军事储备、军队管理、信息管理等,所以,"先务其本,本壮则末亦从而茂矣"。在自身"不可胜"的基本条件方面壮大了自己,其他方面自然就很强大,这样才能够胜券在握地去实现既定的目标。

唐代的《李卫公问对》也同样指出:"善用兵者,推此三义而有六焉:以诱待来,以静待躁,以重待轻,以严待懈,以治待乱,以守待攻。反是,则力有弗逮。非治力之术,安能临兵哉!"意思是说在自己有准备的情况下,等待敌人的情况发生有利于自己的变化,才能有相应的措施,对敌发动进攻,获取彻底的胜利。《虎钤经·先胜》也提出:"先务三和,次务三有余,次务三必行。"即先谋为本的策略和步骤,首先是以"务三和"为根本;然后追求力、食、义有余,否则就会无力搏斗,延误战机,士卒怨恨;再完成三件必做之事,用谋、用赏、用罚,使敌人无机可乘,好功名的人舍生取义,有过错的人得到惩罚,这样才能保证最后的胜利。这是对"先谋为本"的又一种解释,揭示出了"为本"的内涵。

(二)"攻爱捣虚,以众击寡"

在军事上为了取得主动,使敌人陷入被动,需要在用兵策略上讲究牵制敌人的兵力和行动。如何才能达到这一目的呢?《太白阴经·沉谋篇》提出了"攻爱捣虚,以众击寡"的战术思想。"攻其爱,敌必从;捣其虚,敌必随;多其方,敌必分;疑其事,敌必备。从随不得城守,分备不得并兵,则我佚而敌劳,敌寡而我众。"这是说,攻击敌人的心腹要害,袭击敌人的空虚地带,敌人一定会分兵救援,如此敌人就被牵制,为我方的意图所左右;采用多种方法来分化敌人的兵力,用手段迷惑敌人,使其顾虑重重、处处防守,不敢轻举妄动。敌人因为受到我方牵制就不能够守住城池,全面把守就不能够集中兵力,这样一来,就会造成我方安逸敌人劳顿,我方兵力集中敌方兵力分散的局势。这种思想也是《孙子兵法》善于用"势"思想的发展。《虎钤经》提出了类似的战术心理思想。"夫敌以力有余而加于人,我则以缓,伺其力衰而乘之,此夺气者也。敌以险地壁守,

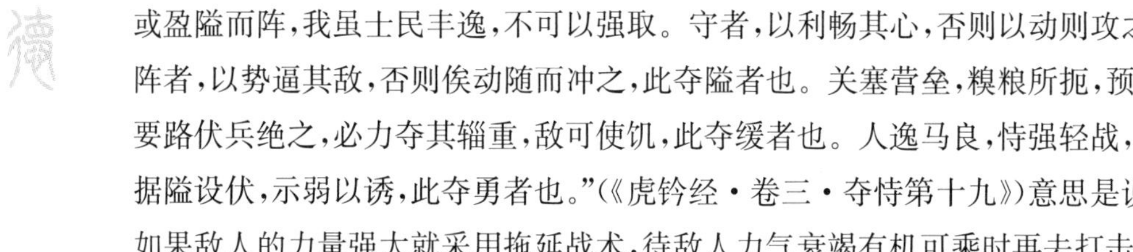

或盈隘而阵，我虽士民丰逸，不可以强取。守者，以利畅其心，否则以动则攻之；阵者，以势逼其敌，否则俟动随而冲之，此夺隘者也。关塞营垒，糗粮所扼，预于要路伏兵绝之，必力夺其辎重，敌可使饥，此夺缓者也。人逸马良，恃强轻战，可据隘设伏，示弱以诱，此夺勇者也。”（《虎钤经·卷三·夺恃第十九》）意思是说，如果敌人的力量强大就采用拖延战术，待敌人力气衰竭有机可乘时再去打击其嚣张气焰；如果敌人据守险要地带，或布阵坚守，我方即使力量强大也不可强攻，而要待敌人发生变动或以利诱惑其出来，才能有效地攻击敌人；如果敌人行动缓慢，我方则可以出兵骚扰，断其粮道，使其忍饥挨饿，不得安宁；如果敌人强劲好战，我方就据守关隘，示弱引诱，等其上当乘机歼灭。这种战术思想的核心是使我方在最有利的条件下获得最大的胜利。

（三）合理应变，无强无弱

兵家的战术思想奥妙无穷，它无定法，要顺应时、事、势的变化。《虎钤经》指出：“兵者，阴也。阴之德，以虚为用而应于体也。月者，太阴之精气也。朔望不常，何也？盖由以虚为变也，兵者，既为阴类，则其机宜常虚，含变以法月也。能以虚含变应敌，动必利矣。”（《兵机统论第十二》）用兵的特点是隐秘，隐秘的特性是虚无缥缈，但需要时就能强有力地显现出来。这就像月亮一样，朔望之时不断变化，用兵之法也应如此，在虚无缥缈之中不断变化来应对敌人，出击必胜。要求做到无强无弱，无利无害，因为敌人无法知道强弱，无法了解利害，所以胜利就朝着对我方有利的方向转变。正因为如此，这一时期的兵家强调：“善用兵者，苟以变合于事，事合于时，时合于理。”概而言之，就是用兵要合理应变，无强无弱，无利无害。

第四节　明清目标管理心理思想

一、王守仁的目标管理心理思想

王守仁一生特别强调目标的树立。在他看来，人生若没有了目标，也就失去了意义，并断言：“志不立，天下无可成之事，虽百工技艺，未有不本于志者……志不立，如无舵之舟，无衔之马，飘荡奔逸，终亦何所底乎？”（《教条示龙场诸生·立志》）这里说明了确立人生目标的重要性。

（一）“随遇行志”

王守仁一生起伏颇多，他从中认识到要“随遇行志”。他充分觉察到“志”的动力功能，认为“志”是事业进步的推动力量。这一思想相当于现代心理学提到的动机的动力作用，即适当的动机往往可以唤起活跃的状态，促使人们在各种情境中采取合理的行为，并能够及时地对正确行为进行强化。他以自己的亲身经历告诉后人要“随遇行志”，即善于根据现有的环境和条件，制定合理的奋斗目标，循序渐进，只有这样才能在任何环境中成就自己的事业。

（二）志要有“源”

王守仁认为，立志还具有定向的功能，它可以帮助人们确定方向，明确自己所要达到的目标。他还指出在设立目标时，应具有长远的眼光，要使设立的目标既比较合理，又具有继续发展的潜力。这就好像挖地取水，“与其为数顷无源之塘水，不若为数尺有源之井水，生意不穷”（《传习录上·陆澄录》）。他还强调目标的设立重在“适度”，不宜树立过高的目标，有时还应反其道而行之，将目标定得低一些。他举了一个例子：“凡授书不在徒多，但贵精熟。量其资禀，能二百字者，止可授以一百字。常使精神力量有余，则无厌苦之患，而有自得之美。”（《传习录中·教约》）

（三）志与人异

王守仁还认识到立志的成就功能。他说：“人若不知于此独知之地用力，只在人所共知处用功，便是作伪。”（《传习录上·薛侃录》）这里的“独知”不仅有独立思考的意思，而且可以理解为独特的见解。认为人的知识虽大量来源于间接途径，但这绝不意味着一点自己的东西都没有，不管是得之于师，还是得之于书，都应该为自己设定一个目标，即要有自己的见解，善于改变思考的角度，选择新的侧面来看问题。从这个意义上来说，立下与众不同的志向往往会带来更为珍贵的收获。

二、兵家的目标管理心理思想

这一时期的兵家强调，根据全胜的目标制定周密妥善的战略计划，是实现最终目标的保证。兵家的目标管理心理思想具体表现为统一天下、安定人心的全胜思想。

（一）目标管理的原则

1. “沉几观变，次第经略”

根据目标制定具体的战略计划，才可能逐步实施目标，建立一定的军功。但这种实施总体目标的战略计划是不能仓促制定的，军功也不能侥幸获得，要随着形势的变化而有所改变，否则目标就不可能实现，亦即不可能取得彻底的胜利。《明史・太祖本纪》写道："沉几观变，次第经略。"随机应变，逐步实现自己的宏图大略，这是对战略目标管理心理思想的概括。

2. 以"必不败"，求取必胜

这一时期的目标管理心理思想，原则上要求确保"必不败"，然后争取胜利。即只有首先立于不败之地，然后才可能取得意料中的胜利，否则必将冒失败的危险。明代军事著作《投笔肤谈》说："用兵之道，难保其必胜，而可保其必不败。不立于不败之地，而欲求以胜人者，此侥幸之道也，而非得算之多也。"(《家计第二》)所谓"必不败"，就是要富国强兵，以求有备无患，只有这样，才能寻求获得胜利。虽然这是一种保守型的战略心理思想，却是维护和平、避免战争的有效途径。

3. 欺骗军民，"不使知见"

民心一致是立国安邦之本，政治、经济、军事等一切活动都取决于民心，如果民心涣散不一，那么其他任何举措都是舍本求末。在这一时期，军事上主张用晓之以理的方法来统一军民思想，安定人心。《投笔肤谈・天经第十三》载："故瞽惑于偶然之变，震惊于卒然之异者，惟当决之以理。可使吾民知其详，而不可使知其灾，可使吾民见其利，而不可使见其害。"这就是说，要因势利导，注重正面宣传，阐明道理，让军民知道突然发生的事情是吉祥的、有好处的。而且，明确主张可以采用欺骗的办法来统治军心民心："夫不使知、不使见者，非能塞人之耳目也，诡之而已矣。"为了实现目标，不要让军队听到不应该听到的，不要让军队看到不应该看到的，这不是要将人的耳目堵塞起来，而是欺骗他们罢了。这反映了这一时期目标管理心理思想的历史局限性。

（二）为实现目标而采用的心理战术

这一时期的兵家主张，为了追求全胜的目标，应当在充分了解敌我情况的条件下，利用一切可以利用的条件来获取最大的胜利。在战争的实际过程中，要求军事指挥者能够随机应变，抓住机会，采用各种心理战术，以达到瓦解敌人士气，激发我军斗志的目的。具体概括为以下五点。

1. 研制利器，"慷惊虏夺"

受外国火器的影响，这一时期兵家的有识之士，开始重视兵器的研究，并注意到它在军队中发挥的心理作用。这就是，一方面，为自己的士兵壮胆作气，提高战斗力；另一方面，能够威慑敌人，打击敌人的嚣张气焰。明代兵书《火攻挈要》指出，火器的威力在于它能够先声夺人，具有一定的威慑力量，是兵器中最

厉害的。《阵纪》也有关于兵器心理作用的论述:“唯善用水火者,有震天之威,故力不费,而功倍之。”只有善于使用火器的人,才能有惊天动地的威力,才能做到事半而功倍。《阵纪》还特别提到“子母炮”具有的强大心理威慑力,子母炮,妙在悚虏之马,惊虏之营,乱虏之伍,夺虏之气。子母炮既然能“悚、惊、乱、夺”,自然对敌人具有很大的心理威慑作用。必须指出,这一时期开始重视对武器的研究,这是兵家管理思想开始发生演变的重要标志,也是时代发展的必然趋势,但遗憾的是,这一良好的开端并没有被后来的人发扬光大。

2. 破其所恃,执其所爱

《投笔肤谈》写道:“善攻者,破其所恃则势孤,执其所爱则计失,解其心腹则体溃,告以兵威则胆裂,示以俘囚则气夺。俟其既困,然后举兵以从之,而敌之城可拔也。”(《持衡第四》)这里的“所恃”,指敌人依靠的援军;“所爱”,指敌人的亲信;“解其心腹”,即瓦解敌人参与指挥决策人员的团结;“示以俘囚”,是将俘虏展示给敌人看。这些都是扰乱敌军的有效手段,善于指挥打仗的人会采用避实击虚的战术,以己之长,击敌之短,这样就能使敌人心存恐惧,士气萎靡,而我军斗志昂扬。

3. 曲折虑谋,切忌轻敌

指挥任何一场战争,都是关系到人员生死存亡或国家兴衰安危的大事,所以不能不谨慎行事。兵者伪道,其间险象环生,复杂多变,所以用兵作战即使在最有利的情况下,也要做最坏的打算;最简单的问题,也要进行复杂深入的思考和谋划,在时机成熟稳操胜券的时候,及时出击一举获得全胜。即便如此,也还是不可以疏忽大意,因为轻视敌人是军队的最大祸害。善于指挥军队的人,在未获全胜之前,都要谨小慎微、“曲折虑谋”,以确保最后的胜利。《投笔肤谈》中说:“兵之所忽者,未必其可易,而可易者,或出于所忽之中。”(《敌情第六》)用兵时忽略的事情未必可以轻视,而认为可能发生的轻敌,也许发生在所忽略之事中。因此,如果不能做到曲折虑谋,切忌轻敌,其结果必然失败。

4. 藏行于无,游心于虚

《阵纪》写道:“得战之机者,藏行于无,游心于虚,故圣人常务静以待敌之有形。”指挥作战的关键是善于使用计谋,而用计的关键是要善于制造机会或发现可利用的机会。可见,军事行动要讲究以静待动,即以自己的充分准备,来等待可被利用的机会,从而攻击敌人。在具体的作战方法上,《投笔肤谈》指出:“故敌能者备之,不能者扰之。扰之而未见可攻者,我未善也。备之而见其可攻者,我之得算多也。”(《达权第三》)对善战的敌人采用防备的策略,

看到有可以利用的机会才去攻击;对无能的敌人则采用扰乱的策略来制造机会。总之,只有考虑周详,即在充分准备的基础上发现并抓住可攻之机,才能取得胜利。

5. 善用奇正,变幻莫测

《阵纪》在阐述奇正战术时指出:“世之谈兵者,执以旁击为奇,埋伏为奇,后出为奇;选锋为正,先合为正,老营为正。有等庸将派定伍队,正者只做正兵,奇者只做奇兵,皆非也。”所谓奇兵、正兵,并没有什么固定的模式,善用奇正者,不但要使敌人不识我之奇正,而且要使敌人不能预测我孰为奇、孰为正,应该正正奇奇、奇奇正正、正中有奇、奇中有正,相互依存,变化莫测。《投笔肤谈》认为,“我奇而示敌以正,我正而示敌以奇”(《兵机第八》),这是“知胜者”;而做到“我奇而敌不知其为奇,我正而敌不知其为正”,才是“知胜之胜者”。只有这样,才能掌握战场的主动权,达到我常制人而不为人所制的境地。

三、《三十六计》的目标管理心理思想

先秦兵家提出“全胜而非战”的管理目标,这一直被视为军事管理艺术上的明珠。《三十六计》不仅继承了这一思想,而且通过钻研《易经》的阴阳变理,推演出了兵法中的刚柔、奇正、攻防、役己、主客、劳逸等对立统一关系相互转化中包含的,与“全胜”有关且更具实践性的管理谋略,进一步丰富和充实了中国历代谋略目标管理思想的内容。以下从“全胜”这一谋略目标的各个维度出发,来阐述《三十六计》中蕴藏的有关谋略目标的管理价值。

(一)目标管理谋略——定位最优化

目标反映行动的起点和终点,目标有大小且范围极广。但目标的大小并不是最重要的,最优才是谋略目标的核心;只有目标最优化才能最大限度地激发行为主体的动机,调动其积极性,从而以最佳状态满足目标需要,形成一个完整的、成功的管理过程。

《三十六计》之“擒贼擒王”,就是目标最优化原则的典型。“擒贼”是目标,可是“擒王”是最优之目标,效果最显著。正所谓:“攻胜,则利不胜取。取小遗大,卒之利,将之累,帅之害,功之亏也。全胜而不摧坚擒王,是纵虎归山也……”战争之中击败敌人,利益是取之不尽的。如果满足于小胜利而错过获得大胜的时机,那是士兵的胜利、将军的累赘、主帅的祸害、战功的损失。打了个小胜仗而不去摧毁敌军主力,不去摧毁敌军指挥阵营,捉拿敌军首领,那就好

比放虎归山，后患无穷。由此可见，选准最优目标是很关键的步骤。“围魏救赵”和“釜底抽薪”等，也从不同角度反映了谋略目标最优化的思想。

（二）谋略目标价值——“全胜”

“敌已明，友未定，引友杀敌，不自出力，以《损》推演。”这里“友”指军事上的同盟者，也即除敌、我双方之外的第三方，可以暂时结盟而借力的人、组织或国家。借用盟友的力量去打击敌人，势必会使盟友受到损失，但盟友的损失可换得自己的利益，这就是“借刀杀人”的精髓，它是根据《周易》之《损》卦推演而得到的，即所谓“损下益上，其道上行”。此卦认为，“损”“益”不可截然分开，二者相辅相成，充满辩证思想。这也说明不存在纯粹意义上的“全胜而非战”，没有明战也有暗战，没有直接战也有间接战。所以，“敌象已露，而另一势力更张，将有所为，便应借此力以毁敌人”的做法，才是“全胜而非战”的至高境界，这与中国拳法中的“借力打力”思想有异曲同工之妙。众所周知，一切管理的动力皆源于“为利而动”，管理的实质是“活力互动”，管理的核心为“战略思维”。这就决定了对立双方或多方完全“非战”而至统一的状况，有悖于“为利而动”“活力互动”“战略思维”三原则。因此，谋略的关键还在于将此“谋攻之法”与战略目标思维过程进行结合和融会贯通，从而真正达到“全胜”的境界。此外，“隔岸观火”是典型的以静制动的“全胜而非战” 的谋略思想；“以逸待劳”亦为高明的“全胜而非战”的制敌之法。

（三）谋略目标管理的及时性

《三十六计》非常注重谋略目标管理的及时性。战场上有条战术原则：先敌发现目标，先敌开火，首发命中。结合现代商战的成功范例可以将其概括为下列描述性公式：现代“全胜”＝最先想到＋最先做好。这一公式揭示出一个理念：谋略至高，行动迅速。下面拟就《三十六计》中的三个“计”作些分析。

一是“顺手牵羊”计。它是看准敌方出现的转瞬即逝的漏洞，抓住其薄弱点，快速乘虚而入获取胜利的谋略。也就是说，我方要善于捕捉时机，伺机快速出击，乘隙捣虚以将敌方的小疏漏转化为我方的胜利。

二是“浑水摸鱼”计。它也强调谋略目标管理的及时性原则。此计是说，打仗要善于抓住敌方的可乘之隙，趁机行事，使“乱”（“浑水”状）顺我之意，我便好“乱”中取利。另外，“浑水”状也是一种机遇，不可坐等，更多时候是要主动创造。

三是“反客为主”计。它也揭示了这一思想：“乘隙插足，扼其主机，渐之进也。”在军事上，它指力争变被动为主动，尽量想办法钻友军空子，插足进去，控

制其首要机关或要害部位，抓住有利时机兼并或控制友军。

四、《菜根谭》《围炉夜话》《小窗幽记》的目标管理心理思想

（一）《菜根谭》的目标管理心理思想

《菜根谭》指出，人要立大志。“人生只百年，此日最易过”（《概论》），人应“为天地立心，为生民立命，为子孙造福”（《概论》）。意志需要磨炼培养，“一苦一乐相磨练，练极而成福者，其福始久”（《概论》）。

（二）《围炉夜话》的目标管理心理思想

《围炉夜话》指出了志向的重要性。“有不可及之志，必有不可及之功。”（第一三零则）有不能轻易达到的志向，一定会建立不同凡响的功业。同时，指出志向要高远。“志不可不高，志不高，则同流合污，无足有为矣；心不可太大，心太大，则舍近图远，难期有成矣。”（第三十则）立志还需有计划，“人生光阴易逝，要早定成器之日期”（第九十六则）。

（三）《小窗幽记》的目标管理心理思想

《小窗幽记》主张立志，反对庸碌懒散。《集法》篇指出，“志不可一日坠，心不可一日放”。

目标的实现，既要有利于自己，又要能使他人从中获益，“凡事韬晦，不独益己，抑且益人”（《小窗幽记·集法》）。这与现代社会的“双赢”法则颇有暗合之处。目标的实现，离不开脚踏实地的实干，“立业建功，事事要从实地着脚”（《小窗幽记·集峭》）。

在实现目标的过程中，总会遇到各种各样的困难。面对逆境，《小窗幽记》告诉我们，“知天地皆逆旅，不必更求顺境”（《小窗幽记·集素》）。同时，人们还要正视眼前的困难，不安于现状，有改变困境的信心与决心，正所谓“士人有百折不回之真心，才有万变不穷之妙用”（《小窗幽记·集峭》），更何况“成名每在穷苦日，败事多因得志时”（《小窗幽记·集灵》）。

目标的实现不可急于求成，凡事欲速则不达，必须尊重客观事实与事物的变化规律。“处事最当熟思缓处”（《小窗幽记·集醒》），只有经过深思熟虑，才能细致而全面地分析处理问题。《集法》篇云：“圣人成大事业者，从战战兢兢之小心来。”做事要小心谨慎，小处也不可轻视。反之，“一失脚为千古恨，再回头是百年人”（《小窗幽记·集峭》）。局部往往牵连全局，做任何事都应当三思而后行，千万不可鲁莽行事。

本章摘要

先秦时期,《孙子兵法》提出了“全胜而非战”的管理目标,先秦的兵家著作对此基本上达成了共识。此外,《尉缭子》提出了“兵胜于朝廷”的思想,《司马法》提出了“安人”“爱民”“止战”的思想,《吴子兵法》提出了“一胜者帝”的思想等。

汉魏六朝时期,兵家大都产生了“爱民安国”的战略心理思想。围绕这一思想原则,提出了四条目标管理原则:合于天道,诛暴讨乱;文武并举,人心思归;民心所向,全胜所至;安国爱民,义兵必胜。

唐宋时期,更加强调“和为贵”,追求和平与安宁;反对战乱,反对穷兵黩武;更加重视人的作用;谋略的运用也更加成熟。

明清时期,王守仁的目标管理心理思想包括:“随遇行志”,志要有“源”,志与人异。这一时期的兵家强调根据全胜的目标制定周密妥善的战略计划,认为这是实现最终目标的保证。《三十六计》中包含的目标管理心理思想,可概括为强调最优化、全胜、及时等方面。此外,《菜根谭》《围炉夜话》《小窗幽记》中的目标管理心理思想,强调立志高远,在实现目标的过程中要脚踏实地、小心谨慎等。

第五章 人力管理心理思想

人力管理与『人贵』论

人员甄选心理思想

人员任用心理思想

人员激励心理思想

第一节　人力管理与“人贵”论

为什么管理工作离不开人，亦即人为什么能承担各种管理工作呢？这与“人贵于万物”的基本事实是分不开的。关于此，在中国古代，从《尚书·泰誓上》的“惟人，万物之灵”起，到清末龚自珍的“天地至顽也，得倮虫（指人）而灵”（《龚自珍全集·释风》）止，几千年来形成了“人贵”论的优秀传统。可以说，“人贵”论乃是人力管理心理思想的理论基础。

一、什么是“人贵”论

“人贵”论主张人禽有别，强调把人从禽兽即动物中分离出来，确定“人为万物之灵”或“人最为天下贵”，是对人在大自然中的地位、作用与价值的肯定与赞扬。如荀子说：“人有气、有生、有知，亦且有义，故最为天下贵也。”（《王制》）《孝经》云：“天地之性，人为贵。”《黄帝内经》云：“天覆地载，万物悉备，莫贵于人。”董仲舒说：“天地之精所以生物者，莫贵于人。”（《人副天数》）王充说：“倮虫三百，人为之长；天地之性，人为贵，贵其识知也。”（《论衡·别通》）周敦颐说：“二气交感，化生万物，万物生生而变化无穷焉，唯人也得其秀而最灵。”（《太极图说》）诸如此类，不一而足。

“人贵”论主要讨论一个问题：人为什么会成为“最高贵者”？或人与动物区别开来的标志是什么？对此，我国历代思想家有种种不同的看法。从多种多样的“人贵”论观点中，可以概括出九种“人贵”论观点（见表5－1）。

表5－1　九种“人贵”论观点

观　　点	言　论　举　例
得气说	“人者……五行之秀气也。”（《礼记·礼运》）
智慧说	“人，物也，万物之中有智慧者也。”（《论衡·辨祟》）
情感说	“人之所以取贵于飞走者，情也。”（《刘禹锡集·伤往赋》）
有志说	“人之所以异于禽者，唯志而已矣。”（《思问录·外篇》）
直立说	“公因之中，受中最灵，人独直生，异乎万物，是知天地贵人。”（《东西均·象数》）

（续表）

观　点	言 论 举 例
语言说	"禽兽之声，以其类各得其一，声不能通。通之者，人也。人可谓天地之所贵矣。"（《物理小识·总论》）
劳动说	"人之所以异于禽兽者，农焉而已矣。"（《陈确集·古农说》）
合群说	"力不若牛，走不若马，而牛马为用，何也？曰：人能群，彼不能群也。人何以能群？曰：分。"（《荀子·王制》）
道德说	"仁，人心也，心之在人，是人之所以为人，而与禽兽草木异焉者也。"（《陆九渊集·学问求放心》）

二、"人贵"论的基本主张

一曰人是有地位的。这一理论从"人贵"思想出发，首先肯定人在宇宙中具有尊贵而崇高的地位。如老子把人看作天地间的所谓"四大"之一："故道大，天大，地大，人亦大。"（《老子·二十五章》）《易传》则将人与天地并列，称之为"三才"，即所谓"三才者，天地人。三光者，日月星"（《三字经》）。在管理中，必须肯定和提升人的地位，以便充分发挥人的作用。

二曰人是有价值的。"人贵"论中的"贵"字，即有价值的意思。人的价值主要表现在两个方面：一是在改造自然的过程中去适应自然，实现"天人合一"，保护生态环境；二是在变革社会的过程中去适应社会，协调各种关系，构建和谐社会。只有肯定和发现人的价值，才能激发人在工作中的自觉性和积极性。

三曰人是有潜能的。中国历代思想家几乎没有不肯定人是有潜能的。如孟子就是一位潜能论者。他的"性善"论就是对道德潜能的肯定，他的"良知良能"说就是对人的智力与能力潜能的肯定。他强调"尧舜与人同耳"，"人皆可以为尧舜"，这是对人发展潜能的充分肯定与赞扬。以后历代思想家几乎没有不服膺孟子的潜能论的，即既承认道德潜能，主张以之为基础去培养道德品质；也承认智能潜能，主张以之为基础去提高智能水平。在管理中，必须肯定和发掘人的潜能，以便不断提高人的工作能力。

四曰人是有个性的。从孔子的"性近习远"论起，中国传统的个性论思想逐步形成。其意思是说，人的本性本来是差不多的，但人的习性差别很大。差别很大的习性，就体现了人是有个性的。人的个性差异在"才性"上均有所表现。

中国古代的“才”指才智、才能，“性”与今之性格、人格相当。此“才性”之差异，刘劭对之作了较全面的考察，这反映在他的性格(人格)类型、智力类型和能力类型的思想中。其前后的不少思想家也持类似的观点。正因为人有个性，所以在教育中应当因材施教、个别对待。只有肯定和发展人的个性，才能有效地调动人的工作主动性和创造性。

五曰人是有力量的。东汉思想家王充曾说，“凡人莫不有力”，是谓人力。人确实是有力量的，不仅其身体有力量，是谓体力；其心理也有力量，是谓心力(参见《论衡・效力》)。在管理中，必须肯定和发挥人的力量，这样才能保证工作的效率和效果。

如上所述，人在天地间、万物中既然有如此崇高的地位和价值，自然就能够支配万物、管理众事。正因为人有潜能、有个性、有力量，他们在管理工作中自然就能够游刃有余、发挥作用。

第二节　人员甄选心理思想

在管理过程中，人员的甄选是一项关键的工作，能否选拔和招聘到合适的人员，是关系到组织活动成败的重要因素。中国历来重视人才的选拔和任用，从先秦到明清时期各家都对其进行了深刻的探讨，其中很多思想对我们今天的人力资源管理，仍然具有积极的指导作用。

一、先秦人员甄选心理思想

知人是用人的基础，《尚书》提出“知人”的必要性：“知人则哲，能官人。”意即能鉴察人的品行才能，即可谓之明智，然后才能用人得当。汉魏时期的刘劭在《人物志》序言中也写道：“夫圣贤之所美，莫美乎聪明；聪明之所贵，莫贵乎知人。知人诚智，则众材得其序，而庶绩之业兴矣。”意思是说，善于人尽其才是圣贤聪明智慧的最显著特征，也是最宝贵的品质。只有知人善任，才能人尽其才，使国家各方面的事业兴旺发达。

历代学者不仅认识到知人的重要性，而且了解知人的困难。如《庄子・列御寇》指出：“孔子曰：‘凡人心险于山川，难于知天；天犹有春秋冬夏旦暮之期，人者厚貌深情。故有貌愿而益，有长若不肖，有顺懁而达，有坚而缦，有缓而釬。’”认为人的心理比山川还要险恶，比苍天还要高深莫测。自然界的春秋冬夏旦暮的循环往复还有定时，人却善于掩饰，不显露于外表，把情感埋藏在内心深处，很难进行揣度。

关于知人的方法，中国历代也有比较系统的论述。庄子曾借孔子之口讲了知人的九种方法："故君子远使之而观其忠，近使之而观其敬，烦使之而观其能，卒然问焉而观其知，急与之期而观其信，委之以财而观其仁，告之以危而观其节，醉之以酒而观其则，杂之以处而观其色。九征至，不肖人得矣。"（《庄子·列御寇》）这九种方法是，派一个人到远处工作，就可以了解到他是否忠实；让一个人在身边做事，就可以观察其是否恭敬；在复杂的情况下请一个人去处理事情，就可以知道他的能力大小；突然提出一个问题让一个人回答，就可以了解他的智力高低；在紧急的情况下与一个人相约，就可以考验他是否守信用；放手让一个人去管理钱财，就可以看出他是否有贪欲；告诉一个人有危险的情况，就可以观察他是否有气节；让一个人喝得酩酊大醉，就可以看出他是否遵守规矩；让一个人在男女混杂处居留，就可以考验他是否好色。总之，只要掌握了这九种知人方法，就可以洞察人的内心世界，分清好人坏人。

墨家对人力资源的价值有着充分而深刻的认识。《墨子·亲士》篇明确提出了人才决定国家命运的观点："入国而不存其士，则亡国矣。见贤而不急，则缓其君矣。非贤无急，非士无与虑国。缓贤忘士而能以其国存者，未曾有也。"只有贤士，才能为国谋划，替君解忧；如果怠慢贤士，则亡国之期不远了。墨子认为，国家统治者要想国富民强，其首要任务就是尊贤使能。而为了实现这一目标，墨子提出了一条非常重要的甄选原则："有能则举之，无能则下之。"《墨子·尚贤上》篇写道："故古者圣王之为政，列德而尚贤，虽在农与工肆之人，有能则举之，高予之爵，重予之禄，任之以事，断予之令，曰：'爵位不高则民弗敬，蓄禄不厚则民不信，政令不断则民不畏。'"意指古代圣王施政时，让有德者列于位次，使贤能者得到尊重，即使是农民与工匠、商人，有才能的就提拔他们，给他们以高爵，给他们以厚禄，把政事交给他们，把权力交给他们。因为爵位不高，百姓就不敬重；俸禄不厚，百姓就不信任；政令不决断，百姓就不畏惧。他还说："举三者授之贤者，非为贤赐也，欲其事之成。故当是时，以德就列，以官服事，以劳殿赏，量功而分禄。故官无常贵，而民无终贱，有能则举之，无能则下之。举公义，辟私怨，此若言之谓也。"墨子认为，统治者提拔了有德有能的人后给他们地位、财富和权力，这样百姓才会敬重他们，服从他们的管理，从而吸引更多的人来为其服务；同时按照每个人的表现和功劳进行提拔和任用，使所选官员有一定的流动性，并不断有新生力量来补充，这样才能有利于更好的管理。

《孙膑兵法》说："兵之胜在于篡卒。"认为作战取胜的关键在于精选士卒。《尉缭子》云："武士不选，则众不强。"也提出要选拔优秀人员充实军队。但如何选拔，在这一时期没有进一步的论述。

《吕氏春秋》提出的"八观六验"知人法也颇具特色。它写道："凡论人，通则观其所礼，贵则观其所进，富则观其所养，听则观其所行，止则观其所好，习则观其所言，穷则观其所不受，贱则观其所不为，喜之以验其守，乐之以验其僻，怒之以验其节，惧之以验其特，哀之以验其人，苦之以验其志，八观六验，此贤主之所以论人也。"(《吕氏春秋·论人》)"八观"的大致意思是说，当一个人处境顺利时，观察他礼遇的是哪些人；当一个人处于显贵地位时，观察他推荐的是哪些人；当一个人富有时，观察他养的是哪些门客；当一个人听取别人的意见后，观察他采纳的是哪些内容；当一个人无事可做时，观察他有哪些爱好；当一个人处于习以为常的情况时，观察他讲哪些东西；当一个人贫穷时，观察他所接受的是些什么东西；当一个人处于卑贱的地位时，观察他所不做的事。"六验"的内容主要是通过一定的方法诱导出相应的情感，并观察一个人在这些情感支配下的所作所为，以了解人的本性。被日本人称为"经营之神"的松下幸之助对"六验"的方法非常赞赏，他说《吕氏春秋·论人》中的名言，曾经帮助他物色了众多的人才。他还具体解释了"六验"的内容：一是使一个人高兴(喜)，借此考验他安分守己的能力。当一个人特别高兴时，就可以观察他会不会有所节制，如果得意忘形，就不能加以重用。二是使一个人快乐(乐)，借此考验他有什么癖性。当一个人特别快乐时，他的癖性(如喝酒等)就会暴露无遗。三是使一个人发怒(怒)，借此考验他控制自己的能力。如果一个人缺乏自控力，意志薄弱，在工作上自然也难以有所成就。四是使一个人恐惧(惧)，借此考验他有没有独特的作为。如果一个人遇到可怕的事都能保持自己的立场，凛然无惧，这种人必可大用。五是使一个人哀伤(哀)，借此考验他的为人。这是因为一个人在极度悲伤的时候，最容易表现出他的为人。六是使一个人痛苦(苦)，借此考验他的志气。那些受到苛刻对待或陷入困境就颓废丧志的人，绝不可能成大器。

二、汉魏六朝人员甄选心理思想

陆贾以木材为例，来阐述自己选拔人才的观点。他说，名贵树木"生于深山之中，产于溪谷之傍"，若能"因江河之道，而达于京师之下，因斧斤之功，得舒其文色”，必可成上等木材。但是，它们若不幸“闭绝以关梁，及隘于山阪之阻”，处于“商贾所不至，工匠所不窥，知者所不见，见者所不知”的状态，则其身价还不如大路旁的枯杨。因此，“质美者以通为贵，才良者以显为能”（《新语校注·资质》）。以此，他有力地说明，人才需要被发现、使用，才能发挥其作用，否则就会被埋没和浪费。

在贾谊看来，选吏是举政安民的根本，必须慎选良吏。在选拔良吏的途径上，他主张应以百姓的意愿为依据，认为只有选用百姓喜爱的官吏，还治于民，才可以达到举政安民的目的。他说：“故夫民者虽愚也，明上选吏焉，必使民与焉。故士民誉之，则明上察之，见归而举之；故士民苦之，则明上察之，见非而去之。故王者取吏不妄，必使民唱，然后随之。”（《贾谊集·新书·大政下》）贾谊还指出：“故夫为人臣者，以富乐民为功，以贫苦民为罪。”（《贾谊集·新书·大政上》）主张把“富民”或“苦民”作为考察官吏举政安民实际能力的标准。

在重视人才的基础上，汉魏新道家对人才的甄选问题作了较为深刻的阐述。如《淮南子》指出，在人员甄选中容易把人才遗漏，并用选良马作比喻说明这个道理：“有相马而失马者，然良马犹在相之中。”（《淮南子·说山训》）意思是说，经常有挑选良马却错失良马的事，然而良马仍然是在他所挑选的那些马当中。人才识别，对识别者有很高的要求，只有高明的识别者才能鉴别其真伪：“玉石之相类者，唯良工能识之。”（《淮南子·修务训》）在人员甄选上，《淮南子》的主张与《吕氏春秋》的“八观六验”知人法基本一致。《淮南子·氾论训》指出：“贵则观其所举，富则观其所施，穷则观其所不受，贱则观其所不为，贫则观其所不取。视其更难，以知其勇；动以喜乐，以观其守；委以财货，以论其仁；振以恐惧，以知其节；则人情备矣。”《淮南子》对人员的选取，是在“贵”“富”“穷”“贱”“贫”这五种境遇下，通过观察人们的行为反应以了解其品行。通过人为诱导，《淮南子》重点考察的是“勇”“守”“仁”“节”这四种品质。在人员甄选时，管理者还应克服自身的心理障碍。一是防止“志人之所短，忘人之所修”的求全心理。《淮南子》指出，在当时考察人才中，存在着对人才求全责备的现象，而这样是不可能寻求到人才的：“今志人之所短，而忘人之所修，而求得其贤乎天下，则难矣。”（《淮南子·氾论训》）考察人才应看其主要方面，分清主次。“夫人之情，莫不有所短。诚其大略是也，虽有小过，不足以为累。若其大略非也，虽有闾里之行，未足大举。”二是排除“求同乎己者”的个人偏好心理。《淮南子》认为，考察人才应排除主观偏好。它指出，人们往往会把自己喜欢的人作为贤人，推举与自己相同的人；而根据自己的偏好求贤，最终是得不到贤才的。这种考察人才过程中的"惺惺相惜"式的自我认同，往往使人才的举荐失之偏颇。因此，它主张抛弃偏见、私好，广选人才。

东汉中后期盛行举荐制，王符提出的德才兼备的人员甄选主张，与当时的时代背景关系密切。他认为，应该以德才兼备为标准来甄选人才，而不是把出身与门第作为甄选人才的标准。他指出，历代帝王凡是善于用人因而"化可美而功成"者，都无例外地在选拔人员时注重德与才而不是其身世门第。王符还提出"物有所宜，不废其材"的人员甄选观点。认为每个人的性格、能力、经历、特长等都是有区别的，每个人都会有适合自己的工作，所以应该根据各个职位的不同要求来甄选合适的人。

在人员甄选方面，《抱朴子》对"知人"问题提出了较有价值的见解。首先，葛洪对汉末名不副实的荐举现象进行了揭露。"举秀才，不知书；察孝廉，父别居。寒素清白浊如泥，高第良将怯如鸡。"（《抱朴子·审举》）意思是，"秀才"本该能舞文弄墨，但当时荐举出来的"秀才"字都不识；被荐举为"孝廉"的人，在生活中竟然把父亲赶出家门，另居别处；号称"寒素清白"的人，实际上同泥一样污浊；住在高门里面，被称为"良将"的人，实际上像鸡一样胆小。

其次，葛洪反对以个人的好恶为标准来识别人才。他说："同乎己者，未必可用；异于我者，未必可忽也。"（《抱朴子·外篇·清鉴卷二十一》）反对"求同乎己者"的思想，对今天的人力资源管理不无启发。从心理学的角度来分析，人才群体应强调其结构的互补性，才能使每个人的能力得到最大程度的发挥，而且相得益彰。"求同乎己者"则使群体结构雷同，无法发挥其互补互助的功能。

最后，葛洪指出，知人中存在着"十难"（《抱朴子·外篇·行品卷二十二》）。实际上，在知人过程中存在十种容易发生的错误。第一种情况是，容貌好，但无才能；其难分之处在于，容易被好看的容貌迷惑，因其容貌"修丽""闲雅"，而把实际上并无才能的人误认为是有才能的人。第二种情况是，容貌差，但有才能；其难分之处在于，容易受其容貌的影响，把本来有才能的人给遗漏。第三种情况是，胸怀谋略，但不善表达；其难分之处在于，因其言语表达差，而把有谋略的人看作平庸之辈。第四种情况是，善言辞，但不能处理现实问题；其难分之处在于，因其言辞伶俐而将其误认为是有才能的人。第五种情况是，外表恭谨、虔诚，符合规范，但内心疏散；其难分之处在于，因其规范的行为而误认为其能有效地控制内心活动。第六种情况是，武术技能高强，但没有胆识。其难分之处在于，为高超的技艺所迷惑，把内心怯懦的人误认为是人才。第七种情况是，性格内向，缄默淳朴，但具有良好的操守；其难分之处在于，因其内向缄默，把有操

守的人给遗漏。第八种情况是，安分、不逾越规矩，但做事不得要领，不能抓住时机；其难分之处在于，为表面的安分、不逾越规矩所迷惑，把做事不得要领，不能抓住时机的人误认为是人才。第九种情况是，棱角分明，易得罪人，但忠心耿耿；其难分之处在于，因人际关系不良而疏漏了真正富有忠心的人。第十种情况是，忠贞廉洁，注重自身修养，但不能有效使用权力；其难分之处在于受其忠贞廉洁的影响，把没有权威的人误认为是人才。

三国魏时期《人物志》的人才管理心理学思想十分丰富。其作者刘劭字孔才，广平邯郸（今属河北省）人。此书共三卷十二篇。该书是我国古代专门研究心理问题的一部重要著作。1937 年，施赖奥克（John Knight Shryock）将其译为《人类能力之研究》在美国出版，是唯一一部被介绍到西方的我国古代的心理思想专著。这里，仅拟就其人才选拔的心理思想作些分析，主要有四点。

一是认识到知人的重要意义。刘劭在《人物志》自序中开宗明义地说："夫圣贤之所美，莫美乎聪明；聪明之所贵，莫贵乎知人。知人诚智，则众材得其序，而庶绩之业兴矣。"刘劭认为，善于知人是聪明智慧的最显著特征，也是最珍贵的品质。只有了解人的才性，才能正确地选拔和使用人才，做到人尽其才，使国家各方面的事业兴旺发达。他还用尧、舜、商汤王、周文王等人的事例，说明自古建功立业者，无不注重通过寻求人才、选拔贤良来辅佐其统治。

二是肯定人的才能和性情可以通过其外部表现加以判别。正如刘劭所说："凡有血气者，莫不含元一以为质，禀阴阳以立性，体五行而著形。苟有形质，犹可即而求之。"（《人物志·九征》）所谓"即而求之"，就是通过人的"形"与"质"，来把握人的"才"与"性"。他进而把人的"形""质"概括为神、精、筋、骨、气、色、仪、容、言九个方面，即所谓"九征"。他认为通过这"九征"，就可以观察和了解人的才能与性格的某种特点。如通过"神"，可以观察一个人平直或陂邪的素质；通过"精"，可以观察到明智或愚昧的根本；通过"筋"，可以观察到勇敢或怯弱的体势；通过"骨"，可以观察到强健或纤弱的体魄；通过"气"，可以观察到躁进或沉静的性格；通过"色"，可以观察到悲痛或愉快的感情；通过"仪"，可以观察到衰微或端直的形象；通过"容"，可以观察到造作或自然的举止；通过"言"，可以观察和缓或焦急的状态。当然，刘劭的这种以外鉴内、以形质求才性的方法并不完全确切，如人的"筋"与"勇怯"，"骨"与"强弱"等很难说有什么必然联系。同时，通过"九征"观察到的几乎全是性情的特点，对于观察才能并没有进行阐发。但是，刘劭的《人物志》承认人的才性的可知性，并努力通过外部因素来观察内在素质，是有一定积极意义的。

三是提出选拔人才的具体方法，即所谓“八观”与“五视”。“八观”是：“一曰观其夺救，以明间杂。二曰观其感变，以审常度。三曰观其志质，以知其名。四曰观其所由，以辨依似。五曰观其爱敬，以知通塞。六曰观其情机，以辨恕惑。七曰观其所短，以知所长。八曰观其聪明，以知所达。”（《人物志·八观》）其中，第一条是要求人们在观察人才时必须深入到其行为的深层结构中去，而不要只看那些表面的东西，否则就会被那些互相损益、彼此间杂的现象迷惑。第二条是要求人们在观察人才时要善于通过一个人在变动状态下的诸种反应，以了解他在稳定状态下的特征。第三条是要求人们通过观察一个人的气质，以了解其各种异状殊名的才能和性格。第四条是要求人们在观察人才时，要注意其行为的来龙去脉，从而把握他那些似是而非、似非而是的才性特点。第五条是要求人们在观察人才时，要分析其爱与敬两种情感，从而了解他的前途是否通顺。第六条是要求人们在观察人才时，要通过他的情欲表现，来明辨其贤明或卑鄙的志向。第七条是要求人们在观察人才时，要注意通过观察一个人在某些方面的短处，以了解他在其他方面的长处。第八条是要求人们在观察人才时，要分析他的聪明程度，以把握其事业的通达。在这里，刘劭对人才的心理表现作了全景式的俯览，透彻地分析了人才心理结构的内在联系，如表面现象与深层结构的关系、动态反应与稳定特征的关系、气质与才能性格的关系、情绪欲望与前途志向的关系、短处缺点与长处优点的关系、智力水平与道德品质的关系，等等，极富辩证思想。其中的一些观察方法在今天的人才选拔中也不失其意义。

“五视”是：“居视其所安，达视其所举，富视其所与，穷视其所为，贫视其所取。”意思是要观察一个人在安定时满足于什么；居官时推荐什么样的人才；富足时帮助哪些人；不得志时有怎样的表现；贫困时如何获取财物。这样，才能判断一个人是否为贤才。这实际上是要求人们在选拔人才时，不要急于下判断，而必须在了解其素质的基础上，掌握其行为发展变化的规律。

四是分析了人才选拔中的错误，对知人的困难作了较全面的考察。刘劭认为，运用“八观”和“五视”的方法选拔人才，也不是万无一失、绝对可行的，往往会发生种种错误，致使选拔失误。他把在选拔人才时经常犯的错误概括为七个方面，即所谓“七缪”：“一曰察誉有偏颇之缪；二曰接物有爱恶之惑；三曰度心有小大之误；四曰品质有早晚之疑；五曰变类有同体之嫌；六曰论材有申压之诡；七曰观奇有二尤之失。”（《人物志·七缪》）

这七个方面的错误可大体分为标准之谬和方法之谬。① 标准之谬有三：一是在人才选拔时以"誉毁"为标准。刘劭认为，知人的关键是"以目正耳"，即用自己的观察去印证传闻，而不能"以耳败目"，即用传闻来代替自己的观察。众人的赞誉或诋毁只能作为人才选拔的参考，而不能作为唯一的依据。因为众口称誉的也有私弊，而一致否定的或许就有真正的人才，这反映了刘劭在人才选拔中重实轻名的思想。二是在人才选拔时以"爱恶"为标准，如果上述"誉毁"的出发点是"名"，"爱恶"的出发点则是"己"。刘劭认为，喜爱善美、憎恨丑恶是人之常情，但每个人的爱恶情感不可能是完全相同的，因此，就会出现以自己的爱恶为尺度衡量人的弊端，出现喜庸人而弃人才的现象。这是因为庸人百短必有一长，如果这一长恰与己同，就会觉得情同意亲，忘其百短；人才百长必有一短，如果抓住其短，或"以其所乏，不明己长"，或"以其所长，轻己所短"，就会志乖气违，忘其百长。三是在人才选拔时以"富贵"与"贫贱"为标准。刘劭认为，人们对某人的评价往往会受到这个人"势位因素"的影响。这是因为既富且贵之人虽无一才，但犹可凭其财、势，使那些"见赡""见援"的人称誉赞美，所以"行成而名立"。既贫且贱之人虽有至才殊能，但因无财无势，使"亲戚不能恤，朋友不见济。分义不复立，恩爱浸以离"，从而"怨望者并至，归罪者日多"。（《人物志·七缪》）

方法之谬也有三：一是只见现象，不见本质。刘劭认为，人的相貌等外部表现与才性等内在素质没有绝对的等同关系，有时甚至截然相反，如有的人"含精于内，外无饰姿"，有的人"硕言瑰姿，内实乖反"，如果谬于现象，以形为据，就会"或以貌少为不足，或以瑰姿为巨伟，或以直露为虚华，或以巧饰为真实"，发生选拔失误的情况。在《人物志·材理》篇中，刘劭还专门分析了理论人才的行为"七似"；如果被这些表面现象迷惑，那么在选拔理论人才时会产生困难。二是滞于一端，不通其化。刘劭认为，应该用发展的观点看待人才、选拔人才，而不能滞于一端、静止不变，仓促地下结论。他说："夫人材不同，成有早晚。有早智而速成者，有晚智而晚成者，有少无智而终无所成者，有少有令材遂为隽器者。"（《人物志·七缪》）人才成长本来就有早智速成和晚智晚成的区别，原本无才，今可变为有才，今日有才，来日也可成为庸人。如果"不虑其变"，不了解人才成长发展的规律，就会出现人才选拔的偏差。在《人物志·效难》篇中，刘劭也强调了在稳定中审变化的思想："或志趣变易，随物而化。或未至而悬欲，或

① 参见：邹本顺. 刘劭《人物志》中的人才哲学思想[J]. 中国哲学史研究，1983(2).

已至而易顾，或穷约而力行，或得志而从欲。”不了解上述变化，就会出现“居止之所失”。三是只明一点、不求全体。上述两点论及了人才选拔的深入性与发展性，这一点则是讨论全面性，即全面综合地考察人才。刘劭认为，人们在选拔人才时很难达到“尽备”的境界，有的人只“相其形容”，有的人只“候其动作”，有的人只“揆其终始”，有的人只“揆其拟象”，有的人只“推其细微”，有的人只“恐其过误”，有的人只“循其所言”，有的人只“稽其行事”。这种偏执片面的做法，在人才选拔中必然导致“得者少，所失者多”。

三、唐宋人员甄选心理思想

如果没有对人才的明确定义，对人才应该具备的品质行为缺少应有的揭示，就无法进行准确而有效的选拔。宋代的《武经总要》提出的“五才为体，五谨为用”人才观，对此作出了比较清楚的回答。人才必须具有“五才”“五谨”。所谓“五才”：“一曰智，二曰信，三曰仁，四曰勇，五曰严。非智不可以料敌应机；非信不可以训人率下；非仁不可以附众抚士；非勇不可以诀谋合战；非严不可以服强齐众。”这本是《孙子兵法》中将领的“五德”，在此被作为将领必须具备的五种基本品质，如果军事人才，尤其是将领缺少此五者，就不能定国安邦。所谓“五谨”：“一曰理，二曰备，三曰果，四曰诫，五曰约。理者，理众如理寡；备者，出门如见敌；果者，见敌不怀生；诫者，虽克，如始战；约者，法令省而不烦。”这与《吴子兵法》的观点相似，是从实战操作方面对军事人才提出的几点要求。“理”是指治军统帅的能力；“备”是指时刻戒备毫不松懈的品质；“果”是指果断决策奋不顾身的个性；“诫”是指谨慎沉着，决不骄傲轻敌；“约”是指思维敏捷简明。明确了以上人才应具备的几种品质，就可以有针对性地采用有效的方法对人才进行选拔。

范仲淹在为政实践中对人才问题有深入思考。他说：“夫天下之士，有二党焉。其一曰我发必危言，立必危行，王道正直，何用曲为？其一曰我逊言易入，逊行未合，人生安乐，何用忧为？”（《范文正公集·上资政晏侍郎书》）范仲淹关于人才标准的思想，可概括为三方面。第一，他认为要起用的人才必须是务实的人。他把天下的士人分为两种类型：一类人善于谈论问题，说话时虽然显得头头是道，却总是言而无实；另一类人说话不多，但做事踏实，专干实事。第二，他认为要提拔那些敢于进言的人才。第三，他提出要用人之专长，不应对人才求全责备。他已认识到，合理地使用人才的前提，就是要善于识别人才，并让他们发挥出各自的特长，而不应该用苛刻的标准，挑剔他们身上存在的不足和缺陷。

朱熹在其著作中经常谈到人才问题。他认为能否选拔到合格的人才关系到整个国家命运。在现实生活中，他也十分爱惜身边的人才，常常举荐人才，为他们创造发展的机会。如何识别和选拔人才是人才问题的关键。要解决这一问题，首先要明确人才的标准。朱熹说："今日人材须是得个有见识，又有度量人，便容受得今日人材，将来截长补短使。"（《朱子语类・卷一百零八》）在他心目中称得上人才的必须是有见识、有度量的人。从广泛意义上来说，朱熹把当时的人才分为两类：一类是"谨密者"；另一类是"俊快者"。前者多不愿意承担事务，后者做事不仔细。最值得一提的是，朱熹充分认识到了不同人的心理对其所持人才标准的影响，即不同的人往往从各自的立场出发评价他人，因此人才标准的理解也差异甚巨。他在《朱子语类》中写道："贪污者必以廉介者为不是，趋竞者必以恬退者为不是。由此类推之，常人莫不皆然。"（《朱子语类・卷一百零八》）朱熹的这番话也提醒后世的管理者，在进行人才选拔之前，首先要对人才标准达成一个共识。朱熹也意识到人员选拔的难度。他说："当无事之时，欲识得将，须是具大眼力。"（《朱子语类・卷一百一十》）在没有实际考验的情况下，识辨将帅，是十分困难的。因此，朱熹提出了"兵以用而见其强弱，将以用而见其能否"的主张，建议在实际使用中来识别检验士兵的强弱和将领的能力。另外，他还拟定了一个初步评价人才的步骤，虽然显得比较粗糙，但也不无借鉴价值。"品藻人物，须先看他大规模，然后看他好处与不好处，好处多与少，不好处多与少。又看某长某短，某有某无，所长所有底是紧要与不紧要，所短所无底是紧要与不紧要。如此互将来品藻，方定得他分数优劣。"（《朱子语类・卷十三》）对一个人进行评估，首先看他的总体面貌；其次看他具体的优缺点，看他优点与缺点的数量和比率；再看他擅长什么和不擅长什么，看这些是不是非常关键的东西。在人才选拔中，朱熹特别反对荫恩制度和资考惯例。他认为，家族的地位以及任职时间都不应成为在人才选拔中获得优先权的理由，这也在一定程度上体现了他人才选拔的公平性思想。这一点尤其值得我们从事人力资源管理的人士加以学习和探讨。

南宋著名思想家陈亮对人才识别有其独特的见解。他在《上孝宗皇帝第一书》中写道："人才以用而见其能否，安坐而能者，不足恃也。"（《陈亮集》）这句话的意思是，人才只有在任用了以后才能看出他是否真有才能，光坐着自吹而不实干者不值得依靠。可见，陈亮主张通过"用人"来"识人"，并且识人时不要只

看表面现象，因为只看表面或只听口头所说，而不看重实际行动显然是不行的。这些思想对现代企业都有深刻的借鉴意义。我们不仅要在招聘人才时“识人”，而且在人员任用的过程中也要“识人”，这样才能为企业留住最好的人才。

四、明清人员甄选心理思想

隋唐以后，科举制度的实行使中下层地主阶级出身的知识分子有机会进入仕途。不过，科举制度也造成了人才被摧残，政事败坏的不良后果。明清之际的思想家颜元对此深恶痛绝。他说：“天下人之入此帖括局也，自八、九岁便咿唔，十余岁便习训诂，套袭构篇，终身不晓习行礼、义之事，至老不讲致君、泽民之道，且无一人不弱不病。灭儒道，坏人才，厄世运，害殆不可胜言也。”（《颜习斋先生言行录卷下·杜生第十五》）病弱无能的人被任用，只能造成政事的败坏。因此，八股科举制度的危害要甚于焚书坑儒。颜元说：“天下尽八股，中何用乎？故八股行而天下无学术，无学术则无政事，无政事则无治功，无治功则无升平矣。故八股之害，甚于焚坑。”（《颜习斋先生言行录卷下·刁过之第十九》）

颜元主张废除科举制度，恢复古代的乡举里选。颜元说：“窃尝谋所以代之，莫若古乡举里选之法。仿明旧制，乡置三老人，劝农，平事，正风，六年一举，县方一人。如东则东方之三老，视德可敦俗、才堪莅政者，公议举之，状签某某深知其才德，兼以事实之，县令即以币车迎为六事佐宾吏人。供用三载，经县令之亲试，百姓之实征，老人复跻堂言曰，某诚贤，则令荐之府，呈签某令深知其才德，亦兼以事实之，则守以礼征至。其有显德懋功者，则荐之公朝，余仍留为佐宾三载，经府守之亲试，州县之实征，诸县令集府言曰，某诚贤，则府守荐之朝廷，呈签某守深知其才德，亦兼以事实之，则命礼官弓旌、车马征至京。其有显德懋功者，即因才德受职不次，余仍留部办事，亲试之三载。凡经两举，用不及者，许自辞归进学。老人、令、守，荐贤者受上赏，荐奸者受上罚，则公论所结，私托不行矣，九载所验，贤否得真矣。即有一二勉强为善，盗窃声誉者，焉能九载不变哉！况九载之间，必重自检饬，即品行未粹者，亦养而可用矣。”（《存治编》）这种乡举里选的特点是：考察的内容，注重实际行为品行；考察的过程，注重试用和考验；对举荐者赏罚分明。

明朝时期成书的《三国演义》《菜根谭》《呻吟语》《小窗幽记》包含丰富的人

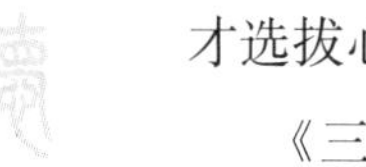

才选拔心理思想，以下就此分别论述。

《三国演义》的人才选拔心理思想很有借鉴价值。一部《三国演义》，可以说是一部人才演义，争夺天下的魏蜀吴三家，无不罗致人才，为己所用。三国可谓人才辈出的时代。三国的领导者推行唯才是举的人才战略方针，不论出身贵贱，不看社会关系，凡是有才能者，一概网罗。刘备三顾茅庐，感动草堂春睡的一代英才孔明，已经成为千古美谈；曹操求贤若渴，广招天下贤才；孙权为了保卫父辈开创的东吴基业，广纳贤士。

《三国演义》在考察、选拔、网罗人才上都有一套具体方法。概括起来如表5-2所示。

表5-2 《三国演义》选才方法列举

序列	方法	释　　义	例　　证
1	观察	听言观行，察能考绩	曹操观许褚、徐晃等
2	考试	用考试分良莠，客观公平地选拔人才	铜雀台落成宴会上，曹操试文武
3	访求	访询拜求，是广泛网致贤才的途径	刘备“三顾茅庐”
4	招聘	招聘是广开才路的一个好办法，可以引来许多有用之才	曹操陈留起兵，先向各地发矫诏；在兖州时，曹操“招贤纳士”
5	推荐	利用人才“共生效应”发现人才，常收到一而十、十而百的奇效	荀彧向曹操推程昱，程昱继推荐郭嘉，郭嘉又推刘晔，刘晔又荐满庞、吕虔，满庞、吕虔又共荐毛阶
6	自荐	自荐也是选才得贤的办法	关羽在汜水关前，正是靠大呼出战
7	争夺	曹、刘、孙各集团都施展计谋，设法挖对方的人才	曹操为得关羽，费尽心机

由上所述，《三国演义》以丰富的事例和令人信服的情节，从正反两个方面突出宣扬了选贤任能的一个标准，即唯才是举，也突出了选贤任能的操作性方法体系。

在人员甄选的标准上，《菜根谭》提出了有宏大才识、以德为主的主张。据此，其择人原则为以德为先，认为“德者才之主，才者德之奴”（《概论》），品德是才学的主人，而才学只不过是品德的奴隶。择人的关键在德，“德者事业之基，未有基不固而栋宇坚久者；心者修行之根，未有根不植而枝叶荣茂者”（《概论》)。修身养性为事业之根本,才识、器量也是重要的方面,《菜根谭》辩证地提出"德随量进,量由识长,欲厚其德,不可不弘其量;欲弘其量,不可不大其识"(《续编》)。这种德才兼备,德才相佐又以德为主的择人观,是选拔人才的准绳。现代企业以人为中心,员工素质决定着企业的成败兴衰,企业家由此汲取智慧重视人员甄选工作。

《呻吟语》总结出了知人的"五观"法。所谓"五观",指"观操存在利害时,观精力在饥疲时,观度量在喜怒时,观存养在纷华时,观镇定在震惊时"(《呻吟语·卷四·品藻》)。说的是,在面临利害关系的时候,可以观察一个人的操守志向;在饥饿疲劳的时候,可以观察一个人的精力;在高兴或生气发怒的时候,可以观察一个人的度量;在志得意满的时候,可以观察一个人的修养性情;在受到震动惊吓的时候,可以观察一个人是否沉着冷静。运用"五观"法,选拔人员的管理者可以通过外在的行为表现,间接地了解并认识观察对象的价值观、身体状况、心理素质和品德修养。"五观"法作为一种知人的方法,在现代管理中也有着一定的借鉴和应用价值。遗憾的是,《呻吟语》一书对此未充分展开,没有进一步提出操作的方法,但是,较之《吕氏春秋》《人物志》等书的"八观""六验","五观"法也有一定的新意。

《小窗幽记》对人员甄选问题也有许多精到的论述与见解。其核心思想是"知人须谨慎",有以下四个要点。

一是"留心点滴"识人心。在日常生活中,每个人的言行举止都会因各自性格、脾气、生活经历等因素的不同而显示出很大差异。因此,在点滴的小事中也能反映出整个人的面貌。《小窗幽记》的《集醒》篇和《集豪》篇有很多这样的描写,具有"家徒四壁,一掷千金"的胆魄,常常"兴酣落笔,泼墨千言",并声称"我才必用,黄金复来"的人,一定性格豪放;一般的平民百姓"在大处不走作",豪侠之士则往往"在小处不渗漏";"假英雄专映不鸣之剑,若尔锋芒,遇真人而落胆;穷豪杰惯作无米之炊,此等作用,当大计而扬眉";虚张声势的人,一旦遇上名副其实的高手,就会立刻偃旗息鼓,落荒而逃,真正的人才,在关键时刻则会充分显出其本色,大显身手。

二是"以人为镜"辨本性。俗话说,"物以类聚,人以群分",品性对立的人群之间往往是相互排斥的。"淡泊之士,必为浓艳者所疑;检饰之人,必为放肆者所忌。"(《小窗幽记·集醒》)意为清心寡欲之人,必为浮华奢侈之人所疑心;坚定谨慎之人,必为妄为者所嫉恨。"浓艳者""放肆者"对"淡泊之士""检饰之人"态度的不友好是显而易见的。"大豪杰,舍己为人;小丈夫,因人利己。"(《小窗幽记·集奇》)在对他人的态度中,两种人的人格会充分表现出来。“君子于人,当于有过中求无过,不当于无过中求有过”,“君子处身,宁人负己,己无负人;小人处事,宁己负人,无人负己”(《小窗幽记·集法》)。一种是礼让谦和,设身处地为他人着想;另一种是自私自利,不顾他人安危,两者孰优孰劣,谁是谁非,一眼即可明了。

三是“见微知著”识本质。《小窗幽记》对不同类型的人的特征,进行了细致的观察和分析,认为以此作为认识人的途径之一,简便易行。“多躁者,必无沉潜之识;多畏者,必无卓越之见;多欲者,必无慷慨之节;多言者,必无笃实之心;多勇者,必无文学之雅。”(《小窗幽记·集醒》)意思是,办事毛毛躁躁的人,看问题往往没有什么深度;整天怕这怕那的人,一定缺乏远见卓识;欲望太多的人,就不会有正直激昂的气节;喜好夸夸其谈的人,必定不够踏实;逞强好勇的人,必定没有高雅的文学修为。

四是“借境生情”试人心。要想认识一个人,还可以借助一定的情境,依据被观察者在其中的表现来判断其为人。对此,《小窗幽记》也有独到的见解:“读诸葛武侯《出师表》而不堕泪者,其人必不忠;读韩退之《祭十二郎文》而不堕泪者,其人必不友。”(《小窗幽记·集奇》)又如,《集灵》篇谈到“闻谤而怒者,谗之囮;见誉而喜者,佞之媒”;《集法》篇则描述了君子在不同情况中的表现:“君子对青天而惧,闻雷霆而不惊;履平地而恐,涉风波而不疑。”诸如此类,都是对这种方法的运用。

如何选拔人才呢?亦即甄选人员有什么标准?对此,《小窗幽记》提出了“以德为先、以技为本、以识为补”的人才观念。

一曰“以德为先”。品德就是道德品质,作为人的一种个体现象,品德也是社会道德现象在个体身上的表现。“贫士肯济人,才是性天中惠泽”(《小窗幽记·集醒》),认为能够主动扶危济困,帮助别人是有德之人最自然、最平常的一种表现。对这种行为的褒扬和推崇,无疑是将道德因素放在了人才评定中非常重要的一环。“考人品,要在五伦上见。此处得,则小过不足疵;此处失,则众长不足录。”(《小窗幽记·集法》)若不符合德的要求,即使在其他方面表现出很多才能,也将遭到无情的淘汰。显而易见,衡量一个人是否为人才,不仅要看其才能的高低优劣,更重要的是其人格和品德的好坏,这才是第一位的关键因素,起着至关重要的作用。

二曰“以技为本”。具备一定的技能是个体生存、发展、立足社会的基础,也是对人才的硬性要求。“是技皆可成名天下,唯无技之人最苦;片技即足自立天下，唯多技之人最劳。”(《小窗幽记·集峭》)一个人要想在世上立足、发展、获得成功，具备一定的技能是一个关键的要素。人的才能建立在知识的基础上，由知识转化而来，是知识积累到较高层次的产物。一般来说，才能的大小与知识摄取的数量、质量密切相关。对此，该书发出了“士大夫胸中无三斗墨，何以运管城”(《小窗幽记·集豪》)的感慨。“以技立于天下”是该书的一个鲜明的观点。

三曰“以识为补”。真正意义上的人才，对人、对事都要有自己独特的看法，不能人云亦云，缺乏主见，须保持独立的思考空间，即具备一定的识见。其中，宽广的胸怀、开阔的眼界和清醒的头脑最为重要。“士人不当以世事分读书，当以读书通世事”(《小窗幽记·集醒》)，将所学与所用联系在一起，才能体现出人才之所以成为人才的境界。

品德、技能和识见构成了一个和谐、统一的整体，三者相辅相成，不可割裂。德是先决条件，才是必备基础，识是保证手段。以德为先，德、才、识并重，是《小窗幽记》对人才的一个界定，也是对人才心理结构的一个简明概括。例如，该书特别提到不畏流言、辅助成王料理国政的周公，并评价说“古之有才者众矣，独称周公为美才，盖能本于德也”。周公的“美才”已使后世之人难以望其项背；不仅如此，他不骄不吝的言行举止，以德为先的为人风范更让人们叹服。

第三节 人员任用心理思想

一、先秦人员任用心理思想

《尚书》提出的用人主张，具体包括以下五个方面：一是建立标准，排除个人喜好，《尚书·立政》篇认为，事(政务)、牧(治理)、准(执法)是任用人才的标准；二是德才兼备，在德才不兼得的情况下，宁可舍才取德；三是放手使用；四是创造发展条件，人才被发现后，把他放在合适的岗位上，给以施展才华的机会，让人才得到充分利用；五是厚禄激励。

儒家主张在客观、全面、深入考察后，根据人才的特点合理安排使用。《论语》中多处记载孔子根据几位弟子特性的不同而对他们任职的评价：“由也，千乘之国，可使治其赋也。”“求也，千室之邑，百乘之家，可使为之宰也。”“赤也，束带立于朝，可使与宾客言也。”(《论语·公冶长》)在孔子看来，各人的性格和能力有所不同，因此安排职位时应有一定的差异。孔子已有用人所长的主张。

《论语》载："子曰：'道不行，乘桴浮于海。从我者，其由与？'子路闻之喜。子曰：'由也好勇过我，无所取材。'"(《论语·公冶长》)孔子欲"乘桴浮于海"，因而选中具备"勇"这一长处的子路；而在其他的场合，孔子曾多次批评子路的有勇无谋。这表明孔子在用人时，取其所长，避其所短。

荀子则提出了破格用贤的主张。他说："贤能不待次而举，罢不能不待须而废。""虽王公士大夫之子孙，不能属于礼义，则归之庶人。虽庶人之子孙也，积文学，正身行，能属于礼义，则归之卿相士大夫。"(《荀子·王制》)这说明荀子反对贵族世袭的用人体制，主张打破等级制度，以贤能来定官位。荀子的这一观点不仅适应了战国末期的形势，而且对我们今天的用人有积极的借鉴意义。

先秦道家认为善于用人的领导者是谦下的。如《老子·六十八章》说："善用人者为之下。"一个高高在上、喜欢指手画脚的领导者会引起下属的逆反心理，其管理意图即使正确也难以贯彻执行。相反，一个谦虚的领导者会赢得人心，很多人会自愿团结在他周围，主动出谋划策。道家主张顺应自然，因人用才是这一思想的具体运用。老子提出"无弃人"的思想："圣人常善救人，故无弃人；常善救物，故无弃物。"(《老子·二十七章》)意思是圣人能够教化万民，使人尽其才，因此没有遗弃的人；能够珍惜万物，使物尽其用，因此没有遗弃的物。逆自然之性，只会带来祸害。因才而用，人尽其才的关键是用其所长，不求全责备。

墨子在任用人员方面也有一些见解，对今天的用人方式有一定的参考价值。他认为人才应该各尽其能，用其所长。如《墨子·节用中》写道："凡天下群百工，轮、车、鞼、匏、陶、冶、梓、匠，使各从事其所能。"《墨子·杂守》中又写道："有谗人，有利人，有恶人，有善人，有长人，有谋士，有勇士，有巧士，有使士，有内人者，外人者，有善人者，有善门人者，守必察其所以然者，应名乃内之。"由于每个人的能力、性格、经历差异较大，而各种不同的工作需要不同才能的人，所以在用人时一定要合理分工，各尽其能，用人所长，使每个人在最合适的岗位上做出最大的成绩。墨子认为，人员被正确任用，他们会尽心尽力做好自己的工作，使国富民强的目标早日实现。同时，墨子认为用人对则治，用人错则乱。他分析了管理者重关系、重富贵、重外貌的错误用人思想而导致国乱的例子。最后，墨子认为人员任用时应该注意职能相符和用人不疑。指出人员负担的责任和工作的难度应该与其能力相符，并且用人不疑，疑人不用，一旦将任务交给他，就要放心地让他去完成。

《吴子兵法》提出的人员任用思想是："教战之令，短者持矛戟，长者持弓弩，

强者持旌旗，勇者持金鼓，弱者给厮养，智者为谋主。”（《治兵》）认为高矮、强弱、智勇等不同特性的人应该被给予不同的任用，以使他们充分利用各自的长处，在相应的岗位上发挥自己的作用。

《吕氏春秋》在用人方面的观点主要有以下五个方面：一是主张用人所长，不求全责备。认为人难免有缺点，即使尧舜汤武等圣王明君也是如此。因此，对人不必求全责备，吹毛求疵。对于有明显过失的人，也要看到其可取之处："虽桀、纣犹有可畏可取者。”（《用众》）二是主张用人还应当看到前后发展变化，通过教育转化，有过失的人也能成为有用之才。三是管理者要善于组合人才优点，发挥集体力量。“天下无粹白之狐，而有粹白之裘，取之众白也。夫取于众，此三皇、五帝之所以大立功名也。”（《用众》）四是主张放手使用人才，用人不疑。用人而疑乃是管理者之大患，“人主之患，必在任人而不能用之，用之而与不知者议之也”（《知度》）。五是主张用人者提高自身素质，创造条件，吸引人才。“水泉深则鱼鳖归之，树木盛则飞鸟归之，庶草茂则禽兽归之，人主贤则豪杰归之。故圣王不务归之者，而务其所以归。”（《功名》）

二、汉魏六朝人员任用心理思想

在《新语》中，陆贾用大量的篇幅论述了君主用人及其后果的问题。他以秦亡的教训为戒，主张不任用滥施酷刑的人，而力主选用尚道德、行仁义的贤人。他深明邪臣在朝之害，有贤者不得用，往往是邪臣在作梗，所以尚贤必先去邪。只有无才者不窃居要位，有贤才者才能得以重用。他说臣子是君主的依仗，“不可以不固”“不固则仆”。“任杖”要得其材，最好的材是圣贤。他认为依靠什么样的拐杖，结果大不相同：“杖圣者帝，杖贤者王，杖仁者霸，杖义者强，杖谗者灭，杖贼者亡。”（《新语校注·辅政》）秦的失败，除政策之尚刑外，另一个原因就是用人不当：“以李斯、赵高为杖，故有顿仆跌伤之祸。”（《新语校注·辅政》）

《淮南子》提出了任用人才的两个基本原则。一是因资而用。道家强调尊重人的自然本性。这一思想体现在用人上，就是要尊重人的不同特点，根据人的不同才能、特长任用人。《淮南子》提出“因资而用”的主张：“是故圣人举事也，岂能拂道理之数，诡自然之性，以曲为直，以屈为伸哉？未尝不因其资而用之也。”（《淮南子·主术训》）所谓“因资而用”，首先是认为人都有才资，管理者合理利用，这样就无“弃才”可言。其次是要反对以贵贱尊卑论人。《淮南子》指出，管理者要广开言路，只要说得正确，即使是割草打柴的山野之人，其主张也应该采纳；假如说得不正确，即使是公卿、宰相、人君，其言论也不能采用。《淮南子》还提出了“人得其宜”的主张，它强调管理者应当重视人的不同特点，在充分了解不同人的特点的基础上，根据其不同的品质和才能来任用其人。“人得其宜”重视的是管理者提供合适的岗位，强调人员要能胜任其岗位。“因资而用”与“人得其宜”是统一的用人之道，只有根据人的特点、才能用人，才能达到“人得其宜”的境界。管理者不仅要考虑如何充分利用人的才能，取得工作的最大效果，而且要考虑人在其岗位上能否胜任，是否适宜。“人得其宜”强调不仅要重视工作，而且要重视人。不难发现，《淮南子》提出的“因资而用”与“人得其宜”的思想，与现代管理心理学提出的“人适其职，职得其人”的观点，是完全一致的。

西汉时期，为加强中央集权，维护国家的统一和皇帝的权威，董仲舒积极主张推行选举制度。在人才任用方面，他提出了以下三个观点：第一，任贤使能。这是董仲舒人才任用的总原则。在他看来，任贤就如人的治身积精：“天积众精以自刚，圣人积众贤以自强……故天道务盛其精，圣人务众其贤。”（《春秋繁露·立元神》）即治国者任用贤才，可以集中众人的智慧，使他们同心同德，献策献力，因而他又说：“治身者务执虚静以致精，治国者务尽卑谦以致贤。能致精，则合明而寿；能致贤，则德泽洽而国太平。”（《春秋繁露·通国身》）这里强调治国者必须虚怀若谷，罗致天下的人才，这样才能使国家和平兴旺。第二，量材授官。董仲舒还把人的四选三臣与天的四时三节联系起来。他说：“先王因人之气，而分其变以为四选，是故三公之位，圣人之选也；三卿之位，君子之选也；三大夫之位，善人之选也；三士之位，正直之选也。分人之变以为四选，选立三臣，如天之分岁之变以为四时，时有三节也。”（《春秋繁露·官制象天》）意思是说人的四选三臣就如同天的四时三节，为客观必然。这显然是牵强附会，只不过是想用天的神威论述人才选拔的神圣罢了。他还说：“毋以日月为功，实试贤能为上，量材而授官，录德而定位，则廉耻殊路，贤不肖异处矣。”（《天人三策·第二策》）这反映了董仲舒重视真才实学，根据德才的差异来任用人才的思想。第三，各尽所能。董仲舒在人才任用中还主张人才各尽所能，各守其职。正如《春秋繁露·十指》所说：“论贤才之义，别所长之能，则百官序矣。”

人才选拔的根本目的是为了任用。刘劭在《人物志》中提到，人才任用的困难有主客观两个方面。从客观方面来说，或是人才年少时未能显露才华而早逝，或是人才未及提拔已先丧，或是推举人才者人微言轻不受重视，或是推举意见不合时宜而遭否决，或是不在其位得不到较好的任用机会，或是虽在其位但提拔任用时又受到种种阻挠和压制。所以，能够被识别的人才大概只有万分之一，其中在一定的职位中被识别、提拔的良才又只有百分之一，能得到最适宜的任用的则更是少之又少。从主观方面来说，有的人虽能鉴别真才，但由于害怕自己的地位受威胁而不想推荐；有的人虽有任用良才的愿望，但由于不具备选拔人才之能力而无以推荐，这就造成了“实知者，患于不得达效；不知者，亦自以为未识”（《效难》）的局面。在人才任用的原则和方法上，刘劭也提出了一些颇具创见的思想。一是“质与理合”。刘劭认为，一定的理论素养对于成就事业具有重要的意义，而理论如果没有相应素质的人来研究，也难以取得成效，所以他很重视对理论人才的选拔。二是“能与任宜”。刘劭认为，人们的才能总具有个体差异，“人材不同，能各有异”，在任用时就必须考虑这种差异性，使具有某种才能的人处于最适宜的岗位上。三是“材与政合”。刘劭认为，在任用人才时不仅要能与任宜，而且要材与政合，即根据不同的政情和民众心理来任用人才。他指出，治理一个国家、一个地区或一个部门，由于它们各具其特殊性，特别是在不同地点、不同时间和不同形势下，要完成的任务和要达到的目的是不尽相同的，因而治理的手段和方法也要随之变化。四是“用长弃短”。刘劭认为，所谓的“兼材”或中庸之人，在生活中固然存在，但毕竟为数极少。大多数人都是既有优点，又有缺点的“偏材”之人。用人的原则是大材大用、小材小用、无材不用，但真正的无材之人也极为少见。

《太平经》认为，万物各有所宜，任其所长是自然法则，因而人员任用不能强求。它指出：“天地之性，万物各自有宜。当任其所长，所能为，所不能为者，而不可强也。”[①] 它还以鱼和树木作比喻来说明这个道理：“比若鱼不能无水，游于高山之上，及其有水，无有高下，皆能游往；大木不能无土，生于江海之中。”[②]意思是说，鱼的所长，就是能游于水中，要求鱼在没有水的情况下游于高山之上，这就是强求；树木能在土壤中生长，使树木在没有土壤的情况下到江海之中去生长，这也是强求。它主张取法自然，因此人员任用就应该任用其长处，使他们做力所能及的事；对于力所不能及的事，不能强求。《太平经》还指出，依据力所能及的原则任用人，可以“得其心意”，使人员心情愉快。它写道：“因其材能所及，无敢反强其所不能为也。如是即各得其所欲，各得其欲，则无有相愁苦者也，即各得其心意矣，可谓游而无职事矣。”[③]《太平经》主张通过试用了解

①② 王明. 太平经合校[M]. 北京：中华书局，1960：203.

③ 同上：202.

人员工作能力的大小，然后据此委以工作任务：“故古者，大圣大贤将任人，必先试其所长，何所短，而后署其职事，因而任之。”[①]试用可以作为量才录用的有效手段，通过试用，给予能胜任者相应工作，不能胜任者可以辞退不用。

在用人问题上，葛洪主张发挥众人的力量：“众力并，则万钧不足举也；群智用，则庶绩不足康也。”（《抱朴子·务正》）意思是充分发挥众多人才的智慧，那么各项事业的兴办，都不在话下。他主张用其所长，避其所短，这样就没有“弃材”：“役其所长，则事无废功；避其所短，则世无弃材矣。”（《抱朴子·务正》）他强调人员任用，关键是看才能。反对以出身论人。葛洪说：“贵珠出乎贱蚌，美玉出乎丑璞。是以不可以父母限重华，不可以祖祢量卫、霍也。”（《抱朴子·博喻》）意思是，名贵的珍珠是从不值一钱的蛤蚌中产生的，漂亮的玉石是从粗糙丑陋的璞石里打磨出来的。因此，不应该因为虞舜的父母而限制虞舜的发展，不能根据卫青、霍去病先祖和父亲的微贱出身来衡量他俩的才能。

三、唐宋人员任用心理思想

贞观统治集团在人员任用方面提出了“审”“精”“信”等原则。所谓“审”，就是审察人的才能，根据其能力来予以任用，以便取其所长，避其所短；大才大用，小才小用。贞观元年，唐太宗对房玄龄等人说：“致治之本，惟在于审。”魏徵则说得更为清楚，“因其材以取之，审其能以任之，用其所长，掩其所短”（《贞观政要·择官》）；“委大臣以大体，责小臣以小事”（《贞观政要·君臣鉴戒》），使之各当所任。所谓“精”，是指人员各当所任，力求精简，不滥竽充数。唐太宗认为人员精简并各当所任，这样就能实现无为而治。所谓“信”，就是主张尊重和信任下属，不能疑神疑鬼、动辄干涉。唐太宗说：“但有君疑于臣，则下情不能上达，欲求尽忠极虑，何可得哉？”（《贞观政要·杜谗邪》）认为如果怀疑下属，就不能下情上达，也不可能赢得部下的忠诚。

在用人观上，韩愈和柳宗元都竭力主张任用贤才。对于如何用人，韩愈从维护封建统治的角度出发描绘了一幅君、臣、民三者各司其职、各尽其责的秩序井然的蓝图。“是故：君者，出令者也；臣者，行君之令而致之民者也；民者，出粟米麻丝，作器皿、通货财，以事其上者也。君不出令，则失其所以为君；臣不行君之令而致之民，民不出粟米麻丝，作器皿、通货财，以事其上，则诛。”（《原

① 王明．太平经合校[M]．北京：中华书局，1960：204．

道》)在对待人才的态度上，韩愈主张应像“古之君子”那样“责己也重以周”“待人也轻以约”(《原毁》)，对待人才要“取其一，不责其二；即其新，不究其旧”。就是说，领导者应本着宽厚的态度对待下属，应肯定其好的一面，不苛求不好的一面，看今天的新成就，不追究过去的错误。韩愈同时指出，“今之君子”“责人也详”“待己也廉”。对人的态度常常是：“彼虽能是，其人不足称也；彼虽善是，其用不足称也。”举出他不好的一点，不考虑他许多好的方面，追究他的过去，不考虑他的现在，这种求全责备的用人作风带来的结果是“人难于为善”，“自取也少”，这显然会给管理带来不利的影响，也是我们今天的管理所不提倡的。

在《上仁宗皇帝言事书》中，王安石表明了自己人员任用的观点：“人之才德，高下厚薄不同，其所任有宜有不宜。”而当时在人员任用上存在很多弊端：一是不考虑品德与才能是否与职位相符，只看做官时间的先后和任职资历。二是忽视任职的专业化要求。这样势必会造成官吏们一个学一个不努力，不为自己不懂任职的专业知识而感到担忧和可耻。针对上述种种弊端，王安石提倡应效仿古代的君主，在人员的任用中重视专业、才能、品德与职位的相符。王安石强调任职的长期性与考绩的结合。他指出，当时的官吏经常调动，这种情况带来了一些不利于工作的消极影响：“故上不能狃习而知其事，下不肯服驯而安其教，贤者则其功不可以及于成，不肖者则其罪不可以至于著。”就是说，上级不能了解下属的工作情况，下级也不肯服从上级的教导；贤能的人来不及做出成绩就被调走，不肖的人罪行还来不及充分暴露。王安石进一步指出：“故虽贤者在位，能者在职，与不肖而无能者，殆无以异。”针对上述情况，他提倡在用人上要“久于其职”，同时，为了分清贤者与不肖者的工作表现，还要以“考绩之法”来决定其提升或罢免。

人与人之间的能力、兴趣、个性、知识、经验等方面都存在着个体差异。陆九渊说：“人之资质不同，有沉滞者，有轻扬者。”(《陆九渊集·语录下》)“人之技能有优劣，德器有小大。”(《陆九渊集·拾遗》)因此，只有根据个人的特长及工作的需要对人才进行合理配置，才能充分发挥人才的效能。陆九渊指出：“人资性长短虽不同，然同进一步则皆失，同退一步则皆得。”(《陆九渊集·语录下》)认为对不同的人才要根据其能力、资质进行任用，切忌大才小用或小才大用，以避免人才资源的浪费。

四、明清人员任用心理思想

朱元璋重视人才在国家治理中的作用，并主张广求人才。他还善于使用人才，其用人主张可概括为：一是“用人不疑”。在对待臣下的态度上反对“疑”，认为“疑”会招致“毁谤”，主张用“大公至正之心”待人。二是“用人勿苛”。认为不存在十全十美的人，不能因为小的过错而否定一个人；对于能够改正过错的“能人”，要给予他们施展才能的机会。三是“因材授职”。道家主张根据人的特点任用人，发挥每个人的长处，故而不存在“弃材”。朱元璋继承了这一思想，认为“任人之道，因材而授职，譬如良工之于木，大小曲直，各当其用，则无弃材。夫人亦然，有大器者或乏小能，或有小能不足当大事，用之者在审察其宜耳”（《明太祖宝训》）。正因为朱元璋重视并善于使用人才，因此他的周围聚集了许多杰出的人才。

《三国演义》不仅提出了争取人才的战略思想，而且十分强调要善于“用才”、敢于“用才”。如刘备用年轻的诸葛亮来指挥老资格的关、张、赵；曹操在其族兄与于禁发生矛盾时，根据事实最终奖励了“分辩事小，退敌事大”的于禁；刘备临终前特别嘱咐诸葛亮：“若嗣子可辅，则辅之；如其不才，君可自为成都之王。”这些用人不疑的经典故事脍炙人口，向企业家展示了企业管理首先是人才管理的意义。

《三国演义》在“用才”问题上，包含了“用己”和“用人”两方面思想。领导者或者决策者也是人才，他们不能只关注外部而忽视了自身。从某种程度上讲，影响领导者成就大小的诸多因素中的首要因素当推“用己”。用己是指充分发挥领导者自身的重要价值和作用。在领导活动中，“用己”在哲学层面上是强调事物的“内因”。内因是变化的根据。古语说：“胜人者先胜己。”关于这一点，《三国演义》已经给我们提供了一些参考和借鉴（见表 5-3）。

表 5-3 《三国演义》的“用己”情况简表

序列	“用己”内涵	代表人物	情况简介
1	用大志和愿景激励自己	刘备	素有大志，治国安邦
		曹操	有政治抱负，有军事谋略
		孙权	据守江东，励精图治，联刘抗曹
2	毅力坚强、意志坚定	刘备/曹操	他们戎马倥偬中都曾四处碰壁，但都坚持了下来。其中刘备在得到诸葛亮之前更是落魄
3	远见卓识、雄才大略	诸葛亮	运筹帷幄，决胜千里
		袁绍（反例）	好谋无断、喜谗、惜身、见利忘义、嫉贤
4	自我修炼、兼听则明	孙权	“多读书以明理”，能倾听多方意见

选才是为了用才。三国时期的“用人”思想可概括为三方面：(1) 用人之长。孙策临终前给孙权留下遗言：“倘内事不决，可问张昭；外事不决，可问周瑜。”这正反映了在识人基础上的用人之长。(2) 职能相称，量才任用。如刘备在正反两方面都有值得借鉴的地方：他把有经天纬地之才的诸葛亮，安排到军师和丞相的位子上，总揽军政大权，但对庞统的任用不见得高明。(3) 合理匹配。人才往往只有在交相辉映中，才能闪现出更加夺目的光彩。三国时期在人才匹配上，注意到了年龄、知识、能力、性格等诸多维度。但应当看到，诸葛亮在人事管理方面也存在不足之处。第一，战略发展眼光不够长远，无可持续性人才战略，出现所谓“蜀中无大将”的情况。第二，“用己”过度，“用人”不够，缺乏授权管理。诸葛亮事必躬亲，有其不足的一面。第三，用人标准呆板。诸葛亮赏识的贤能之士，基本上是司马迁口中的“奉职循理”之士。

关于人员任用问题，《菜根谭》主张用人不宜苛刻，“用人不宜刻，刻则思效者去”(《菜根谭·概论》)。人非完人，择人太苛刻，想效力者就会离你而去，因而得不到人心，得不到人才。用人时，应用其长而避其短，更应有容其短的度量，要用人以宽。而善于识人、知人，更是用人的前提，因“大聪明的人，小事必朦胧；大懵懂的人，小事必伺察。盖伺察乃懵懂之根，而朦胧正聪明之窟也”(《菜根谭·评议》)。用人时，不能“以己之长而形人之短，因己之拙而忌人之能”，以免摧残人才，埋没人才。如《菜根谭》说：“毋因群疑而阻独见，毋任己意而废人言，毋私小惠而伤大体，毋借公论以快私情。”(《菜根谭·概论》)这说明在管理活动中须广开言路，让大家献计献策，共同参与，以调动人员的积极性。它还主张，“人肯当下休，便当下了”，“如今休去便休去，若觅了时无了时”(《菜根谭·续编》)，注重新老交替，要求人们在适当时急流勇退。

在具体的管理方式上，《菜根谭》主张“不可乘喜而轻诺”(《菜根谭·概论》)，以免日后陷于被动。对不同类型的人应采取不同的管理模式，如“待善人宜宽，待恶人当严，待庸众之人宜宽严互存”(《菜根谭·概论》)，“少年的人，不患其不奋迅，常患以奋迅而成卤莽，故当抑其躁心；老成的人，不患其不持重，常患以持重而成退缩，故当振其惰气”(《菜根谭·应酬》)，“才智英敏者，宜以学问摄其躁；气节激昂者，当以德性融其偏”(《菜根谭·修身》)。要求针对人的个性特点，顺乎人性，分别对待，以便管人有方、治人有方，这在某种程度上反映出了现代管理心理学中的权变思想。因人而治的同时，还要注意“功过不宜少混，混则人怀惰隳之心；恩仇不可太明，明则人起携贰之志”(《菜根谭·概论》)。要秉持公平，才不致让人灰心丧气，离心思叛。

《呻吟语》指出任有“七难”。“任有七难，繁任要提纲挈领，宜综核之才。重任要审谋独断，宜镇静之才。急任要观变会通，宜明敏之才。密任要藏机相可，宜周慎之才。独任要担当执持，宜刚毅之才。兼任要任贤取善，宜博大之才。疑任要内明外朗，宜驾驭之才。”（《呻吟语・卷四・品藻》九十九则）

从这段话中可以看出，不同的岗位对任职者的要求各不相同。繁重的岗位，需要的是能够把握全局的人；重要的岗位，需要的是决策能力强的人；急迫的岗位，需要的是眼光独到、处事灵活的人；涉及机密的岗位，需要的是谨慎小心的人；独当一面的岗位，需要的是有气魄的人；涉及面较广的岗位，需要的是见多识广的人；涉及复杂情况的岗位，需要的是思路清晰的人。所以，在用人时，应根据实际需要，相应地选用综合之才、镇静之才、明敏之才、周慎之才、刚毅之才、博大之才、驾驭之才等具有不同特点的人。

《呻吟语》认为，每一个人都有自己的偏长，国家在用人时要选用有各种专长的人才。如果出现任用以后不能把事情办成功的局面，那就要考虑是不是出现了“所用非所长，所长非所用”的情况。如果的确如此，就应该及时地对人员加以调整，避免更大的失误。“以识深虑远者谋社稷，以老成持重者养国脉，以振励明作者起颓敝，以通时达变者调治化，以秉公持正者寄均衡，以烛奸嫉邪者为按察，以厚下爱民者居守牧，以智深勇沉者典兵戎，以平恕明允者治刑狱，以廉静综核者掌会计，以惜耻养德者司教化”（《呻吟语・卷五・治道》一七〇则），成为《呻吟语》在选才用人方面最为推崇的理想状态。此外，《呻吟语》还注意到人员精简的问题，指出要避免出现“天下之财，生者一人，食者九人”（《呻吟语・卷五・治道》一五八则）的局面，应使每一个人才都能有所担当，保持较高的工作效率，节约组织有限的资源。

在人员的任用问题上，《小窗幽记》提出“用人犹积粟”的观点。“国家用人，犹农家积粟。粟积于丰年，方可济饥；才储于平时，乃可济用。”（《小窗幽记・集法》）培养高素质的人才不是一朝一夕就可以完成的，需要提早做好准备，形成一个人才蓄水池，在关键时刻避免人才的匮乏。书中还主张营造尊重人才、重视人才的外部环境，“世无乏才之世，以通天达地之精神，而辅之以拔十得五之法眼”（《小窗幽记・集法》），这将有利于人才的成长与成熟。正如《小窗幽记》的《集醒》篇所言：“怜微才者，乃有驰驱豪杰之心。”珍惜每一位人才，挖掘他们身上的每一个优势，给潜在的人才创造表现的机会，使“脱颖之才”能够“处囊而后见”，不会白白浪费，这样才能为组织和社会创造更多的效益和成果。

第四节 人员激励心理思想

一、先秦人员激励心理思想

从先秦儒家管理思想的欲求观来看，它并不否认人在物质上的需要，只不过，它更注重的是人在仁德追求上的精神需要。先秦儒家重视道德精神提升，追求自我价值实现的思想，使得它在把物质利益作为满足百姓需要的基本激励手段的同时，更注重从道德精神上来引导和激励百姓，使这些道德观念内化后植根于他们的内心深处，从而转化为实现管理目标的内在动力。先秦儒家的激励方法主要体现为爱民、利民激励。它继承了西周以来民为邦本的思想，主张实施爱民、利民的仁政。孔子主张治国首先要满足百姓的基本生活需要，因而他提出庶、富、教的主张。在当时人口稀少、生产力不发达、物质贫乏的情况下，孔子治国先富民的这一思想有着十分积极的意义。根据这种认识，孟子对儒家的"贵民"说进行了经典性的表述。他说："民为贵，社稷次之，君为轻。"(《孟子·尽心下》)在"贵民"说的基础上，孟子提出爱民、富民、保民、利民、养民等一系列实施仁政的具体方案。除此之外，先秦儒家还重视表率激励、责任激励，以及赏罚激励等。

在激励问题上，道家主张万事要顺应自然本性，反对苛刑暴政。《老子》七十四章说："夫代大匠斫者，希有不伤其手矣。"意思是说，天地之间有杀生者来杀戮万物，谁要代替杀生者主持杀戮，必定会砍伤自己的手。在管理上，就是要万事顺其自然，不采取强制的处罚手段。

墨家主要阐述了赏罚、榜样、情感、荣誉激励等方法。墨子认为用惩罚和奖励的方法取得的效果比较明显。在赏罚的时候，上下要统一标准，才能得到激励的效果；如果赏罚的对象违背了众人的意愿，不但没有积极作用，而且会带来负面影响。榜样激励与儒家提出的表率激励如出一辙，上级为下属做出行动的表率，下级就会向上级学习，使自己的行为符合组织的目标和群体的规范。所以，管理者应该严格要求自己，养成高尚的情操，形成良好的人格和形象，使下属效仿自己。墨子重视情感激励，主张通过管理者的关怀和厚爱去感动下属，激励下属。他认为，用荣誉可以有效地调动将士的积极性。墨子通过各种激励方式使墨家学派成为一个组织严密、纪律严明的学术团体和武装团体，具有非常强的凝聚力和战斗力。

先秦兵家总结出了一整套行之有效的激励手段，对于现代人力资源管理很有借鉴意义，不过有些手段与其他学派有相似的地方。一是榜样激励，即用管理者自身的良好行为激励下属。二是关怀激励，即通过管理者的关怀和厚爱去激励下属。三是赏罚激励，即通过奖励和惩罚等手段激励人，四是仪式激励，即通过举行各种仪式来渲染气氛、鼓舞斗志，以保证军队将士有旺盛的精力投入战斗，这是作战取胜的重要心理条件。五是投险激励，即把下属投置于危险的境地，使他们决一死战，以求生存。这就是所谓的“置之死地而后生，投之亡地而后存”。这种投险激励与现代管理学中的“救灾式管理”相似，即利用灾难式的情况，来激发管理人员和全体员工的危机感和责任感，使其最大限度地发挥内在的潜力，产生特殊的效果。

《吕氏春秋》指出，人如“无欲”就“不可得用”，积极性的高低和人的“欲多”“欲少”有直接关系。其《为欲》篇写道：“故人之欲多者，其可得用亦多；人之欲少者，其可得用亦少；无欲者，不可得用也。”它认为欲荣利、恶辱害是人的本性，因此顺应人性而立赏罚之规，人就没有不可以用的。可见，管理者赏罚合理，被管理者则会尽其力。实施赏罚，领导者要讲究一个“信”字，否则，赏罚不能起到应有的作用。管理者应仔细考察业绩以定赏罚，不能凭个人好恶行事。

二、汉魏六朝人员激励心理思想

《淮南子》提出了赏罚的原则和方法。第一，以国家利益为重是行使赏罚的出发点。它认为，实施赏罚要以国家利益为准则，而不是出于个人的目的。迎合自己但对国家没有功劳的人，不应施加赏赐；背离自己但对国家有贡献的人，不应施加惩罚。第二，按照实际行为表现和法度规矩实施赏罚。它指出，不根据实际行为进行赏罚，会造成上下离心。赏罚应根据法度，领导者的喜怒感情不应掺杂其中。这样做，下属就知道得到赏罚全在于自己行为本身，从而就会努力勤勉工作，不在领导面前阿谀奉承。《淮南子》重视管理者对下属的情感影响，主张通过管理者的真诚之情去激励下属。《缪称训》指出，管理者真诚的情感能打动下属，对其行为产生激励作用：“诚出于己，则所动者远矣。”真诚之心具有“动化”的作用，因此，管理者应培养这种真诚之心：“故圣人养心，莫善于诚，至诚而能动化矣。”（《淮南子·泰族训》）

董仲舒在《春秋繁露·保位权》中写道：“民无所好，君无以权也，民无所恶，

君无以畏也。无以权，无以畏，则君无以禁制也。”老百姓没有喜好，君主就无法行使权威；老百姓没有厌恶的东西，君主就无法使他们畏惧。无法行使权威，无法使他们畏惧，君主就无法对他们加以控制。因此，董仲舒主张从生理到精神上诱发百姓的欲望和需要，这主要通过建立尊卑秩序、区分贵贱差异来进行。就是说设立官员的爵位俸禄，诱发人们声、色、味等感官的欲求，使老百姓得到的荣辱迥然不同。从内心打动他们，力求使他们有所喜好，以激励他们、牵制他们。然而他指出在使民有欲的同时，又不能纵欲，而是要适当地予以满足。在提到赏罚激励时，他提出了一些具体原则：第一，揽名责实。《春秋繁露·考功名》提到，在对官员进行考绩论赏罚时，应“揽名责实，不得虚言”。《春秋繁露·保位权》也写道：“责名考质，以参其实。”这些思想反映了赏罚激励过程中实事求是的原则。第二，功过分明。即赏罚手段的运用和实施程度，必须与被赏罚者的功过相一致。例如，《春秋繁露·考功名》所说的“有功者赏，有罪者罚，功盛者赏显，罪多者罚重”。第三，当时而出。这一原则既要求赏罚在时间上要恰当，又表现为赏罚要适势而施。例如：“庆赏罚刑，当其处不可不发，若暖清寒暑，当其时不可不出也……四政者，不可以易处也，犹四时不可易处也。”（《春秋繁露·四时之副》）第四，赏罚用于实。《春秋繁露·考功名》云：“不能致功，虽有贤名，不予之赏；官职不废，虽有愚名，不予之罚。赏罚用于实，不用于名，贤愚在于质，不在于文。故是非不能混，喜怒不能倾，奸轨不能弄，万物各得其冥，则百官劝职，争进其功。”这反映了赏罚的标准不能只看表面，而是要重视工作的实际绩效。从上面可以看出，董仲舒重视赏罚激励的观点，与先秦儒家推行的正人正己、成己成物的激励思想已有所不同。先秦儒家注重主体的能动性，试图通过主体的自我控制、自我激励来修身养性，从而带动他人并推及整个社会。而董仲舒适应汉代的历史潮流，源法入儒，他的重视赏罚权威的激励手段，显然是吸收了法家恃术处势的思想。

赏罚制度在东汉末期遭到了严重的破坏和遗弃。当时的思想家王符非常重视建立正规的赏罚制度，认为“法令赏罚者，诚治乱之枢机也，不可不严行也”（《三式》）。把赏罚同法令相提并论，并指出“人君身修正赏罚明者，国治而民安”（《巫列》）。他认为赏罚应该注意三个原则：一是“明”，要求赏罚符合实际，实事求是，该赏则赏，该罚则罚，一视同仁，不徇私情，“苟善所在，不讥贫贱，苟恶所错，不忌富贵”（《交际》），要做到“平赏罚而无阿私”。二是“严”，也就是说赏要隆，罚要重，不能不痛不痒，不轻不重，引不起思想上的高度重视，只有通过隆赏重罚，才能使“善人劝其德”，“邪人痛其祸”，以矫当时的“积怠之俗”。三是

"信",即要求统治者赏罚分明,作出的承诺要兑现,说到做到,取信于民,不能"言赏而不与,言罚而不行",只有做到明赏必罚,才能使"群臣畏劝,竞思其职"。

《三略·上略》中说:"世能祖祖,鲜能下下;祖祖为亲,下下为君。"世人一般都能够做到尊敬祖先,但很少能做到爱护下层民众;尊敬祖先只是对亲人尽了孝道,而爱护下层民众才是为君之道。前者是伦理道德的规范,后者是治军用人的原则。因此,"礼者,士之所归;赏者,士之所死。招其所归,示其所死,则求者至"。礼是士兵的归宿,赏可以使士兵奋勇献身。只要能够恰当施礼行赏,各类人才一定接踵而至,效命沙场。这就是所谓的"礼赏不倦,则士争死"。

诸葛亮《将苑·励士》提出了激励用兵的五条原则:一是"尊之以爵,赡之以财,则士无不至矣",以功勋和钱财重赏兵士,兵士就会争先;二是"接之以礼,厉之以信,则士无不死矣",待之以礼,讲究信誉,兵士就能效命沙场;三是"畜恩不倦,法若画一,则士无不服矣",不断施恩,持之以恒,就能够令行禁止;四是"先之以身,后之以人,则士无不勇矣",身先士卒,为人楷模,那么士兵就会勇往直前,视死如归;五是"小善必录,小功必赏,则士无不劝矣",有功必赏,不论大小,士兵就会被鼓舞而奋勇杀敌。《三略·上略》中也提出"夫用人之道,尊以爵,赡以财,则士自来;接以礼,励以义,则士死之"。从现代的观点来看,这一时期的兵家虽然没有深入系统地论述人员激励心理思想,但是能够注意既在物质上又在精神上满足士兵的需要,这在一定程度上揭示了人员激励心理的规律。

三、唐宋人员激励心理思想

贞观统治集团对赏罚手段的运用极为重视。唐太宗把赏罚提到"国家大事"的高度,认为施行赏罚要慎之又慎。他说:"国家大事,惟赏与罚。赏当其劳,无功者自退。罚当其罪,为恶者咸惧。则知赏罚不可轻行也。"(《贞观政要·封建》)贞观统治集团对如何实施赏罚提出了两点原则。一是"赏不私其亲"。唐太宗在实施赏罚时,强调论功行赏,不徇私情。贞观元年,唐太宗封赏功臣。他的堂叔淮安王李神通对给房玄龄等人的赏赐在自己之上表示不服。唐太宗提出了自己的赏罚原则,对李神通说,房玄龄等有"筹谋帷幄,画定社稷之功",所以应该重赏;叔父虽然是国亲,但"不可缘私滥与勋臣同赏"(《贞观政要·封建》)。各位功臣听说后,认为太宗皇帝"至公","赏不私其亲"。二是赏罚公正，不能掺杂个人爱憎的情感。魏徵把赏罚作为“进忠良，退不肖”的有效手段，但他也认识到，如果使用不当，则达不到这样的目的。他反对不公正的赏罚，如“所爱虽有罪，不及于刑”，“所恶虽无辜，不免于罚”（《贞观政要·择官》）。意即自己喜爱的人，即使犯了罪也不判刑；自己憎恶的人，即使没有过错也要受到处罚。还有“以小恶弃大善”，“以小过忘大功”。意即人有小的不良行为，就因此而抹杀他的大的善行；人有小的错误，就因此而把他的功劳忘掉。魏徵还指出，恩赏不用来鼓励行善，刑罚不用来惩办奸恶，那么想通过赏罚来行正去邪是不可能的：“赏不以劝善，罚不以惩恶，而望邪正不惑，其可得乎？”要真正区分善恶，就应该公正赏罚，“赏不遗疏远，罚不阿亲贵”。

激励应该注意程序，先后次序对结果有一定的影响。如《李卫公问对》指出：“爱设于先，威设于后，不可反是也。若威加于前，爱救于后，无益于事矣。”（《李卫公问对·卷中》）这里强调的是，首先要爱士卒，与士卒结下深情厚谊，然后才能严格要求，使其自觉地遵纪守法，这样士卒才会感到将领的威严。这个顺序不能反过来，否则就会失去效用。《长短经》也提出：“畜恩不倦，以一取万。”即要求管理者进行长期的积德行善，以最小的成本来获得最大的激励效果。这种激励手段的好处是，可以获得“士为知己者死”的心理效应。只有长期对“勇者”和“智者”礼遇施恩，使其感恩戴德，才能通谋划、共患难，使他们冲锋陷阵、视死如归，即所谓“勇者为之斗，智者为之忧，视死若归，计不旋踵者，以其恩养素畜、策谋和同也”。采用这种激励方式，即长期坚持施恩布德，可以产生巨大的鼓舞力量，从而使他人为自己效力。

关于人员的激励，王安石在《上仁宗皇帝言事书》中，用一段精辟的话概括了这方面的观点：“所谓养之之道，何也？饶之以财，约之以礼，裁之以法也。”就是说，应增加俸禄使生活宽裕，同时要依靠制度和刑法的约束与制裁。他特别强调，领导者诚恳用心和以身作则的力量，将会对下属的行为起到巨大的激励作用，只要领导者能做到这一点，下属就不敢胡作非为，甚至不用施加刑罚，许多人也会停止犯罪。在激励手段的具体运用上，王安石批评当时朝廷颁布的法令，认为其没有抓住要害，且条目繁杂、变化过多，不便于实施和遵守。他强调应按照循序渐进的原则实施道德教化、礼制约束和刑法处罚：“夫不先教之以道艺，诚不可以诛其不帅教；不先约之以制度，诚不可以诛其不循理；不先任之以职事，诚不可以诛其不任事。”就是说，道德教化、礼制约束和刑法处罚应有效地结合、有层次地推行。

四、明清人员激励心理思想

明清之际顾炎武提出了类似于“高薪养廉”的独特主张。“今日贪取之风，所以胶固于人心而不可去者，以俸给之薄而无以赡其家也。”(《日知录·俸禄》)意思是，当今(明末)贪污腐化的风气之所以如此盛行，是因为官员的俸禄过于微薄，无法养家糊口，迫于无奈而行不义之举。“前代官吏皆有职田，故其禄重。禄重则吏多勉而为廉。”(《日知录·俸禄》)前朝的各级官员，都有国家授予的良田，所以俸禄很高；俸禄高就使得官员多加尽力而且廉洁奉公。中国历代士人常常提出“养廉”的设想，顾炎武就是期望以这种重禄的手段来防贪，并激励官员廉洁为公。

关于人员激励问题，《呻吟语》提出“激劝有道”的主张：“治病要择良医，安民要择良吏。良吏不患无人，在选择有法而激劝有道耳。”(《呻吟语·卷五·治道》八十则)批评是一门艺术，要讲究方法。《呻吟语》提出“七不责”：“卑幼有过，慎其所以责让之者：对众不责，愧悔不责，暮夜不责，正饮食不责，正欢庆不责，正悲忧不责，疾病不责。”(《呻吟语·卷三·应务》二二三则)实施赏罚之前，要充分示意和提醒。惩罚并不是目的，是不得已而为之的手段。“上德默成，示意而已。其次示观，动其自然。其次示声色，其次示是非，使知当然。其次示毁誉，使不得不然。其次示祸福，其次示赏罚，其次示生杀，使不敢不然。”(《呻吟语·卷五·治道》一二二则)它可以经历从利用权威影响力，到利用宣传，再到动用惩罚这样一个过程，很值得深思和回味。

《小窗幽记》也谈到批评的方式、方法问题。《集醒》篇写道：“攻人之恶毋太严，要思其堪受；教人以善莫过高，当原其可从。”指出别人不对的地方时，应考虑到其承受力，不要把话说得太严厉，避免伤害其自尊，打击人才的积极性。

本章摘要

中国历代形成的“人贵”论传统，是人力管理心理思想的理论基础。“人贵”论认为人禽有别，强调“人为万物之灵”或“人最为天下贵”。主张人是有地位、有价值、有潜能、有个性、有力量的。正因为如此，在管理工作中，人居于核心的地位，发挥着举足轻重的作用。

在人员甄选方面，《尚书》已提出“知人则哲，能官人”。庄子曾借孔子之口讲了知人的九种方法。《吕氏春秋》提出“八观六验”的知人法。《人物志》认识到了知人的重要意义，提出了“八观”与“五视”的选才方法。《菜根谭》提出宏大才识、以德为主的选才标准。《呻吟语》总结出了知人的“五观”法。《小窗幽记》在人员甄选问题上的核心思想是“知人须谨慎”。

在人员任用方面，孔子已有用人所长的主张。老子认为善于用人的领导者是谦下的。荀子有破格用贤的主张。《吕氏春秋》在用人方面的观点可概括为五个方面：一是主张用人所长，不求全责备。二是主张用人应当看到前后发展变化，通过教育转化，有过失的人也能成为有用之才。三是管理者要善于组合人才优点，发挥集体力量。四是主张放手使用人才，用人不疑。五是主张用人者提高自身素质，创造条件，吸引人才。《呻吟语》提出任有“七难”，《小窗幽记》强调“用人犹积粟”的思想观点。

在人员激励方面，古代思想家提出了一套行之有效的激励手段。可概括为：榜样激励，即用管理者自身的良好行为激励下属；关怀激励，即通过管理者的关怀和厚爱去激励下属；赏罚激励，即运用奖励和惩罚等手段来激励下属；仪式激励，即举行各种仪式来渲染气氛，鼓舞斗志；投险激励，即把下属投置于危险的境地，使他们决一死战，以求生存。此外，《呻吟语》提出“激劝有道”的主张。《小窗幽记》谈到应讲究批评的方式、方法问题。

第六章 环境管理心理思想

人与环境的关系及其意义

环境管理的主要分类

环境管理的方法

第一节　人与环境的关系及其意义

一、人与环境的关系

管理活动总是发生在一定的时间和空间之中。环境指人们在一定时间和空间内接触的一切事物。人们的任何活动都是在一定的环境中进行的。人们无时无刻不在影响着环境，同时接受着环境对自己的影响。环境管理在中国历代有着极其深远的渊源，如古代神话“大禹治水”“精卫填海”“女娲补天”等，都反映了原始的环境管理精神，以及劳动人民关于环境管理的思想。

中国古代思想家非常重视人与环境的关系，其总的思想是，环境可以影响人类的发展，人类也可以影响环境的变化。这一思想体现在传统的天人论中。可以说，在一定的意义上，天人论是环境管理心理思想的理论基础。

天人论揭示的是人与自然环境的关系。人与环境是相互作用的，外部世界是人的生存与发展不可缺少的条件，人与外部世界建立恰当的关系，对人的心理形成与发展，具有重要的意义。中国传统的天人论思想非常丰富，形成了不少的理论观点，可以把它们一分为二：天人对立说，不同的思想家对天人对立的程度有不同的看法；天人合一说，不同的思想家对天人合一的水平也有不同的观点。

天人对立说主张“明于天人之分”，认为天与人各有不同的职分，人在天面前不能只停留在“思之”“待之”“颂之”等没有作为的心态上，而应该充分发挥人的能动作用以“制之”“用之”“使之”（参见《荀子·天论》）。柳宗元提出的“天人不相预”命题，也认为天与人各有自己的活动，二者有严格的区别，互不干预。刘禹锡的天人“交相胜，还相用”思想，虽在一定程度上还是让天与人处在对立的地位，但其“交相胜”一语，又把二者联系了起来，并自然而然地引出了“还相用”的命题，让二者既对立又统一，即所谓的天人互动论。这样看来，天人对立说也没有否定人对自然环境进行管理的意义。

天人合一说源远流长，可以追溯到《周易》。它指自然与人类、天道与人道的相通与统一。张载首次明确提出了“天人合一”的命题。这一思想应当一分为二：既有其消极的一面，即把它说得神秘莫测；也有其积极的一面，即主张天人和谐。前者以董仲舒的“天人感应”论为典型。它将天人合一的神秘性推向了极端，既肯定形副天数，即人的生理构造与天数相符或相类似；也肯定神副天数，即人的心理活动与天数相符或相类似；还肯定行副天数，即人的行为和种种行动也都受之天命。后者则认为天与人应当保持和谐合作、协调统一，反对与天斗争、与地斗争。这用今天的话说，就是要保护生态环境，亦即保护人类自己。这样看来，天人合一说为加强人对自然环境的管理提供了有说服力的依据。

中国历代学者非常重视社会环境与人的关系。如墨家从“染于苍则苍，染于黄则黄”的人性“素丝”说出发，要求人们选择良好的环境。《墨子·所染》：“子墨子言见染丝者而叹曰：‘染于苍则苍，染于黄则黄，所入者变，其色亦变。五入必，而已则为五色矣。故染不可不慎也。’”认为人之于环境就如同丝之于染料水一样，放入不同颜色的染料水中，就会染上各不相同的颜色。

荀子也有类似的论述：“蓬生麻中，不扶而直；白沙在涅，与之俱黑。兰槐之根是为芷。其渐之滫，君子不近，庶人不服，其质非不美也，所渐者然也。故君子居必择乡，游必就士，所以防邪僻而近中正也。”（《荀子·劝学》）大意是说，飞蓬生长在麻中间，不去扶它也会自然而直；白沙放在黑沙土里，就和黑土一样黑。如果把名叫白芷的香草浸泡在臭水中，君子就不会接近它，普通人也不会佩戴它。它的本质并非不好，而是用以浸泡的水使然。所以，君子居家必定要选择好的乡里，出游应当接近有学问、有品行的人。

荀子把外部环境对个人的影响称为“注错”或“渐”，把个人不断接受外界的影响称为“积靡”或“积”。他不但看到了环境对人的影响：“可以为尧、禹，可以为桀、跖，可以为工匠，可以为农贾，在势注错习俗之所积耳。”（《荀子·荣辱》）而且看到了人能够抵御环境影响：“肉腐出虫，鱼枯生蠹。怠慢忘身，祸灾乃作。强自取柱，柔自取束。”（《荀子·劝学》）不良环境在自身抵抗力强的人面前是无法乘虚而入的。以后历代讨论人与社会环境关系的思想家更是大有人在，这里就不一一列举了。

二、认识人与环境关系的意义

正确认识人与环境的关系是环境管理的前提，其意义可以概括为如下三个方面。

一是有助于适当地改善环境管理。一般来说，环境有好有坏，对人身心发展的影响也有积极和消极之分。因此，人们必须尽可能加强对环境的管理，利用环境好的一面，以发挥环境对人的积极影响；避免环境坏的一面，以消除环境对人的消极作用。如古人的择邻而居、就士而游等，就能贴切地说明这一点。

二是有助于合理地发挥人在环境管理中的能动作用。一般来说，人不是消极地去适应环境，而是能在改造环境的过程中发挥自身的能动作用。同时，人对环境的改造，有必要的、合理的，也有不必要的、不合理的。可见，在进行环境管理的过程中，应当恰到好处地发挥人的能动作用，使人对环境的改造是必要的、合理的，避免人对环境进行不必要的、不合理的改造。

三是有助于改善各种管理工作。在某种意义上，环境和人是做好任何管理工作的两个要素。也就是说，一切管理工作，都是在一定的环境中由某种人去做的，只有合理地改善环境，恰当地发挥人的能动作用，才能把管理工作做好。因此，如果能协调好环境与人的关系，那么不仅可以提高环境管理水平，而且可以改善其他的管理工作。

第二节　环境管理的主要分类

一、自然环境管理

就自然环境而言，“一片秋山，能疗病容”（《小窗幽记·集情》）。大自然的力量是巨大的。“取凉于箑，不若清风之徐来；激水于槔，不若甘雨之时降”（《小窗幽记·集灵》），在山明水秀中徜徉，让人胸怀舒畅。《小窗幽记·集灵》就有这样的描写：“从江干溪畔，箕踞石上，听水声浩浩潺潺，粼粼冷冷，恰似一部天然之乐韵，疑有湘灵在水中鼓瑟也。”登高山能听高山的雄伟呼唤，临溪流则能闻溪流的窃窃私语，甚至闲坐家中也能神游物外，用心聆听大自然的声音，会让人神清气爽，内心宁静，达到物我合一的境界。人的住处也应当选择自然环境好的地方：“居轩冕之中，要有山林气味。”（《小窗幽记·集峭》）“居处寄吾生，但得其地，不在高广。”（《小窗幽记·集素》）居住的条件不在于房舍的豪华堂皇，重要的是“要有山林气味”与不俗的情趣。

中国历代兵家和学者早已就自然环境如何影响战事结果，以及如何防治自然灾害等问题，作出了颇多有价值的论述。

（一）自然环境影响作战成败的思想

《孙子兵法》写道：“夫地形者，兵之助也。料敌制胜，计险厄远近，上将之道也。知此而用战者必胜，不知此而用战者必败。”（《地形篇》）认为地形（环境）是兵家之助，了解地形的“险厄远近”是“上将之道”，懂得这个道理后指挥作战，就必定会获取胜利，否则必败无疑。

历代兵家十分讲究作战地点的环境适应。认为进入敌境作战，要防止不利局面的出现，就必须全面地了解有关环境的信息，以便充分利用有利条件，避免不利因素，这样才能使敌人无机可乘，保证我方不会陷入困境。如《六韬》在论述深入敌国之境作战时说："凡深入敌人之地，必察地之形势，务求便利，依山林险阻，水泉林木而为之固；谨守关梁，又知城邑丘墓地形之利。如是，则我军坚固，敌人不能绝我粮道，又不能越我前后。"(《虎韬》)意思是说，在进入敌人境内的时候，应该充分利用山林险阻、水泉林木等，作为保护自己的屏障，守好关口和要道；再充分了解城邑和丘墓等地形特征，使我方能够进退自如、攻守兼顾，从而创造出立于不败之地的先决条件。诸葛亮在《隆中对》中阐述三国鼎立的局面时，就充分分析了川西优越的地理环境，为刘备建立蜀国奠定了基础。

兵家认为，在进行环境管理时，还要注意因复杂地形而突然出现的各种意外情况。如《六韬》说："处山之左，急备山之右；处山之右，急备山之左。"(《豹韬・分险》)"以武冲为前后，列其强弩，令行阵皆固；衢道谷口，以武冲绝之，高置旌旗，是谓军城。"(《豹韬・分险》)意谓作战时必须管理好环境，以加强防备，如处左急备右、处右急备左。那如何防备呢？即在这种情况下，要以轻捷勇猛的军队作为前后军，再加上强弓劲弩，确保行阵的稳固；或以这样的军队守住关口要道，再高举旗帜来迷惑敌人，这样可以防患于未然。很显然，这里强调的是，在敌人境内作战时，必须更加谨慎小心，充分考虑到环境因素对军队的影响，才能做到万无一失，确保取得胜利。

(二) 改善和利用环境的思想

人不是消极地适应环境，而是在积极地改善环境和制造环境。《三十六计》的"打草惊蛇""调虎离山"和"空城计"等，就是富有代表性的例证。"打草惊蛇"计曰："敌力不露，阴谋深沉，未可轻进，应遍探其锋。兵书云：'军旁有险阻、潢井、葭苇、山林、翳荟者，必谨复索之，此伏奸之所处也。'"(《三十六计・打草惊蛇・按语阐释》)。这里的"险阻、潢井、葭苇、山林、翳荟者"，即指环境。可见，《三十六计》已非常重视环境与行军心理的相互关系。又如"调虎离山"计讲道："待天以困之，用人以诱之。往蹇来返。"(《三十六计・调虎离山・原书解语》)这里所说的"天"，是指自然的各种条件或情况；"待天以困之"，意为战场上等待天然的条件或情况对敌方不利时，再去围困他。"山"是"虎"的活动场地和天然屏障，俗语说得好："皮之不存，毛将焉附？"因此，将"虎"调离"山"后，"虎"就无法施展其本领，这就相当于"皮"不存在，"毛"就失去了其依附之所。

军队将帅在勘察、布防、攻城略地时，自然少不了对环境的研究和利用。除了观察分析环境外，还要在此基础上合理利用环境，将环境和人的心理联系起来，这样才能达到环境利用的较高水平。《三国演义》描述的“空城计”，便不失为一个典型的例子。这一计策使心理环境和自然环境达到了高度契合的境界，把这一管理心理思想演绎得淋漓尽致。它是指在我方无力守城的情况下，故意将空城环境暴露给对方——“虚者虚之”，这样敌方就会产生怀疑而踌躇不前——“疑中生疑”，敌人怕城内有埋伏，不敢进城，从而使得我城得以保全。此计实施过程涉及诸多心理层面的因素，如必须对敌方将帅的心理状况和性格特征等有可靠的了解。此外，张飞“长坂坡一声吼”，以及他在其身后使用的“树上开花计”，都蕴含着对自然环境和心理环境的成功利用。另外，“蒋干中计”描写的也是周瑜对自然环境和心理环境的利用。其他如“草船借箭”“赤壁之战”等，都是对环境因素的把握和利用。

（三）防范自然灾害的思想

自然灾害一直是困扰人类的一个重大问题。如何针对灾害对人们心理的影响，采取一些有效的方法和措施，尽可能减少自然灾害的消极影响，扩大自然灾害的积极影响，通常是管理者需要考虑的问题。中国幅员辽阔，各地的地理形态和气候条件相差很大，如何有效地管理好当地的环境，克服自然灾害对整个社会心态、个体心理造成的伤害，在最大程度上避免损失，是现代防灾心理学探讨的主要内容，也是管理者在管理中随时可能面临的难题。

范仲淹在杭州任职期间，正值吴中地区遇到大灾荒，自然环境恶劣，百姓生活极为困苦。虽然此时他已经遭到贬斥，但依然心系百姓，积极救荒。他一方面将自己省吃俭用留下来的财物救济贫困者，另一方面适应地方民情风俗采取积极的措施，通过一些别出心裁却又行之有效的方式为民谋福利。他把握住了当地富民喜欢出钱寻欢作乐的心理，倡导竞渡活动，并亲自带头出宴湖上，引得有钱有闲者竞相效仿，从而为穷人创造了许多就业机会，例如，做点小买卖、为游人提供服务等，刺激了经济的恢复和发展。此外，他还十分注意防止穷人因接受救济而产生依赖心理，考虑到吴地好佛，因此下令大规模建造佛寺，雇用饥民服役，付给工钱，使他们能自食其力。他通过颁行刺激商业发展的措施，发展灾后经济，稳定民心。同时，值得称道的是其思路的灵活性和延展性，不拘泥于老办法，采取了以工代赈的救灾措施，在保障百姓基本生活的同时，又防止了依赖心理的产生。可见，范仲淹深谙环境管理心理规律，将民众灾后心理把握得十分到位。

二、心理环境管理

环境包括自然环境（物理环境）和非自然环境（非物理环境），心理环境就是非自然环境的一个重要组成部分，这是环境划分中较深层次的维度。中国历代学者也注意到了物理环境与心理环境之间的辩证关系，认为心理环境的重要性不可忽视。如《礼记·乐记》说："人心之动，物使之然也，感于物而动，故形于声。"

刘勰《文心雕龙·物色》篇更道出了心理世界与物理世界的息息相通："春秋代序，阴阳惨舒，物色之动，心亦摇焉……献岁发春，悦豫之情畅；滔滔孟夏，郁陶之心凝；天高气清，阴沉之志远；霰雪无垠，矜肃之虑深；岁有其物，物有其容；情以物迁，辞以情发。一叶且或迎意，虫声有足引心。况清风与明月同夜，白日与春林共朝哉！"其大意是说，春秋交替，阴沉的天气使人感到凄凉，暖和的天气使人感到舒畅，景物的变化使人的心情也跟着动荡起来。新年春光明媚，情怀欢乐而舒畅；初夏阳气蓬勃，心情烦躁而不宁；秋天天高气象萧森，情思阴远而深沉；冬天大雪纷纷渺无边际，思虑严肃而深沉。

此外，唐代诗人常建的《题破山寺后禅院》一诗，形象地表达了深山古寺安宁、恬静的气氛，以及这种气氛对愉悦群鸟、空旷人心的作用："清晨入古寺，初日照高林。竹径通幽处，禅房花木深。山光悦鸟性，潭影空人心。万籁此都寂，但余钟磬音。"《小窗幽记·集法》指出："白沙在泥，与之俱黑，渐染之习久矣。"这个形象的比喻告诉我们，要注意周围的环境，以避免受到不好的影响。此外，《小窗幽记·集醒》还进一步指出："居不必无恶邻，会不必无损友，惟在自持者两得之。"白莲可以出淤泥而不染，人生活在不良的环境中，同样可以保持清白的本性。这就是说，有不良的环境作比较，人才会更注重对自我的约束，并从别人的身上吸取教训，避免错误在自己身上再度发生。

三、人际环境管理

在环境管理心理方面，唐宋时期的兵家开始重视人际环境，提出了"先务三和"的思想，认识到国内、军内、阵内人际环境的和谐，对军事目标的实现有着决定性的影响。如《虎钤经》写道："观乎人事强弱利害有胜败之势者，事皆系于人也。"（《兵机统论第十二》）"观乎地理山川险易，有生死存亡之途者，地之利于人也。善用兵者，于地也无生死存亡，观彼我之势，察去就之情何如尔，然后乃顺其事而用之也。苟不知地理之险易者，是虚其机以应地者也。”（《兵机统论第十二》）这两段引文的意思是：人事上的强弱好坏，亦即人际环境是否和谐协调，对军事行动的成败有很大的影响，其中关键为用人是否恰当。地理环境的险易，会对人的生死存亡造成影响，因而善于用兵的人，必须懂得运用相应的策略，使地理环境变得对自己有利而对敌人不利。

四、组织环境管理

哪里有人，哪里就会形成组织。一个国家就是一个大组织。对管理来说，组织环境是一个重要的因素。良好的组织环境，意味着一个组织同时具有和谐的内部环境和稳定的外部环境。内部的团结、合作与外部的平稳都是组织发展必备的条件。这里仅用一个史例加以说明。

范仲淹对某些少数民族采取招抚之策，使北宋境内保持了一个相对安定的局面。对当时的北宋而言，改善民族关系是创造良好环境的一个关键步骤。由于宋夏战争不断，因此范仲淹特别重视与周边民族保持良好的关系。为了赢得居住在宋夏边境的羌族等少数民族的支持，北宋政府允许民间的贸易往来，并与羌族首领开诚布公地谈判，给予其土地、粮食、农具等资助。这样一来，没有了其他边境事务的干扰，北宋政府可以集中精力处理与西夏的矛盾，从而在无形中增强了其自我防卫的能力。

五、社会环境管理

环境是指围绕在人们周围的空间境况，人们无时无刻不在接受环境的影响，尤其是社会环境在很大程度上决定着人们自身的心理发展方向和个性差异。《列女传·母仪》记载的“孟母三迁”的故事，说明中国古代很重视社会环境的影响：“孟轲之母，其舍近墓。孟子之少也，乃去舍市。其喜戏乃设俎豆，揖让进退。孟母曰：此真可以居子矣，遂居之。”孟母为了教育孟子，不惜三次搬家，直到有一个良好的环境。这说明，她非常注重社会环境对人的心理和行为的影响。

明代思想家王廷相把环境分为社会风气的大环境和居住交往的小环境两个层次，并论述了这两种环境对人的影响。他说：“凡人之性成于习，圣人教以

率之，法以治之，天下古今之风以善为归，以恶为禁久矣。”（《答薛君采论性书》）“深宫秘禁，妇人与嬉游也；亵狎燕闲，奄竖与诱掖也。彼人也，安有仁孝礼义以默化之哉？习与性成，不骄淫狂荡，则鄙亵惰慢。”（《慎言·保傅》）

社会风气这个大环境好，会使人心归善；居住交往这个小环境差，则会使人心归恶。那些终日在深宫秘禁中，与女人嬉游玩乐、亵狎燕闲的公子哥儿，必定养成“骄淫狂荡”“鄙亵惰慢”的不良品质。

此外，《小窗幽记》也就居住环境提出：“居轩冕之中，要有山林气味。”（《集峭》）“居处寄吾生，但得其地，不在高广。”（《集素》）。居住的地方不在于豪华堂皇，重要的是要有清新的品位与不俗的情趣。

第三节　环境管理的方法

中国历代兵家最为重视环境。这主要是因为地形、地貌、地势等自然环境，会对作战军队的生存取胜产生直接的影响，所以必须注重选择有利的环境，为生存取胜创造条件。也正因为如此，在中国历代兵法著作中，包含着大量关于环境管理的心理方法。

一、《孙子兵法》《吴子兵法》的自然环境管理方法

第一，要善于观察研究地形地势，使自己处于有利的地位。《孙子兵法》写道：“凡处军相敌：绝山依谷，视生处高，战隆无登，此处山之军也。绝水必远水；客绝水而来，勿迎之于水内，令半济而击之，利；欲战者，无附于水而迎客；视生处高，无迎水流，此处水上之军也。绝斥泽，惟亟去无留；若交军于斥泽之中，必依水草而背众树，此处斥泽之军也。平陆处易而右背高，前死后生，此处平陆之军也。凡此四军之利，黄帝之所以胜四帝也。”（《孙子兵法·行军篇》）这里列举了对环境进行有效管理的四种情况：处山之军、处水之军、处泽之军、处平陆之军。这四“军”充分利用地形、地势上的优势，使自己处于攻可进、退可守的有利地位，不会因环境因素而受制于人，而是能战必胜、攻必取。

第二，根据不同环境特点，进行不同的管理。《孙子兵法》把地理环境分为六种类型，即通、挂、支、隘、险、远。它认为，“通形”的环境指我方可以去，敌人也可以去的地方。我方应该“先居高阳，利粮道”，占据有利的地形，以便建立补给线。“挂形”的环境是我方可以进，但难以返回的地方，如果敌人没有准备，我

方就能取胜；如果敌人有所准备，我方由此进攻若不能取胜就无退路，因此对我方极为不利。“支形”的环境指对敌我双方都不利的环境，可以“引而去之，令敌半出而击之”。意即引诱敌人进入此种环境，在半进半出的时候发动攻击，这样容易取胜。“隘形”的环境是先居则有利，后居则不利的地方。我方应该先行占领，充分利用，等待敌人的来临。如果敌人先于我方占领并充分地利用此地，我方则应回避；如果敌人没有充分地利用，那么我方仍可以攻击。在“险形”的环境中，我方可以先行占领，然后等待敌人的来临；如果敌人先占领，我方只能回避。“远形”的环境是偏僻之地，“难以挑战，战而不利”，不可以在此处作战。孙子认为，以上这些是军事环境管理的原则，作为管理的决策者必须精通。（参见《孙子兵法·地形篇》）

第三，在不同环境中，不同兵种应根据各自的利弊发挥作用。在丘林、深山、大泽中与敌人相遇，应该“疾行亟去，勿得从容”。在左右都是高山的峡谷之中与敌人突然相遇，可以让我军的强壮士兵阻击敌人，轻便迅捷的士兵向前进发，袭击敌人，将车辆辎重隐藏在峡谷道路的四周，与敌人相距数里。这样敌人必然不敢冒进，而是布阵固守。然后“出旌列旆，行出山外营之，敌人必惧。车骑挑之，勿令得休”。在大水沼泽之中与敌人相遇，必须“登高四望，必得水情，知其广狭，尽其浅深”。首先了解战场的情况，然后采取相应的措施就可以取胜。在阴雨连绵、道路泥泞的情况下与敌人相遇，必须注意兵种的特征，车兵应该“阴湿则停，阳燥则起”，在不利的气候条件下，要能够扬长避短；选择高地避开洼地；“敌人若起，必逐其迹”，跟踪敌人的车辙并追击。（参见《吴子兵法》）

二、《虎钤经》的自然环境管理方法

《虎钤经·料用地形篇》对七种地形环境及其心理管理方法作了分析，这是对《孙子兵法》的环境管理心理思想的发展（见表 6－1）。

表 6－1　不同环境的心理管理方法

地类	特　　征	心理管理方法
轻地	入敌地尚浅	无止，士卒意未坚，不可以进敌，当自坚其心也
争地	山谷隘险之口	无攻，以弱胜强，以少击众之地
交地	俱可进退之地	无绝，不可以兵绝之

（续表）

地类	特　　征	心理管理方法
衢地	有路往来	合交，我可结交于诸侯也
重地	深入敌境	掠，士卒意已坚固，可以掠取财物
围地	士卒因于险隘	谋，斗则兵弱，持久则粮食乏绝，则当用谋以免难
死地	前有高山、后有大水，粮食乏绝	战，进退守备皆无所利，则曰死战也

《虎钤经》认为，军队进入“轻地”则不可停止前进，要注意鼓舞士卒的信心，激发他们的斗志；进入“争地”则不要进攻；进入“交地”不能以兵断了后路，自乱军心；进入“衢地”则进行友好往来，利用交通的便利广结盟友；进入“重地”则鼓舞士气掠夺财物；进入“围地”则多用谋略以摆脱困境；进入“死地”则号召士兵死战以求生存，士卒必能以一当百，勇往直前。

三、《投笔肤谈》的自然环境管理方法

《投笔肤谈・地纪》提出了六种地理环境的心理管理方法（见表 6－2），并且认识到这六种地形是兵家必须谨慎利用的。因为它们关系到作战军队的胜败存亡：如果能够利用这些地理环境的优势，就可以取得胜利；否则，就会遭受失败。这要求将领必须充分地了解地形、地貌的特征和利弊，懂得如何运用它们。

表 6－2　地理环境与管理心理

地形	特　　征	管理方法	心理优势
要地	山川之上游，水陆之都会	可以跨据控引者也	有恃无恐，占据主动
营地	背高而面下，进阔而退平	利水草，可依傍者也	攻守自如，安全可靠
战地	平原广野之冲，草浅土坚之处	可驰骋突击者也	便于展开，利于决战
守地	川流环抱之区，山坂峻险之塞	相为联络而不断者也	便于自守，失于联络
伏地	层山广谷之中，茂林蓊翳之所	可以藏匿诱引者也	便于隐藏，迷惑敌人
邀地	间道歧路之乡，关塞要津之扼	可阻绝而横击之者也	一夫当关，万夫莫开

从表 6－2 不难看出，《投笔肤谈・地纪》从地形、特征、管理方法和心理优势四个方面，论及了自然环境的管理心理方法，颇有借鉴价值。此外，它概括的

有利地形环境特征“山围水绕”和“居高视下”，以及不利地形环境特征“绝涧峭峰”和“卑湿沮淖”等，也有一定的意义。

在不同的地理环境中，不同规模的军队发挥战斗力的方式是完全不同的。这既要考虑军队的特征和将士的心理因素，又要考虑地理环境的利弊。如《阵纪》就这样指出：“用众，宜整宜治宜分，则利于平易，便于正守，妙在进止移抽。”“用寡，宜固宜轻宜锐，则务于隘厄，避之于易，变化不厌烦数……是故善用众者必务易，用少者必务隘，尤宜于日暮，伏于必由，巧在偷袭击虚，利在未舍半涉耳。”（《阵纪·众寡》）意思是说，指挥众多的士兵，应当严整有序，以严密的组织形式，把众多的士兵分编成若干部分，聚集在平坦地带。这样有利于及时调遣，便于正面把守，能够巧妙地前进、后退和转移。而指挥人数少的军队，士兵应当顽强、轻捷、猛锐；要注意利用狭窄地形、险要复杂地段作战，避免在地势平坦开阔的地段作战；应该不厌其烦地不断变化战术。只有这样，才能使我方扬长避短。最好是在日暮之时，埋伏在敌人的必经之路，乘敌不备进行偷袭，即在敌“未舍半涉”的时候，以实击虚，这样就能够充分利用自己的长处而攻击敌人的短处。

四、《菜根谭》的人际环境管理方法

《菜根谭》从庸德庸行、平和谦诚的人际环境管理心理思想出发，在人际环境管理方法上，强调协调管理，“中庸”处事；主张人与人之间要换位思考；认为个人应持虚圆之心，适应社会、自然、宇宙的变化，以发展的观点来对待变化的人、事、物；强调人与人相处，要崇尚真诚，宽以待人，和睦为贵，谦虚忍让，知人知己。在人际环境管理中必须遵守如下四条心理原则。

（一）庸德庸行、混沌和平

“中庸”就是适度，其最大的作用是均衡作用、调和作用。它是儒家思想的核心，其要义就是情理兼顾，平衡协调。在管理矛盾中，真、善、美与假、丑、恶并存，有些矛盾分得很清；有些矛盾则界限模糊，善恶并存，用简单的判断方法处理显然不能解决问题，采用中庸的方法去协调、均衡，往往能起到作用，因此中庸是解决复杂矛盾的金钥匙。《菜根谭》指出：“阴谋怪习，异行奇能，俱是涉世的祸胎。只一个庸德庸行，便可以完混沌而招和平。”（《概论》）阴谋诡计，怪异的言行，奇怪的技能，都是招致灾祸的根源。只有恰到好处的德性和言行，才可能保持自然、带来和平。“清能有容，仁能善断，明不伤察，直不过矫，是谓蜜饯

不甜，海味不咸，才是懿德。”（《概论》）即清廉纯洁而有容忍的雅量，心地仁慈而又能当机立断，精明而又不过于苛求，性情刚直而又不矫枉过正。一个人能把握住这种不偏不倚的尺度是做人、处事的美德。“清”尽管为懿德，但“水至清，则无鱼”，君子应持清廉之操，但也不能没有“含污纳垢之量”，要求人们有容忍庸俗的气度和宽恕他人的雅量。林则徐的座右铭“海纳百川，有容乃大”，强调的正是有纳有容。在现实生活中，人不是生活在真空里，必然要与各种各样的人打交道，不能事事按照自己的意愿来办。这就要求我们必须学会适应社会和人生，有“厚德载物，雅量容人”的胸襟，更应有出淤泥而不染的高尚情操。

（二）虚心圆转、灵活机变

《菜根谭》沿袭《周易》的变应思想，指出“建功立业者，多虚圆之士；偾事失机者，必执拗之人”（《概论》）。“虚圆”，即虚心圆转，灵活机变。变应思想即发展的思想，随变而应的思想。现实社会的种种竞争，归根结底是人的竞争，是智谋的竞争，只有通权变，讲智谋，因变应变，方能以不变应万变。“穷则变，变则通，通则久”，变是发展的需要，是人们对变化的事物作出的反应、顺应和适应。事业的成功，学识的累积，都需要有变应的思想；个人道德修养的锤炼，同样要有变应发展的观点；个人事业的成功，人际关系的协调，也都依赖于心理换位。

（三）相互体谅、消融坚冰

心理换位是克服自我中心的有效手段，能帮助人们互相理解和谅解，从而和谐相处。《菜根谭》非常重视体验“无我”的境界，指出：“世上只缘认得‘我’字太真，故多种种嗜好、种种烦恼。前人云：‘不复知有我，安知物为贵。’又云：‘知身不是我，烦恼更何侵?’真破的之言也。”（《概论》）这就告诉我们，学会换位，善于换位，是营造协调和谐的人际关系的一个方面，只有不断地为自己创造融洽的氛围，才能取得他人的友好合作和支持。

（四）宽以待人、精诚素心

宽以待人是儒家忠恕之道在人际关系中的具体运用。《菜根谭》对宽以待人这一心理原则也有比较完整的论述：“人之情欲不可拂，当用顺之之法以调之，其道只在一‘恕’字。”（《应酬》）“人之过误宜恕，而在己则不可恕。”（《概论》）“面前的田地要放得宽，使人无不平之叹。”（《概论》）要推己及人，尊重别人，尊重别人的人格，尊重别人的意志，多为别人着想。从某种意义上说，尊重别人也是尊重自己，要多设身处地为别人着想，不能只考虑自己，因为“待人宽一分是福，利人实利己的根基”（《概论》）。即待人接物抱宽厚态度，是与人方便与己方便的事情，做到“事事要留个有余不尽的意思，便造物不能忌我，鬼神不能损我”(《概论》)。

《菜根谭》还认为,万事真诚为本。“作人要有一点素心”(《续编》),即做人要有一颗天真善良的赤子之心,“作人无一点真恳的念头,便成个花子,事事皆虚”(《概论》),真诚待人,能得到人心和信任,而一旦拥有较高的信任度,不仅有利于改善人际关系,而且有利于管理工作的有效开展。那么,怎样真诚待人呢?《菜根谭》提出了以下三个原则和方法:第一,豪爽助人。“交友须带三分侠气”(《续编》),“士君子贫不能济物者,遇人痴迷处,出一言提醒之,遇人急难处,出一言解救之”(《概论》)。第二,善意巧补。“人之短处,要曲为弥缝,如暴而扬之,是以短攻短;人有顽的,要善为化诲,如忿而嫉之,是以顽济顽。”(《概论》)对人的短处,要委婉地为之弥补,如一味张扬暴露,只能是以短攻短,于人于己均无好处;对人的不是之处,要善意感化教诲,如愤怒而嫉恨,同样不利于他人完善自己。第三,诚以待人。主张“事穷势蹙之人,当原其初心”(《概论》),而“邀千百人之欢,不如释一人之怨”(《应酬》),为人排忧,为人遣难。寒微之士,立身维艰,亟需扶持,如能真诚待之,自会化解许多困难,使之起而振奋。总而言之,“人心一真,便霜可飞,城可陨,金石可贯”,那么“天下无不入我陶熔中矣”(《概论》)。

本章摘要

中国历代思想家非常重视人与环境的关系,其总的思想是,环境可以影响人类的发展,人类也可以影响环境的变化。这一思想体现在传统的天人论中。天人论揭示的是人与自然环境的关系,包括两种对立的观点:天人对立说与天人合一说。

中国历代学者也非常重视社会环境与人的关系。如墨家从“染于苍则苍,染于黄则黄”的人性“素丝”说出发,要求人们选择良好的环境。

认识人与环境的意义有三:有助于适当改善环境管理,有助于合理地发挥人在环境管理中的能动作用,有助于改善各种管理工作。

环境管理可分为五类,即自然环境管理、心理环境管理、人际环境管理、组织环境管理和社会环境管理。

中国古代兵家对自然环境的管理有诸多论述。《孙子兵法》认为,要善于观察研究地形地势,使自己处于有利的地位;根据不同环境特点,进行不同的利用;不同兵种在不同环境中,应根据各自的利弊发挥作用。《虎钤经》对“轻地”“争地”“交地”“衢地”“重地”“围地”“死地”七种地形环境作了分析,提出了相应的环境管理措施。《投笔肤谈·地纪》分析了兵家必须谨慎利用的六种地形，即“要地”“营地”“战地”“守地”“伏地”“邀地”。

《菜根谭》在人际环境管理方法上，强调协调管理，“中庸”处事；主张人与人之间要换位思考；认为个人应持虚圆之心，适应社会、自然、宇宙的变化，以发展的观点对待变化的人、事、物；强调人与人相处，要崇尚真诚，宽以待人，和睦为贵，谦虚忍让，知人知己。在人际环境管理方面概括出四条心理原则：庸德庸行、混沌和平；虚心圆转、灵活机变；相互体谅、消融坚冰；宽以待人、精诚素心。

第七章 时间管理心理思想

中国古代的时间观念

时间的特征和价值

时间管理的方法

第一节　中国古代的时间观念

时间是管理的稀有资源，也是其他活动得以进行的基础。揭示时间的特征，树立正确的时间观念，掌握珍惜时间、节约时间、开发时间资源、提高时间效率的方法，一直是西方时间管理心理研究的主要内容。中国古代学者对时间的概念、价值，以及珍惜时间、加强时间管理的重要性等，也早有论述。

一、时间的观念

时间的本意指四季更替或太阳在黄道上的位置轮回。《说文解字》云："时，四时也。"《管子・山权数》说："时者，所以记岁也。"随着认识的不断深入，时间的概念涵盖了一切有形与无形的运动。《孟子・篇叙》指出："谓时曰支干五行相孤虚之属也。"可见，"时"是用来描述一切运动过程的统一属性的，这就是"时"的内涵。由于古代人们研究的问题基本都是宏观的、粗犷的、慢节奏的，因此只重视了"时"的问题。后来由于研究快速的、瞬时性的对象的需要，因而补充进了"间"的概念。于是，时间便涵盖了运动过程的连续状态和瞬时状态，其内涵得到了丰富和完善，"时间"一词也就定型了。

二、中国古代的计时工具

在历史进程中，历代中国人在不同的时期，发明和制造了各种适应当时社会经济发展和人们生活需求的计时工具，其中较有代表性的有圭表、日晷、漏刻、机械计时器等。

（一）圭表

圭表是我国最古老的一种计时工具，古代典籍《周礼》中就有关于使用土圭的记载，可见圭表的历史相当久远。圭表主要利用太阳射影的长短来判断时间。它由两部分组成，一是直立于平地上的测日影的标杆或石柱，叫做表；一是正南正北方向平放的测定表影长度的刻板，叫做圭。既然日影可以用长度单位计量，那么光阴之"阴"，以及时间的长短，用"分""寸"表达就顺理成章了。

（二）日晷

日晷也是通过观测日影计时的仪器，它主要是根据日影的位置以确定当时

的时辰或刻数。从出土的文物来看，汉以前已使用日晷，在机械钟表传入中国之前，日晷一直是使用较普遍的计时工具。日晷的主要部件由一根晷针和刻有刻线的晷面组成，随着太阳在轨道运行，晷针的投影像钟表的指针一样在晷面上移动，就可以指示时辰。

（三）漏刻

圭表和日晷都是利用太阳的影子来计算时间，因此在阴雨天或黑夜便失去了作用，于是一种白天黑夜都能计时的水钟应运而生，这就是漏刻。漏，是指漏壶；刻，是指刻箭。箭，则是标有时间刻度的标尺。漏刻是以壶盛水，利用水均衡滴漏原理，通过观测壶中刻箭上显示的数据来计算时间。作为计时工具，漏刻的使用比日晷更为普遍。我国历代的诸多文人骚客，留下了许多有关漏刻的富有诗情画意的章句。如唐代诗人李益的诗："似将海水添宫漏，共滴长门一夜长。"宋代苏轼："缺月挂疏桐，漏断人初静。"在机械钟表传入中国之前，漏刻是我国使用最普遍的一种计时工具。

（四）机械计时器

单纯利用水的流动来计时有许多不便，人们逐渐发明了利用水做动力，以驱动机械结构来计时的工具。东汉的张衡制造了大型天文计时仪器——水运浑天仪，它初步具备了机械计时器的功能。随后历代都相继制作了附带计时装置的仪器，其中，宋代苏颂制造的水运仪象台，把机械计时装置的发展推到了一个新的高峰。水运仪象台的计时机械部分，可以按时刻使木偶出来击鼓报刻，摇铃报时，示牌报告子、丑、寅、卯等十二个时辰。

除上述几种主要的计时工具外，还有其他一些计时工具，如香篆、沙钟、油灯钟、蜡烛钟等。

第二节　时间的特征和价值

一、时间的特征

（一）矢量一维性

时间的流逝问题，是中国古代学者一再提到的一项内容。光阴似箭，日月如梭，这句话既体现了古人对时间最直接的领会——日与夜，光与阴的交汇，也体现了古人对时间一去不复返的认识以及对此的感慨。

时间是个矢量，它的流逝和运动具有方向性，而且以其固有的一维矢向进行。《论语》中就有记载:“子在川上曰:‘逝者如斯夫!不舍昼夜。’”但普通人对于时间矢量一维性的特征往往认识不足,甚至出现许多错误的观念。如“弥补损失的时间”之说,就是其中的一例。清代朱经的诗:“勿谓寸阴短,既过难再获。勿谓一丝微,既绍难再白。”说的就是时间一去无法挽回,过去的时间是不会再回来的。

(二)不可贮存性

我们不能把时间贮存起来,我们得到的时间,仅仅是在现在,也就是今天、这个小时,以及这个正在发生的瞬间;当时可以使用,过时便作废。唐代李白曾作诗来说明时间的流逝:“光景不待人,须臾发成丝。”曾国藩曾言:“天可补,海可填,南山可移。日月既往,不可复追。”就说明了时间飞快流逝,日夜不停,我们既不能将其储存,也不能把它积攒起来使用。无论你用还是不用,它都照样流逝;无论你愿意还是不愿意,你都将被迫以一定的速率消耗时间。

(三)公平均等性

人们都是时间的消费者。时间对于每一个人是一视同仁、公平均等的。唐末王贞白《白鹿洞》诗就有“一寸光阴一寸金”的妙喻。时间不会偏袒任何一个人,金钱可以买到锦衣华服却买不来时间的一分一秒,任何人都不能遏止时间的流逝。时间的公平性使明智之人知道珍惜时间的重要性。正如清代魏源所言:“志士惜年,贤人惜日,圣人惜时。”

二、时间的价值观

(一)时间价值的含义

时间价值是指时间对人类的有用性。时间价值观就是把时间视为最宝贵的、最稀有的资源和财富。中国历代学者对时间的价值也有一定的论述。如庄子《知北游》指出:“人生天地之间,若白驹之过隙,忽然而已。”汉乐府《长歌行》云:“青青园中葵,朝露待日晞。阳春布德泽,万物生光辉。常恐秋节至,焜黄华叶衰。百川东到海,何时复西归?少壮不努力,老大徒伤悲。”《淮南子·原道训》说:“圣人不贵尺之璧,而重寸之阴。”古代兵家关于“兵贵神速”的思想,也反映了一定的时间价值观念。如《孙子兵法·九地篇》说:“兵之情主速,乘人之不及,由不虞之道,攻其所不戒也。”认为用兵要迅速快捷,乘敌人措手不及的时机,选择敌人料想不到的道路,攻击敌人毫无戒备的地方。《尉缭子》也主张“兵贵先”:“权先加人者,敌不力交;武先加人者,敌无威接。故兵贵先,胜于此则胜

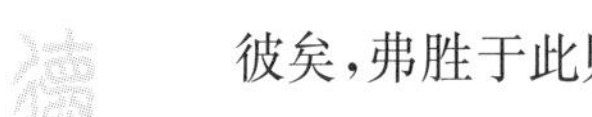

彼矣，弗胜于此则弗胜彼矣。”

（二）珍贵资源的时间观念

明代的《今日诗》《明日歌》就很有代表性：“今日复今日，今日何其少！今日又不为，此事何时了？人生百年几今日，今日不为真可惜！若言姑待明朝至，明朝又有明朝事。为君聊赋《今日诗》，努力请从今日始。”“明日复明日，明日何其多，我生待明日，万事成蹉跎。世人若被明日累，春去秋来老将至。朝看水东流，暮看日西坠。百年明日能几何，请君听我《明日歌》。”晋代陶渊明诗云：“盛年不重来，一日难再晨。及时当勉励，岁月不待人。”宋代苏东坡非常珍惜时间的价值，曾写诗道：“无事此静坐，一日似两日。若活七十年，便是百四十。”认为静坐读书可以延长人的生命价值。后来人们稍改此诗来讽刺那些浪费时间的人：“无事此静卧，卧起日将午。若活七十年，只算三十五。”

第三节　时间管理的方法

一、时间管理的意义

众所周知，时间与空间相对应，是物质运动的两种基本方式。时间是人类生存活动的一种方式，更是一种稀有资源，是其他活动得以进行的基础。中国历代学者认识到了时间的稀缺性，以及对时间进行有效管理的必要性。《小窗幽记》在字里行间，流露出这种思想：“韶光去矣，叹眼前岁月无多，可惜年华如疾马。”（《集灵》）人生短短几十年，时间因其有限而更显珍贵。光阴匆匆，好像白驹过隙，悄然而逝，无法再追回。时间的一维性与不可贮存性，使人们认识到要对它倍加珍惜。“惜寸阴者，乃有凌铄千古之志”（《集醒》），有远大志向的人，一定争分夺秒，不让时间从身边轻易溜走。“驷马难追，吾欲三缄其口；隙驹易过，人当寸惜乎阴。”（《集醒》）那么，如何安排好时间呢？该书指出：“冬起欲晚，夏起欲早；春睡欲迟，午睡欲少。”（《集灵》）充分考虑到人在不同季节的变化，科学地安排作息时间，使人能以最佳的精神状态投入工作，发挥出最高的效率。此外，《集灵》篇还指出：“夜者日之余，雨者月之余，冬者岁之余。当此三余，人事稍疏，正可一意问学。”的确，在夜间秉烛读书，神志较为清醒，环境也非常安静；雨天也正好可以用来读书，此时有雨声相伴，更使人心无旁骛；而冬日天气寒冷，在寒气中精神更为振奋。夜晚、雨天、冬日这些零碎的时间都值得珍惜。

二、时间管理的心理基础

时间管理与人的心理有关，其中最直接的是时间知觉和时间错觉，可以把此二者看作时间管理的心理基础。中国古代对这两种心理现象都有所论述。

墨子就曾论及时间知觉问题。如《墨子・经上》写道："久，弥异时也。"对于时间错觉，古代学者也有论及。"拘囹圄者以日为修，当死市者以日为短。"(《淮南子・说山训》)古人说："欢娱嫌夜短，寂寞恨更长。"说的就是时间错觉。时间的长短虽然是客观的，但由于个人所处情境、情绪体验、工作闲忙等因素不同，同样的时间，有人会觉得长些，有人会觉得短些。因此，在进行时间管理时，应当考虑利用或排除这些因素对时间长短体验的影响，以便尽可能发挥时间的价值。

三、时间管理的主要方法

(一) 把握今天、立即着手

在这一点上，明代的《今日诗》就很有代表性："为君聊赋《今日诗》，努力请从今日始。"清代康熙皇帝在他的政治管理活动中实践了这一思想："今日留一二事未理，明日即多一二事矣。若明日再务安闲，则日后愈多壅积，万机至重，诚难稽延。"把握今天是时间的流逝性和不复返性的必然要求，既然时间一去不复返，昨天已经过去，明天还未到来，就必须把握住今天。宋代朱敦儒曾从反面说明了这个道理："原是西都散汉，江南今朝衰翁。从来颠怪更心疯，做尽百般无用。屈指八旬将到，回头万事皆空。云间鸿雁草间虫，共我一般做梦。"当一个人满头青丝换白发，再想追回逝去的时光，已是水中捞月不可能了。

(二) 见缝插针、提高效率

古人很重视提高时间的利用率。如葛洪说："不饱食以终日，不弃功于寸阴；鉴逝川之勉志，悼过隙之电速；割游情之不急，损人间之末务；洗忧贫之心，遣广愿之秽，息畋猎博弈之游戏，矫昼寝坐睡之懈怠。"(《抱朴子・勖学》)这里实际上有两层意思：一是"不饱食终日"，即充实自己的生活，使活动尽可能紧凑完善；二是"损人间之末务"，即废除那些斗鸡走狗、畋猎博弈、迎来送往等与目标活动无关的内容，集中精力于目标活动。中国古代的车胤囊萤、孙康映雪、儿宽"怀书而耕"、董遇"三余读书"等，都是这方面的典范。另外，中国古代学者也初步认识到了时间统计的意义，朱熹的"自督"、司马光的"日检"都可以被看

作时间统计的滥觞。

(三) 兵情主速、乘人不及

中国历史上的兵家认识到时间在管理中的重要作用，认为时间会对战事结果产生重大影响，因此他们特别强调迅速、及时、把握节奏，反对旷日持久的战争。《孙子兵法》说："兵之情主速，乘人之不及，由不虞之道，攻其所不戒也。"(《九地篇》)就是说要迅速快捷，乘敌人毫无防备措手不及之时，选择敌人料想不到的途径，突然袭击敌人毫无戒备之处，这样才能够取得胜利。《孙子兵法》还强调，调兵遣将必须有张有弛、节奏合理："故其疾如风，其徐如林，侵掠如火，不动如山，难知如阴，动如雷震。"(《军争篇》)行军作战快慢动静，神秘莫测，气势恢宏，其关键在于"始如处女，敌人开户，后如脱兔，敌不及拒"(《九地篇》)。孙子更强调"兵贵胜，不贵久"(《作战篇》)。在时间管理上，如果不能遵守此心理原则，就会导致失败。《作战篇》还指出，时间管理失误会造成严重损失："久则钝兵挫锐，攻城则力屈，久暴师则国用不足。夫钝兵挫锐、屈力殚货，则诸侯乘其弊而起，虽有智者，不能善其后矣。故兵闻拙速，未睹巧之久也。夫兵久而国利者，未之有也。"旷日持久地用兵打仗，将士的锐气被逐渐消磨，军队士气消沉，战斗力下降；而且使国力匮乏，财源枯竭，给其他诸侯国以可乘之机，给国家带来灾难。

(四) 捷足先登、抢得先机

所谓"先"，就是要争取在事情发生之前能够做好准备，在时间上赢得一个"提前量"。"先"可以变被动为主动，从而使自己有更多的机会获得胜利。"兵家惟先人，故能有夺人之心。"(《兵垒》)如何才能做到"先"呢？兵家指出，首先是"治气则先，治心则先，治力则先，治变则先"(《兵垒》)。只有做到这"四治"，即鼓舞将士的士气和斗志；统一将士的思想，齐心协力；保持旺盛的精力；应变自如，待机而动，才能保证自己的军队一直保持旺盛的战斗力和戒备状态。其次要做到"三先"，即"隘则先居之，险则先去之，爱则先夺之"(《虎钤经》)。要先占领要隘，先消除危险，先夺得敌人的心爱之物。这种时间管理心理思想，是《孙子兵法》的"先胜而后战"思想的发展。

(五) 速战速决、速度取胜

所谓"速"，就是以最快的速度发现目标、接近目标、实现目标。明清时期的兵家强调，在事物发展的关键时刻必须把握机会，因为"机不可失，时不再来"。这就要求对时间有更为精确的把握，在尽可能短的时间内结束战争。即要求以"迅雷不及掩耳之势"，主动快速出击："速攻之，速围之，速逐之，速捣之，靡有不胜……智者不能为之谋，勇者不及为之怒也。"这样，就会使智者不能为之谋划，勇者也来不及为之愤怒，获得胜利自然就比较容易。

（六）张弛相宜、快慢配合

这同样是对速度节奏的把握，也就是对时间的管理。其基本的意思是指，在应该缓慢的时候就缓慢，应该快速的时候就快速，相互配合，及时适宜。其方式与作用是："亦有先缓而后速者。缓者，令其弛备；速者，乘彼不虞。彼既弛备而不虞我之至，则往无不克，发无不中也。"（《草庐经略》）有时是先"缓"，然后"快"；有时是先"快"，然后"缓"。先缓慢是为了让敌人放松警惕，先快速是为了让敌人来不及准备，这样就能做到无往而不胜。这里的"缓"，实际是为"快"做准备，是为了等待机会，或麻痹敌人，在时机成熟的时候，能够见机行事，抓住机会，出其不意，攻其无备。为了做到这一点，还要求"料敌欲审，见机欲决"（《草庐经略》）。即侦察分析敌人的情况时要审慎，有机可乘而作出决策时要果决。

本章摘要

揭示时间的特征，树立正确的时间观念，掌握珍惜时间、节约时间、开发时间资源、提高时间效率的方法，一直是西方时间管理心理研究的主要内容。中国古代学者对时间的概念、价值，以及珍惜时间、加强时间管理的重要性等，也早有论述。

中国古代的计时工具主要有圭表、日晷、漏刻、机械计时器等。

中国古代学者已认识到时间具有矢量一维性、不可贮存性、公平均等性的特征。把时间视为最宝贵的、最稀有的资源和财富。留下了很多珍惜时间的名言警句。

时间管理与人的心理有关，其中最直接的是时间知觉和时间错觉，可以把此二者看作时间管理的心理基础。中国古代学者对这两种心理现象都有所论述。

对于如何管理时间，中国古代学者有丰富的论述。可概括为：把握今天、立即着手；见缝插针、提高效率；兵情主速、乘人不及；捷足先登、抢得先机；速战速决、速度取胜；张弛相宜、快慢配合。

第八章 信息决策管理心理思想

先秦信息决策管理心理思想

汉魏六朝信息决策管理心理思想

唐宋信息决策管理心理思想

明清信息决策管理心理思想

第一节 先秦信息决策管理心理思想

一、《尚书》的信息决策管理心理思想

"谋"为中国古代管理者所重视，这一思想可追溯到《尚书》。其《洪范》篇指出："汝则有大疑，谋及乃心，谋及卿士，谋及庶人，谋及卜筮。"意思是说遇到疑难问题时，首先要自己多加考虑，其次要同卿士商量、同庶民商量，最后还要问及卜筮。

《秦誓》篇探讨了如何避免决策失败的问题。鲁僖公三十三年，秦穆公听信杞子的建议，派遣军队远道偷袭郑国。出师时，大臣蹇叔竭力劝阻，但穆公听不进去，也没有再听取别的意见，结果惨遭失败。秦穆公总结失败教训时，把责任归咎于自己决策的失误，并由此对作决策时应该听取哪些人的意见进行了深刻的反省。在这里，他列举了两种类型的人："惟古之谋人，则曰未就予忌；惟今之谋人，姑将以为亲。虽则云然，尚猷询兹黄发，则罔所愆。"第一种类型的人，即"古之谋人"。这种人敢于提出自己的意见，而不是一味地顺从君王的心意。第二种类型的人，即"今之谋人"。这种人只知一味顺从君王的意见。秦穆公认为，自己的错误在于讨厌直言敢谏的人，亲近阿谀奉迎的人。显然，要避免决策失误，听取不同意见是十分重要的。

《尚书》还提出要广泛听取群众意见的主张。《皋陶谟》指出："天聪明，自我民聪明；天明畏，自我民明威。达于上下，敬哉有土！"其意思是，上天听取意见、观察问题，是从天下万民所闻所见而来；上天表彰好人、惩治坏人，是从天下万民所爱所憎而来。天意民心是相通的。当然，上天并不存在，但广泛听取群众意见的思想值得管理者重视。该篇还直接提出了官员听取群众意见的必要性："工以纳言，时而飏之，格则承之、庸之，否则威之。"意思是说，做官的人必须广泛地听取群众的意见。凡是好的意见，便加以表彰；凡是正确的意见，便予以采纳运用。如果做官的封闭下情，不让上达，便要给予必要的惩罚。我们以为，源于《尚书》的这一"纳谏"传统，时至今日仍有一定的借鉴意义。

二、儒家的信息决策管理心理思想

先秦儒家在决策艺术上，主要以战略性、整体性和协调性见长，讲究的是稳

健、实际的作风。这主要体现在以下两个方面。

（一）多闻慎行

孔子认为，对信息的掌握必须具备实事求是、谨慎认真的作风。如他说："道听而途说，德之弃也。"（《论语·阳货》）"多闻阙疑，慎言其余，则寡尤；多见阙殆，慎行其余，则寡悔。言寡尤，行寡悔，禄在其中矣。"（《论语·为政》）这说明，领导者的一言一行，都要谨小慎微，要多闻多看，力求掌握明白无误、真实可靠的信息，切不可相信道听途说之言。这样就可以减少后悔。由此可以看出，孔子的决策思想是本着求实的态度而产生的，他提倡在信息加工处理过程中要多闻多见，集思广益，尔后再选择好的方案，慎重行事。

又如《论语·卫灵公》讲道："颜渊问为邦。子曰：'行夏之时，乘殷之辂，服周之冕，乐则《韶》、《舞》。放郑声，远佞人。郑声淫，佞人殆。'"这说明，孔子很注重从众多的信息中筛选与决策有关的内容。他倡导的是"仁德""礼治"等道德观念的传播，因此，与此相违背的内容他都尽量回避，以免使正确的决策受到不良观念的影响。正如他自己所说："盖有不知而作之者，我无是也。多闻，择其善者而从之；多见而识之；知之次也。"（《论语·述而》）

（二）深谋远虑

决策权衡的一个重要方面是利害原则。一般来说，得利的多少可以作为决策行动的一个主要依据。但作为决策者应该有全局的观点，应分清具体情况，既要注重眼前利益，又要考虑到长远利益。先秦儒家有着深刻的居安思危意识。孔子说："人无远虑，必有近忧。"（《论语·卫灵公》）就说明了重视长远利益的必要性，如果只看重眼前利益，目光短浅，很快就会有忧患到来。小而言之，个人是如此；大而言之，国家的前途也是如此。孔子又说："小不忍，则乱大谋。"（《论语·卫灵公》）这也体现了孔子重视长远打算的思想，即决策行动应坚定不移地指向决策目标，而不应被当前的一些细枝末节影响。孟子则说："人之有德慧术知者，恒存乎疢疾。独孤臣孽子，其操心也危，其虑患也深，故达。"（《孟子·尽心上》）人之所以有道德、智慧、本领、知识，经常是由于他有灾患。那些孤立之臣、庶孽之子，他们时常提高警惕，考虑忧患也深，所以才通达事理。

三、墨家的信息决策管理心理思想

（一）"助己视听"和"以见知隐"的信息处理思想

信息在管理过程中有着举足轻重的地位，科学地收集、分析信息是作出有效决策的前提。在这一点上，墨子提出的“助己视听”以及“以见知隐”的信息收集和分析方法，就颇有参考价值。

决策前，必须获取准确、及时、全面的信息。墨子在《墨子・尚同中》篇里描述了如何全面收集信息来帮助自己作出有效决策的方法：“‘非神也，夫唯能使人之耳目助己视听，使人之吻助己言谈，使人之心助己思虑，使人之股肱助己动作。’助之视听者众，则其所闻见者远矣。助之言谈者众，则其德音之所抚循者博矣。助之思虑者众，则其谈谋度速得矣。助之动作者众，即其举事速成矣。”

墨子认为，成功的管理者并不是神人，而是充分利用其他人来帮助自己收集信息：使用别人的耳目帮助自己去听去看；使用别人的嘴帮助自己去说；使用别人的心帮助自己思考；使用别人的手脚帮助自己去行动。这样，所见所闻的知识就丰富了，自己善言所安抚的范围就广博了，计谋规划就能很快得以实现，想做的事也能很快取得成功。

墨子认为，统治者为了更好地管理天下，除了选择优秀的人辅佐自己外，还应该选派人在外面做事，帮助他了解民情，观察听闻，收集信息。正所谓：“故古之圣王治天下也，其所差论以自左右羽翼者皆良，外为之人助之视听者众。”（《墨子・尚同下》）这样做的目的，就是为了“与人谋事，先人得之，与人举事，先人成之，光誉令问，先人发之”（《墨子・尚同下》）。即跟别人议事，在他人之前得到信息；跟别人办事，在他人之前取得成功；善良的声誉、美好的传说，在他人之前传播。个人的能力是有限的，若能积极利用外界条件，则可以帮助自己取得成功。正如古语所说：“一目之视也，不若二目之视也。一耳之听也，不若二耳之听也。一手之操也，不若二手之强也。”（《墨子・尚同下》）

全面搜集信息后作出的决策，在管理中起着重要的作用。墨子对天子治理国家如得神助情况的描述，即说明了这一点：“是以数千万里之外有为善者，其室人未遍知，乡里未遍闻，天子得而赏之。数千万里之外有为不善者，其室人未遍知，乡里未遍闻，天子得而罚之。是以举天下之人，皆恐惧振动惕栗，不敢为淫暴，曰：‘天子之视听也神。’”（《墨子・尚同中》）意思是说，在千万里之外，有行善事的人，他的家人还未完全知晓，乡里还未完全知闻，天子得悉后奖赏他；在千万里之外，有做坏事的人，他的家人还未完全知晓，乡里还未完全知闻，天子得悉后处罚他。因此，整个天下的人都恐惧震动，战战兢兢，不敢做坏事，说是天子的视听像神灵一样。其实，天子只不过是通过各种渠道收集到一般人不知道的信息罢了。

信息收集后，还要进行仔细分析，摒弃那些无关、虚假和错误的信息，对各种信息进行整合与加工。墨子把这种信息的分析方法，概括为“以见知隐，以往知来”。正如他所说：“古者王公大人为政于国家者，情欲毁誉之审，赏罚之当，刑政之不过失。”是故子墨子曰：“古者有语：‘谋而不得，则以往知来，以见知隐。’谋若此，可得而知矣。”（《墨子・非攻中》）这种信息分析方法，是墨子对成功领导者的决策得以实现的原因进行分析后得到的。其基本的意思是，在分析信息时，要善于从以往的陈迹，把握未来的发展；从表面的现象，洞察内在的本质。

关于分析信息的方法，墨子还主张多研究案例，并引以为鉴。例如，他在分析吴越之战的历史事件后说道：“古者有语曰：‘君子不镜于水，而镜于人。镜于水见面之容，镜于人则知吉与凶。’今以攻战为利，则盖尝鉴之于智伯之事乎？此其为不吉而凶，既可得而知矣。”（《墨子・非攻中》）吴越之战是一场意图侵略他国而最终导致自己亡国的战争，其深刻的历史教训是战争“为不吉而凶”之物，属害人害己之事。墨子正是通过这种信息分析方法而提出了“非攻”说，还以此多次游说一些王公大臣，希望他们放弃征战，并三次成功地制止了即将爆发的战争。

（二）“下情上达”的信息沟通思想

决策是一个系统工程，在进行信息收集和分析的同时，还有一个沟通的问题，良好的沟通在整个决策过程中发挥着重要作用。墨子认为，信息的特殊性要求信息在第一时间内，以最简单的形式和最快的速度，准确地传递到接收者那里。他专门写了《墨子・旗帜》篇来阐述这一思想。其基本内容不但有效地应用于古代军事活动中，而且在现代决策中仍有借鉴意义。

墨子阐述了下情上达在政事管理决策中的重要性。“故古者圣王唯而以尚同以为正长，是故上下情请为通。上有隐事遗利，下得而利之；下有蓄怨积害，上得而除之。”（《尚同中》）“然计国家百姓之所以治者，何也？上之为政，得下之情则治，不得下之情则乱。何以知其然也？上之为政得下之情，则是明于民之善非也。若苟明于民之善非也，则得善人而赏之，得暴人而罚之也。善人赏而暴人罚，则国必治。上之为政也，不得下之情，则是不明于民之善非也。若苟不明于民之善非，则是不得善人而赏之，不得暴人而罚之。善人不赏而暴人不罚，为政若此，国众必乱。故赏罚不得下之情，而不可不察者也。”（《尚同下》）第一段话是说，从政者由于信息全面，使上下之间的感情、想法能够得到及时沟通，所以及时地得到了好处，也避免了各种隐患。第二段话进一步强调，从政者施政时，能得到下面实情则治理顺利，得不到下面实情则治理混乱；了解下属的善恶是非，才能给予正确的奖励或惩罚。所以，下边的信息必须如实地传递上达，否则，就将惩善奖恶而产生不良后果。

为了便于下情上达，墨子还采取了一些措施，其中有代表性的是他的旗语规定："守城之法，木为苍旗，火为赤旗，薪樵为黄旗，石为白旗，水为黑旗，食为菌旗，死士为仓英之旗，竞士为云旗，多卒为双兔之旗，五尺童子为童旗，女子为梯末之旗，弩为狗旗，戟为旌旗，剑盾为羽旗，车为龙旗，骑为鸟旗。凡所求索，旗名不在书者，皆以其形名为旗。城上举旗，备具之官致财物，之足而下旗。"（《墨子·旗帜》）

墨子把旗帜作为一种军事通信联络工具，每种旗帜代表一种意思，在兵临城下或激烈战斗的时刻，能使人以简单明了的方式传递信息，这样就避免了由于害怕、紧张等原因而在传递复杂信息时产生的错误。墨子还规定，在作战时使击鼓与挂旗相配合，以报告敌人进攻与后退的路线和程度："寇傅攻前池外廉，城上当队鼓三，举一帜。到水中周，鼓四，举二帜。到藩，鼓五，举三帜。到冯垣，鼓六，举四帜。到女垣，鼓七，举五帜。到大城，鼓八，举六帜。乘大城半以上，鼓无休。夜以火，如此数。寇却解，辄部帜如进数，而无鼓。"（《墨子·旗帜》）

众所周知，在近现代航海中，旗语是一种重要的联络和报警信号；而在先秦时期是没有旗语之类的形式的。墨子创建了我国军用旗语的最早形式，实属难能可贵。这里还要指出的是，墨子的旗语形式虽然简单，却运用了复合条件刺激的机理，且有一定的科学性和实用性。如《墨子·旗帜》篇说："亭尉各为帜，竿长二丈五，帛长丈五，广半幅者大。……城将为隆，长五十尺。四面四门将，长四十尺。其次，三十尺。其次，二十五尺。其次，二十尺。其次，十五尺。高无下四十五尺。"战斗时容易引起混乱，为了便于指挥管理，墨子规定用张挂旗帜的长度，来判断和区别军官的身份与等级的高低，这在当时不失为一种简单明了而又切实可行的办法。

（三）四种决策方法

如何有效地进行决策，墨子提出了战略决策、重点决策、风险决策、前馈决策四种决策方法。

1. "明大重于知小"的战略决策

按范围与规模的大小，决策可以分为宏观决策和微观决策。前者指涉及范围广、发生效用长、意义比较重大的决策；而后者指对具体某事、某个行动方案的选择与确定。决策按层次又可分为战略决策和战术决策。前者指方向、原则和目标的确定，是影响全局的决策；后者指在方向、目标确定之后，选择完成具体任务的最好方法与手段。高层管理者应该从宏观上作战略决策，高瞻远瞩，把握大方向，不为一个子而输掉一盘棋。墨子比同时代的许多政治家和思想家更有战略眼光，他曾多次批评一些王公大臣“知小而不明大”，以致为了一些眼前的小利益而铸成大错。他在《墨子·尚贤中》批评了统治者小事聪明、大事糊涂的管理行为：“今王公大人有一衣裳不能制也，必藉良工。有一牛羊不能杀也，必藉良宰。故当若之二物者，王公大人皆知以尚贤使能为政也。逮至其国家之乱，社稷之危，则不知使能以治之。”在做衣服、宰牛羊等小事上知道怎样用人，在施政治国的大事上却不用有才能的人。这是本末倒置的，会贻误大事。

墨子为了劝告统治者放弃战争，唤醒众人热爱和平的意识，用形象的例子来阐明“知小”与“明大”的关系。他指出人们对于“入人园圃，窃其桃李”“至攘人犬豕鸡豚者”“至入人栏厩，取人马牛者”“至杀不辜人也，拖其衣裘，取戈剑者”等，都知道是不好的，应该受到惩罚，而对于“大为攻国”则“弗知非，从而誉之，谓之义”。人们都知道“杀一人谓之不义，必有一死罪矣。若以此说往，杀十人十重不义，必有十死罪矣。杀百人百重不义，必有百死罪矣”，但对于死伤万人的攻城倾国不但不指责，反而赞赏。这就正如《墨子·非攻上》所言：“少见黑曰黑，多见黑曰白，则必以此人为不知白黑之辨矣。少尝苦曰苦，多尝苦曰甘，则必以此人为不知甘苦之辨矣。今小为非，则知而非之。大为非攻国，则不知而非，从而誉之，谓之义。”领导层在作决策时，必须既辨大小，又知轻重，切勿一叶障目，不见泰山，否则，将会面临盲人骑瞎马、夜半临深池的困境。

决定是否发动一场战争这样的重大决策，事先必须进行长远、全面的考虑。在中外历史上，由“知小而不明大”错误决策导致亡国的例子不胜枚举。墨子热爱和平，一生奔波，为一心想攻城略地的各国统治者分析战争的弊端：“今师徒唯毋兴起，冬行恐寒，夏行恐暑，此不可以冬夏为者也。春则废民耕稼树艺，秋则废民获敛。今唯毋废一时，则百姓饥寒动馁而死者，不可胜数。今尝计军上，竹箭、羽旄、幄幕、甲盾、拨劫，往而靡弊腑冷不反者，不可胜数。又与矛、戟、戈、剑、乘车，其列往碎折靡弊而不反者，不可胜数。与其牛马肥而往、瘠而反，往死亡而不反者，不可胜数。与其涂道之修远，粮食辍绝而不继，百姓死者，不可胜数也。与其居处之不安，食饮之不时，饥饱之不节，百姓之道疾病而死者，不可胜数。丧师多不可胜数，丧师尽不可胜计，则是鬼神之丧其主后，亦不可胜数。”（《墨子·非攻中》）

墨子指出，轻率发动战争，会给本国人民带来巨大的伤害，在财力、物力上造成很大的浪费。他还分析了侵占成功后的弊端：“计其所自胜，无所可用也。计其所得，反不如所丧者之多。今攻三里之城，七里之郭，攻此不用锐，且无杀

而徒得，此然也。杀人多必数于万，寡必数于千，然后三里之城、七里之郭且可得也。今万乘之国，虚数于千，不胜而入，广衍数于万，不胜而辟。然则土地者，所有余也，王民者，所不足也。今尽王民之死，严下上之患，以争虚城，则是弃所不足，而重所有余也。”(《墨子·非攻中》)当今某些国家，曾作出以战争手段干预他国内政的决策，这不只是“知小而不明大”的问题，更是一种损人利己，甚至是损人不利己的行为，那些战争决策者就应当从墨子的决策思想中吸取应有的教益。

2. “择务而从事”的重点决策

墨子认为，应该把面临的任务按其重要性与紧迫性拟订解决顺序，优先解决那些紧要的任务，抓住影响全局的工作重点突破。在《墨子·鲁问》篇，墨子提出了“择务而从事”的观点。“子墨子游，魏越曰：‘既得见四方之君，子则将先语？’子墨子曰：‘凡入国，必择务而从事焉。国家昏乱，则语之尚贤尚同；国家贫，则语之节用节葬；国家憙音湛湎，则语之非乐非命；国家淫僻无礼，则语之尊天事鬼；国家务夺侵凌，即语之兼爱非攻。故曰：择务而从事焉。’”

墨子积极入世，每到一个国家，就根据这个国家面临的最迫切、最重要的问题，向统治者提出自己的对策。在《尚贤》篇，墨子还打了一个比方，其大意是，有个富人，他家有高大的围墙和幽深的庭院，筑完墙后，仅在墙上开一个门，有盗贼进入的话，关上仅有的这个门去搜寻，盗贼就跑不掉了。管理者只要能掌握住这个关键的门，许多问题就容易解决了。

3. “利中取大，害中取小”的风险决策

在权衡利弊时，墨子认为应该遵循“利中取大，害中取小”的原则。在《墨子·大取》篇中，他结合事例阐述了这个原则：“于所体之中而权轻重，之谓权。权非为是也，亦非为非也，权正也。断指以存腕，利之中取大，害之中取小也。害之中取小，子非取害也，取利也。其所取者，人之所执也。遇盗人，而断指以免身，利也；其遇盗人，害也。断指与断腕，利于天下相若，无择也。死生利若，一无择也。杀一人以存天下，非杀一人以利天下也；杀己以存天下，是杀己以利天下。于事为之中而权轻重，之谓求。求为之非也。害之中取小，求为义非为义也。”“两利相遇取其大，两害相遇取其小”，一般来说，这是决策者应当遵守的一个基本原则。在决策时，经常会碰到两难选择，几种方案各有利弊，风险不一，利大风险也大，求全还是求稳，这就要求在决策时反复比较，统筹兼顾，以最小的损失求得最大的利益。

4. “除七患于未然”的前馈决策

在《墨子·七患》中，墨子预测了可能亡国的七种情况，并提出对策，这与前馈控制的原理颇有暗合之处。在系统发生偏差之前，预先采取纠偏举措，发出相应的控制信息，提前进行操作，在可能产生重大影响的情况下，对某些不允许或不希望发生的状态，如战争、投资失败等进行控制，前馈控制可以有效地避免不必要的损失。如《墨子·七患》篇写道："国有七患。七患者何？城郭沟池不可守，而治宫室，一患也。边国至境，四邻莫救，二患也。先尽民力无用之功，赏赐无能之人，民力尽于无用，财宝虚于待客，三患也。仕者持禄，游者忧交，君修法讨臣，臣慑而不敢拂，四患也。君自以为圣智而不问事，自以为安疆而无守备，四邻谋之不知戒，五患也。所信不忠，所忠不信，六患也。畜种菽粟，不足以食之，大臣不足以事之，赏赐不能喜，诛罚不能威，七患也。以七患居国，必无社稷，以七患守城，敌至国倾，七患之所当，国必有殃。"由于前馈控制可以克服反馈控制因时间滞差带来的缺陷，因此采取的纠偏方法往往以预防为主。墨子在帮助王公大臣分析存在的隐患时，告诫他们要勤政善政、巩固国防、寻找盟国、节省开支、发展经济、尚贤使能、赏罚正确，否则将会失城亡国。在《墨子·七患》篇中，他还列举历史上的例子来证明防患于未然的重要性："是若庆忌无去之心，不能轻出。夫桀无待汤之备，故放。纣无待武王之备，故杀。桀纣贵为天子，富有天下，然而皆灭亡于百里之君者，何也？有富贵而不为备也。故备者，国之重也。"墨子自己在做事时，也总是牢记着这一原则。如在止楚攻宋时，公输般威胁要杀他，他说："公输子之意，不过欲杀臣，杀臣，宋莫能守，可攻也。然臣之弟子禽滑厘等三百人，已持臣守圉之器，在宋城上而待楚寇矣。虽杀臣，不能绝也。"最后，楚王不得不说："吾请无攻宋矣。"（《墨子·公输》）

（四）"求天志"和"三表法"的决策效果评价

墨子主张决策正确与否，还应该用"求天志"和"三表法"来判断。认为决策要顺天意，求天志，即"莫若法天"。在他看来，天是公正无私、长生不息的；符合仁的标准，是民意的反映。正如他在《墨子·天志上》篇中所说："我有天志，譬若轮人之有规，匠人之有矩。轮匠执其规矩，以度天下之方圆，曰中者是也，不中者非也。"天志是墨子的最高法则，决策正确与否，天会进行评判并奖惩，"顺天意者，兼相爱、交相利，必得赏。反天意者，别相恶、交相贼，必得罚"（《墨子·天志上》）。

由于"天志"比较抽象，因此墨子又提出了具体形象的"三表法"，来作为衡量决策对错的标准。《墨子·非命上》写道："有本之者，有原之者，有用之者。于何本之？上本之于古者圣王之事。于何原之？下原察百姓耳目之实。于何用之？废以为刑政，观其中国家百姓人民之利。""上本之于古者圣王之事"，指

判断决策的对错应以史为鉴。墨子在辩论时，常用历史典籍作为论据。例如，他在《墨子·非命上》批驳儒家命定论时说："古者桀之所乱，汤受而治之；纣之所乱，武王受而治之。此世未易，民未渝，在于桀纣则天下乱，在于汤武则天下治，岂可谓有命哉。"现代企业在经营决策时，通过对以往案例的分析，就可学到许多宝贵经验，以史为鉴可以知兴盛。"下原察百姓耳目之实"，指根据众人的反应来判断决策的对错。墨子在《墨子·明鬼下》说："是与天下之所以察知有与无之道者，必以众之耳目之实知有与亡为仪者也。"在制定和完善决策的过程中，要注意群众的反馈意见，及时予以修正。"废以为刑政，观其中国家百姓之利"，指根据实际产生的社会效果来检验决策的正确性。墨子还指出："用而不可，虽我亦将非之。且焉有善而不可用者？"(《墨子·兼爱下》)如果决策的内容不能实现，那么应该及时调整和修改，以免造成更大的损失。

四、兵家的信息决策管理心理思想

(一)"知彼知己，百战不殆"

《孙子兵法》认为，信息管理对决策和战争的成败起决定性的作用，其著名论断是"知彼知己，百战不殆"。它写道："知彼知己者，百战不殆；不知彼而知己，一胜一负；不知彼，不知己，每战必殆。"(《谋攻篇》)意思是说，了解敌人又了解自己，百战都不会有什么危险；不了解敌人而只了解自己，胜败的可能性各半；既不了解敌人也不了解自己，那就每战都有危险了。这里揭示了一条规律：只有全面了解作战双方的有关信息，才可能对时局战况的发展变化有全盘的掌握，从而正确地指挥战争，取得胜利；否则，必将危机四伏，胜负难料。孙武重视的是，只有掌握全面信息，进行统筹规划，才能对用兵作战进行有效的管理。应该说，他提出的是全面的信息管理心理思想，这在《孙子兵法》十三篇中都有所体现。

(二)"校之以计而索其情"

《孙子兵法》提出全面收集和分析信息的思想。如它说："故经之以五事，校之以计而索其情：一曰道，二曰天，三曰地，四曰将，五曰法……凡此五者，将莫不闻，知之者胜，不知者不胜。故校之以计而索其情，曰：主孰有道？将孰有能？天地孰得？法令孰行？兵众孰强？士卒孰练？赏罚孰明？吾以此知胜负矣。"(《计篇》)这里的"五事"，是指政治、天时、地利、将帅、法制。将领必须全面地了解和掌握这五方面的信息，否则就不能取胜。再从主、将、天地、法令、兵

众、士卒、赏罚七个方面比较敌我双方的条件，认真地进行分析比较，评判敌我双方的优劣长短，来判断战争胜负的情形。这样，就可以研究作战的大计，预知战争的结果。但要真正掌握这些方面的信息，还必须采用多种收集信息的手段。

1. 分析推断法

在信息收集和整理过程中，准确分析推断信息是至关重要的，因为它可以提高果断决策和作战取胜的信心。这不仅需要较强的逻辑推理能力，而且需要信息处理者具有丰富的经验和较强的观察能力。《吴子兵法》料敌篇对此有精辟的论述，认为“击之勿疑”的情形，可以根据“疾风大寒”“盛夏炎热”“百姓怨怒”“军资既竭”“水地不利”“士众劳惧”“将薄吏轻”“陈而未定，舍而未毕”八种情况决定；而“避之勿疑”的情形，可以根据六方面的信息进行判断：“一曰土地广大，人民富众。二曰上爱其下，惠施流布。三曰赏信刑察，发必得时。四曰陈功居列，任贤使能。五曰师徒之众，兵甲之精。六曰四邻之助，大国之援。”如果获得了这六个方面的信息，就可以判定出敌方强大，难以取胜，因此不可与之交战，即“所谓见可而进，知难而退也”。

根据地方风土人情方面的信息，进行分析判断或许更有高明之处。《吴子兵法》料敌篇对此有具体论述。该篇写道：“夫齐性刚，其国富，君臣骄奢而简于细民，其政宽而禄不均，一陈两心，前重后轻，故重而不坚。”对此，应该兵分三路，从侧翼攻击，就可以攻破敌阵。“秦性强，其地险，其政严，其赏罚信，其人不让，皆有斗心，故散而自战。”对此，应该诱之以利，使军队离散，然后袭击其将领。“楚性弱，其地广，其政骚，其民疲，故整而不久。”对此，要扰乱其军营，削弱其士气，使其劳累困顿，而不直接与之交战。“燕性悫，其民慎，好勇义，寡诈谋，故守而不走。”对此，与燕军接触后就胁迫它，袭扰一下就迅速远离，奔袭其后方使将领疑惑，士兵恐惧，这样就能够打败燕军。“三晋者，中国也，其性和，其政平，其民疲于战，习于兵，轻其将，薄其禄，士无死志，故治而不用。击此之道，阻陈而压之，众来则拒之，去则追之，以倦其师。”对此，必须摆开阵势，坚决抗击，敌人退却就追击，使其疲惫而败北。

2. 观察法

《孙子兵法》的“处军相敌”，《吴子兵法》的“两军相望……我欲相之”，都是观察敌情的意思。要求通过观察敌军的行动表象，来推知其内部真实情况，这往往是获取第一手信息资料的重要途径。《孙子兵法》行军篇列举了许多这方面的例子：“敌近而静者，恃其险也；远而挑战者，欲人之进也。”前者从心理上观

察对手，作出敌情判断；后者从外部活动着眼，进行心理分析。“辞卑而益备者，进也；辞强而进驱者，退也……无约而请和者，谋也；奔走而陈兵车者，期也；半进半退者，诱也。”前两者把敌人的心理现象与实际活动结合起来，据此作出敌情判断；后三者根据敌人的反常活动，对他们作出相应的心理分析，掌握敌人行动的真实动机。“杖而立者，饥也；汲而先饮者，渴也；见利而不进者，劳也……夜呼者，恐也。”这是根据敌人行为动作的表面现象，观察他们当时的生理和心理状态（饥、渴、疲劳、恐慌），从而判断出敌方军队的战斗力。

“军扰者，将不重也……吏怒者，倦也……徐与人言者，失众也；数赏者，窘也；数罚者，困也；先暴而后畏其众者，不精之至也；来委谢者，欲休息也。”这七例都是根据敌方将士的情绪表现和军中日常事务等一般情况，对敌方将士的心理状态，以及敌方将领与士兵之间的关系，作出合理的推测判断，从而了解军队的稳定性和战斗力。“兵怒而相迎，久而不合，又不相去，必谨察之。”根据敌人的情绪反应和行为特征等方面的异常表现，慎重地考察分析他们的意图，弄清敌人的真正目的，谨防其中有诈。

3. 用间法

“用间”是收集敌方内部情报最有效的手段。对敌方的内部情况，只有做到“先知”，才能有备无患。可见，“用间”是“伐谋”“伐交”以及其他一切军事活动稳操胜券的保证。《吴子兵法》认为：“善行间谍，轻兵往来，分散其众，使其君臣相怨，上下相咎，是谓事机。”（《论将》）善于用兵打仗的将领都重视“行间”。《孙子兵法》也云：“故明君贤将，所以动而胜人，成功出于众者，先知也。先知者……必取于人，知敌之情者也。”（《用间篇》）所有的“明君贤将”，只有善于运用“间谍”收集信息，才可能取得成功。此外，信息情报只能取之于人，而绝不可用信鬼神、观天象和占卜等方式获得，这是孙武的唯物论思想在兵法中的体现。

《孙子兵法》用间篇归纳出五种用间方式，即“因间”“内间”“反间”“死间”和“生间”。这五种用间方式同时使用，就会神秘莫测，收效极大，可以说是明君贤将的至宝。

一曰“因间”。“因间者，因其乡人而用之。”就是利用敌方的普通人做间谍，这是一种简单的用间法。在两国发生冲突的时候，“因间”往往比较盛行，能够及时提供有效的信息，但容易被敌方识破，所以管理决策者应当慎重使用。

二曰“内间”。“内间者，因其官人而用之。”是指收买敌方的官员做间谍。由于物质利益的冲突或某些官员的立场不坚定、品性不佳等原因，他们常能为我所用，成为我方的情报员。

三曰“反间”。“反间者，因其敌间而用之。”就是指收买或利用敌方派来的间谍为我方效力。反间计最易以假乱真，一种是捕获敌方的间谍后不予公开，在暗中重金收买使之成为双重间谍。另一种是发现了敌方的间谍，并弄清了他的意图后，将计就计，向他提供假情报，使敌人以假当真而出错，以达到我方的目的。

四曰“死间”。“死间者，为诳事于外，令吾间知之，而传于敌间也。”是指故意向敌间传递虚假情报，让敌方上当受骗，敌方上当后往往会将其处死。或是针对敌人内部了解我方弱点的人，使其向主子提供情报和出谋划策，并及时改变或制造假象，使敌方主将怀疑提供情报的人甚至将其杀死，这也是一种借刀杀人的计谋。

五曰“生间”。“生间者，反报也。”是指被派往敌方的我方谍报人员，侦察后还能够活着回来报告情况。

“用间”是一项十分机密的工作，因此对间谍人员的待遇和要求也很高。孙武说：“能以上智为间者，必成大功。”只有那种睿智聪颖的人，才能成为理想的间谍人员，才能够取得较大的成就。他又说：“故三军之事，莫亲于间，赏莫厚于间，事莫密于间。”在三军中，间谍人员应该是最亲近的，给予的奖赏应该是最优厚的，其工作的性质也是最为机密的。

4. 侦察法

《孙子兵法》主要讲的是战斗侦察，一般是在其他手段无法进一步获取信息时采用。如它写道：“故善动敌者，形之，敌必从之；予之，敌必取之。以利动之，以卒待之。”(《势篇》)在这里，“形之”“予之”“以利动之”，是根据敌人的心理特点和行动规律，采用欺骗的方法，诱使敌人上当，然后“以卒待之”，进行伏击歼灭。“故策之而知得失之计，作之而知动静之理，形之而知死生之地，角之而知有余不足之处。”(《虚实篇》)在这里，“策之”“作之”“形之”“角之”都是侦察敌人实力的具体方法。意思是要认真分析判断，以求明了敌人作战计划的优劣；挑动敌人，以求了解其行动的规律；通过佯动诱导敌人，以求摸清其所处地形的利弊；进行战斗，以求探明敌人兵力部署的虚实强弱。在这一方法中，不仅要求主将能够进行精确敏捷的思维活动，分析敌情，而且要善于了解敌人的心理和弱点从而调动它们，善于伪装和欺骗使敌人暴露实力，这样就可以充分地掌握主动权，取得最后的胜利。

(三)“多算胜，少算不胜”的决策心理思想

《孙子兵法》关于决策心理有一著名的论断：“夫未战而庙算胜者，得算多也，未战而庙算不胜者，得算少也。多算胜，少算不胜，而况于无算乎！”（《计篇》）古代的庙算本意是指兴兵作战前在庙堂举行会议，谋划作战的战略战术，预测战局的变化及其结果，然后授权将帅，率兵出征。这就是进行战略决策。在出战前进行周密的计算从而能够取得胜利，是因为得胜的条件充分；在出战前未经过周密的计算谋划从而不能取胜，是因为得胜的条件不充分。进行充分的计算谋划，得胜的条件充分就能够取胜；进行简单的计算谋划，得胜的条件不够充分就不能取胜，更何况没有进行充分的计算谋划，缺乏得胜的条件。战争中情况扑朔迷离、变化莫测，有许多未知的和不确定的因素，身系成败存亡重任的决策指挥者，只能根据已知来判断未知，必须具备高超的指挥决策能力。

孙子的决策心理思想以“全胜而非战”为目标，以全面的信息管理为前提，并且包含三条原则：“善之善者”的优选原则；“践墨随敌”的调控原则；“奇正相生”的变化原则。

一是“善之善者”的优选原则。科学的决策来自多项方案的综合选择，没有选择就没有决策。《孙子兵法》的这一优选原则包含两方面的内容。其一是“百战百胜，非善之善者也；不战而屈人之兵，善之善者也”（《谋攻篇》）。即要以实现“不战而屈人之兵”的最高理想为标准。其二是能够超出众人所知，超出力战取胜的境界：“见胜不过众人之所知，非善之善者也；战胜而天下曰善，非善之善者也。故举秋毫不为多力，见日月不为明目，闻雷霆不为聪耳。”（《形篇》）预见胜利不超过一般人的见识，不是最高明的；经过力战而取胜，被天下人说好，也不是好中最好的。孙子坚决反对人云亦云的决策方案，也不赞同那种全票一致通过的决策项目，而是强调真正英明的决策和由此而获得的胜利，应该超过普通人的认识和理解能力。

二是“践墨随敌”的调控原则。决策确定以后，由于情况不断发生变化，因此在实施过程中要建立反馈机制，及时调整纠偏。对此，《孙子兵法》提出了“践墨随敌，以决战事”（《九地篇》）的决策原则。其意思是，实施既定计划时，要随着敌情的变化不断改变策略，以确保最后的胜利。虽然孙子没能从信息反馈系统的角度来阐述这一思想，但我们足以从侧面窥见他十分重视信息反馈对决策的重要意义。《吴子兵法》提出的“因形用权则不劳而功举”（《论将》）的说法，也是强调行军作战应根据情况的变化而采用不同的战略战术，这样才能够轻而易举地获得胜利。

三是“奇正相生”的变化原则。这一决策原则的含义特别丰富。“奇正”指军队作战时的变法和常法，在战法上明攻为正，暗袭为奇；按一般原则作战为正，采用特殊战法为奇。《孙子兵法》势篇说："三军之众，可使必受敌而无败者，奇正是也。""战势不过奇正，奇正之变，不可胜穷也。奇正相生，如循环之无端，孰能穷之？""凡战者，以正合，以奇胜。故善出奇者，无穷如天地，不竭如江河。"这三段话的意思是说：（1）统率全国军队在遭到进攻时保持不败，是因为奇正等方法用得恰到好处。应该说，奇兵、正兵、奇法、正法等都是决策中的备选方案，这种备选方案越多就越能够应付各种不同的局面，因此即使突然遭到攻击也不会失败。（2）作战的情形不过奇正两种情况，然而奇正的变化是无穷无尽的，奇正相互转化就像圆环一样永远没有尽头。不过，在作战中善于出奇者容易取得胜利。（3）这种情况完全符合决策的优选原则。《孙膑兵法》说："积疏相为变，盈虚相为变，径行相为变，疾徐相为变，众寡相为变，佚劳相为变。"（《积疏》）这也指出了战争中的任何情况都会发生变化，要使形势向有利于我方的方面转化，善于利用这种变化就可以取得胜利。

五、纵横家的信息决策管理心理思想

（一）反应之术

什么是反应之术？"反应"之术即"听言之道，或有不合，必反以难之，彼因难而更思，必有以应也"。反应之术也称"钓语"之术："其钓语合事，得人实也。"反应之术就像用诱饵钓鱼一样，用话头钓人之语，让对方主动道出实情。

反应之术在管理谋略中有何意义？在《鬼谷子·反应篇》中，鬼谷子认为，"反应之术"可以帮助人们做到通古今、知己彼、见机行事。首先是"反以观往，覆以验来；反以知古，覆以知今；反以知彼，覆以知己。动静虚实之理，不合于今，反古而求之"。先要回顾历史，以史明鉴，再了解现实，查验未来；如果动静、虚实的原则在未来、今天都得不到应用，就应该从历史中去考察前人的经验。其次是"反以知彼，覆以知己"。先要观察对方，再认识自我。"故知之始己，自知而后知人也。其相知也，若比目之鱼；其见形也，若光之与影。其察言也不失，若磁石之取针，如舌之取燔骨"。在经营中，如果能够由己及人进行商业交往，处理各种问题，设身处地地为公众和顾客着想，就可避免各种矛盾，建立良好的客户关系。最后是"其与人也微，其见情也疾，如阴与阳，如方与圆。未见形，圆以道之；既见形，方以事之。进退左右，以是司之"。自己暴露给对方的微乎其微，而侦察对方的行动十分迅速，就像阴变阳，又像阳转阴；像圆变方，又像方转圆一样自如。鬼谷子主张要了解自己，最好从别人身上入手。这种思维方式在管理谋略中是很重要的。

反应之术如何用于管理谋略？鬼谷子在《鬼谷子·反应篇》阐述了反应的具体方法。

一是“因其言，听其辞。言有不合者，反而求之，其应必出”。意思是，要根据别人的言谈来听他的辞意，如果其言辞有矛盾之处，就反复诘难，其应对之辞就会出现。

二是“以无形求有声。其钓语合事，得人实也。其犹张罝网而取兽也。多张其会而司之，道合其事，彼自出之，此钓人之网也”。就是说，以无形的规律来探求有声的言辞，引诱对方说出的言辞，如果与事实相一致，就可以刺探到对方的实情。

三是“常持其网驱之，其不言无比，乃为之变。以象动之，以报其心，见其情，随而牧之。己反往，彼覆来，言有象比，因而定基。重之袭之，反之覆之，万事不失其辞”。这就像张网捕兽一样，多设一些陷阱，让对方进入圈套，便可获得宝贵的真实情报。如果把捕野兽的办法用到人身上，那么对方也会暴露出来。用此方法时，要经常变化，根据具体情况作一些调整，向对手不断发动袭击，反反复复，所有的事情都可以通过说话反映出来，在一次次试探性谈话中自己也获得了想要的信息。例如，在经济活动中，“张网得实”就是“用间”，通过“用间”掌握有价值的经济情报，帮助自己作出正确决策，许多大公司建立了自己的市场信息研究机构，获得竞争对手的信息，寻找对方的弱点，增强自己的竞争力。

四是“反应”的要点是谋划时要善于从相反的方面来思考和验证事物，行动时从相反的角度入手。谋士要善于“反听”，从反面听别人言论的人，可以刺探到实情，随机应变得当，对对手的控制周到，心里的底数清楚，就能做到胸有成竹了。

五是“故善反听者，乃变鬼神以得其情。其变当也，而牧之审也。牧之不审，得情不明，得情不明定基不审”。要想了解对方的内情，就要善于运用模仿和类比的方法，以便把握对方的真实想法，因为“同声相呼，实理同归”。但是对方也可能有诡诈之术，所以要注意分辨真伪，了解异同，“得其情诈也”。在具体操作时，应该从相反的角度来迷惑对方，做一些伪装动作以观察对方的反应，从反面达到自己的目的：“欲闻其声反默，欲张反敛，欲高反下，欲取反与。”

六是“欲取先予”。其方式主要有：(1) 少予多取。如通过降价来增加销售量。(2) 短予长取。如美国可口可乐公司在“二战”期间为占领市场，许诺整个战区的美军士兵用五美分就可买到一瓶可口可乐。(3)此予彼取。即一方面给好处，再从另一方面补回。如美国吉列刀片公司免费送刀架，但从刀片中获取大量利润。

最后，鬼谷子强调，自己要心情平静，要根据轻微的征兆判断同类大事。正如他在《鬼谷子·反应篇》所说："己欲平静以听其辞，察其事，论万物，别雄雌。虽非其事，见微知类。若探人而居其内，量其能射其意。"这里的"见微知类"，其实就是类比推理术，即由个别推求一般，由已知推求未知。其关键在于预见和判断，在错综复杂的环境中发现对事物发展起决定作用的苗头，根据苗头预测事物发展的结果。

(二)决断之术

什么是决断之术？鬼谷子在《鬼谷子·决篇》中指出："故夫决情定疑，万事之基，以正治乱，决成败，难为者。""决"，决断，判断之义。成功的谋略之所以能成其事，主要依靠以下五种计谋：或用堂堂正正的道德；或用阴谋权术；或靠开诚布公，取信于民；或靠藏拙露巧，隐蔽行事；或墨守成规，遵循古训。即"有以阳德之者，有以阴贼之者，有以信诚之者，有以蔽匿之者，有以平素之者"。这五种计谋可分为"阴""阳"两类。阴者把握关键时机，阳者辅以常规古训，把这两者综合起来，谨慎行事。碰到疑难之事，需要决断时，可根据以往的经验，来验证将来的事情，再用平时的事情加以佐证，这样就叫"决断"了。

决断之术在管理谋略中有何意义？鬼谷子认为，能否善于决断，是关系到计谋能否实行，以及个人和国家命运的大事。对疑惑不决的事进行决断，是处理事物的关键；由于这关系到社会治乱、计划成败，因此是非常重要的事情。古人用龟甲占卜以决疑，现在则要在智囊团的帮助下来决断。决策问题是企业能否长久发展的一个重要因素。现代企业的决策，不能是某一个人拍脑袋得出来的，应该是在专家组的充分论证下，科学地提出几套方案，再通过反复地权衡利弊，才产生的一个最优方案。

决断之术，如何用于管理谋略？在《鬼谷子·决篇》中，鬼谷子分析了决断的目的是帮助别人避免失败。他说："凡决物，必托于疑者，善其用福，恶其有患。善至于诱也，终无惑偏。有利焉，去其利则不受也，奇之所托。若有利于善者，隐托于恶，则不受矣，致疏远。故其有使失利者，有使离害者，此事之失。"就是说，凡为他人决断事情，都是受托于有疑难的人，人们都希望遇到有利的事，不希望碰上祸患和被诱骗，希望最后能排除疑惑。在为人决断时，肯定有利于一方，而对另一方不利。任何决断都应该有利于被决断者，如果在其中隐含着不利的因素，那么被决断者就不会接受，彼此间的关系就会疏远。这样对为人决断的谋士就不利了，甚至会带来灾难，因此应当尽可能避免失误的决断。

此外，鬼谷子还指出了六种比较容易决断或应该决断的情况："于是度之往事，验之来事，参之平素，可则决之。王公大人之事也，危而美名者，可则决之；不用费力而易成者，可则决之；用力犯勤苦，然不得已而为之者，可则决之；去患者，可则决之；从福者，可则决之。"(《决篇》)属于以下六种情况的，谋臣策士可为之决疑：一是从事物的历史、现在、将来等方面作了全面分析后，有把握的；二是"王公大人之事"，崇高而有美名的；三是不用费力而易成的；四是费力大又劳苦，然而不得已必须替他人拿主意的；五是能够解除对方灾患的；六是能实现幸福的。可见，在决策前，要考虑是否值得做，因为一个企业的领导者面对的事非常多，应当防止做无用之功，而要做有意义的事。

第二节　汉魏六朝信息决策管理心理思想

汉魏六朝兵家关于战争的信息决策心理思想，在继承了前代思想精华的基础上有了进一步的发展，在操作技巧上阐述得更具体。下面拟以曹操、诸葛亮等兵家的有关思想为代表进行论述。

一、决策原则

(一) 全面掌握信息

这是进行正确决策的前提。如《六韬》认为，主上要明，必须收集四面八方的信息，做到无所不知，才能无所不明。"目贵明，耳贵聪，心贵智。以天下之目视，则无不见也；以天下之耳听，则无不闻也；以天下之心虑，则无不知也。辐凑并进，则明不蔽矣。"(《六韬・文韬》)这里的天下之目、天下之耳和天下之心，一方面可以看成是要求明君广开言路，听信忠言；另一方面是表明明君之所以"明"，在于他建立了系统而全面的信息传递渠道，全面收集各类信息，做到无所不知，"明不蔽矣"。《三略》也说："《军谶》曰：'用兵之要，必先察敌情：视其仓库，度其粮食，卜其强弱，察其天地，伺其空隙。'"(《上略》)即调兵遣将必须首先了解敌情，才能准确地作出决策，抓住有利的战机。需要掌握的信息包括粮食储备、力量强弱、地理气候、政治时局等。捕捉可被利用的间隙、机会，迅速出击，方可取胜。

（二）具体掌握特点

具体了解敌我双方的真实情况，分析出敌人的虚实，采取措施，主动出击，是决策取得成功、战争获得胜利的关键因素。这一时期的兵家不仅深谙《孙子兵法》“知己知彼，百战不殆”之要旨，重视对军事情报的全面掌握；而且讲究避实击虚，主动出击，以取得胜利。诸葛亮认为：“古之善斗者，必先探敌情而后图之。”（《诸葛亮集·击势》）先探敌情然后才能有所图谋。作决策前要了解哪些情况呢？“古之善用兵者，揣其能而料其胜负。”（《诸葛亮集·揣能》）“揣其能”即全面了解敌方将领的指挥能力，敌方军队的作战能力，弄清其长短优劣，从而判断作战获胜的可能性。只有在全面分析敌我情况之后，根据不断变化的形势，利用敌人的劣势和弱点，采取相应的措施，主动出击，才能胜利在握。

诸葛亮指出针对不同特点的将领，可以采用不同的方法战胜他们：“勇而轻死者，可暴也；急而心速者，可久也；贪而喜利者，可遗也；仁而不忍者，可劳也；智而心怯者，可窘也；谋而情缓者，可袭也。”（《诸葛亮集·情势》）勇猛而又不怕死的将领，可以激怒使其暴躁；焦急而又反应迅速的将领，可以长期与之周旋；贪婪而又喜好物质利益的将领，可以赠送钱财进行收买；仁义而又不忍心的将领，可以劳累而使其疲困；富有智慧而又胆怯的将领，可以恐吓而使其窘迫；善于使用计谋而又情绪反应缓慢的将领，可以采用突然袭击的方法。

此外，诸葛亮还提出根据敌方将领或国君的不同需要，采取各种不同的心理战术，进行拉拢、瓦解、袭击。他说：“迫而容之，利而诱之，乱而取之，卑而骄之，亲而离之，强而弱之，有危者安之，有惧者悦之，有叛者怀之，有冤者申之，有强者抑之，有弱者扶之，有谋者亲之，有谗者覆之，获财者与之。”（《诸葛亮集·将诫》）意思是说，窘迫的，设法容纳安抚他；好利的，用物质诱惑他；混乱的，袭击攻取他；卑微的，使他骄横；亲近的，使他分离；强大的，使其弱小；遇到危幽，使其安顿；心有恐惧的，使其快乐；叛变敌人的，使其归顺；有冤屈的，为其申冤；有争强好胜的，使其收敛；有软弱无能的，使其受到安抚；有善于谋划的，使其得到重用；有喜欢进谗言的，使其受到压制；想获得财物的，就给予他。这种战术可使强者得到利用或削弱，弱者得到安抚而归顺，从而壮大自己。

（三）保守秘密

用兵之法，其妙无穷，斗智斗勇，变幻莫测。保守秘密是决策能够实施并获得成功的根本保证和基本原则。《三略》提出：“将谋密，则奸心闭。”（《上略》）将领谋划决策必须保守秘密，才能消除奸诈之心，防止敌人有机可乘。一旦“将谋泄，则军无势”，军队作战就没有可乘的有利之机，亦即没有取得成功的希望了。

二、信息心理战术

为了确保作出正确的决策并有效地实施，这一时期的兵家还提出了信息心理战的一些方法。

（一）“先塞其明”

《六韬·武韬》提出：“凡攻之道，必先塞其明，然后攻其强，毁其大，除民之害。淫之以色，啖之以利，养之以味，娱之以乐。既离其亲，必使远民。勿使知谋，扶而纳之，莫觉其意，然后可成。”意思是攻打敌国时，首先要使敌方决策者昏聩蒙蔽，无法了解真实的信息。这可以通过投其所好的战术来实现，麻痹其思想，扰乱其视听，使其众叛亲离，脱离百姓。但是，只有当这些计谋不被敌方察觉时，才能收到应有的效果。

（二）“乱其耳目”

诸葛亮在讨论如何进行水战和夜战时，充分阐述了兵不厌诈、提供虚假信息的心理战术。他说：“水战之道，利在舟楫。练习士卒以乘之，多张旗帜以惑之…… 夜战之道，利在机密，或潜师以冲之，以出其不意，或多火鼓，以乱其耳目，驰而攻之，可以胜矣。”（《诸葛亮集·战道》）这里的“多张旗帜”“潜师以冲之”“多火鼓”等，就是向敌人提供虚假的信息，以欺骗敌人，“乱其耳目”，使敌人不知我方之虚实，扰乱其军心，动摇其士气。但是，这些战术的有效实施，都要以“机密”为保证。

（三）“出其不意”

“出其不意”包括两方面的意思：一是敌方没有考虑到，或一无所知；二是敌人知道情况也来不及作出有效的反应。为确保我方信息、决策意图和方案的安全有效，“神速”是重要的前提保证；只有做到“神速”，才能出其不意，攻其不备。正如《三略·上略》所说：“将谋欲密，士众欲一，攻敌欲疾。”“攻敌疾，则备不及设。”在敌人来不及获取真实信息，来不及进行有效防御的前提下，迅速出击，才能稳操胜券。《六韬》也有类似的说法：“武王曰：‘敌知我情，通我谋，为之奈何？’太公曰：‘兵胜之术，密察敌人之机而速乘其利，复疾击其不意。’”（《文韬》）这也是《孙子兵法》“胜已败者”思想的具体体现。

第三节　唐宋信息决策管理心理思想

一、贞观统治集团的信息决策管理心理思想

古代思想家主张明君要兼听纳下。贞观统治集团赞同并实施了这一主张，认为明君既要听取臣僚的意见，也要倾听百姓的呼声；既要听取正面的建议，也要听取反面的批评。值得注意的是，他们主张不仅在事业初创时要倾听各方面的建议，而且在事业取得成功后要防止听信阿谀之辞。贞观统治集团的得力干将魏徵就是这么主张的。在他看来，有些君王在事业初创时，能做到听取民情民意和下属意见，即所谓“采刍荛之议，从忠谠之言”；但到了笃定成功、天下安定的时候，他们往往喜欢听吹捧自己的话，讨厌批评和规劝，即所谓“甘乐谄谀，恶闻正谏”（《贞观政要・君臣鉴戒》）。这是统治者必须时刻引以为戒的，对今之领导者也颇有教益。

唐太宗希望出现“主纳忠谏，臣进直言”的局面，特别主张“须相匡谏”（《贞观政要・君臣鉴戒》）。其得力大臣魏徵也认为，明君应该“兼听纳下”，这样才能使“贵臣不得壅蔽”，“下情必得上通”（《贞观政要・君道》）。唐太宗把大臣比喻为“耳目”，认为要了解天下的情况，就要听取大臣的意见；如果“耳目”闭塞，就会有灭亡的危险。“看古之帝王，有兴有衰，犹朝之有暮，皆为蔽其耳目，不知时政得失。忠正者不言，邪谄者日进，既不见过，所以至于灭亡。朕既在九重，不能尽见天下事，故布之卿等，以为朕之耳目。”（《贞观政要・政体》）而作为“朕之耳目”的意见，往往既有正面的，也有反面的；既有建设性的，也有批评性的。唐太宗的可贵之处，就在于他愿意听取大臣们提出的反面的批评性意见。他把敢于直言的忠臣比做“明镜”，认为有了“明镜”，才能纠正过失，避免错误的发生。他说：“人欲自照，必须明镜；主欲知过，必藉忠臣。”（《贞观政要・求谏》）魏徵就是这样的忠臣，所以当他死后，太宗十分悲痛，感叹自己失去了一面“明镜”：“以人为镜，可以明得失……今魏徵殂逝，遂亡一镜矣！”（《贞观政要・任贤》）

二、《太白阴经》《虎钤经》《武经总要》等兵书的信息决策管理心理思想

（一）信息心理观

这一时期的信息决策管理心理思想，继承了前代的全面信息管理心理思

想，并提出了观测天象获得信息会对人的心理产生影响的观点。其基本思想有以下两方面的特征。

1. “吉象不恃，凶象不惧”

《虎钤经》指出，“吉象不恃，凶象不惧”，才能有所作为。“观乎天文之风云星辰有吉凶者，天将也。得其吉象不可恃之，恃之者凶；得其凶象不可惧之，惧之者锐。苟不知天象之吉凶者，是虚其机而应天者也。”（《兵机统论第十二》）就是说，观测天象可以从中获得吉凶的预兆，这是上天为人提供的信息；但善于用兵的人，看到上天预示的吉象，并不依靠它，如果依靠它就会有危险；看到上天预示的凶象，也并不惧怕它，如果惧怕它就会胆怯。善于用兵的人在了解了吉凶之后，暗中采用巧妙的计策，并付诸行动，以顺应天机，将不利的因素转变为有利因素。这不仅是追求唯物客观信息思想的体现，而且是利用天象预示的吉凶对人心理反应的影响，为实现全胜目标而采取行动的信息心理战术。

2. “智周万物，曲成万物”

为了实现“全胜而非战”的目标，《太白阴经・沉谋篇》提出了“智周万物而不殆，曲成万物而不遗”的信息管理心理思想。认为只有全面地了解和把握事物发展的信息，才能进行有效的“权算”。李筌写道：“夫竭三军气、夺一将心、疲万人力、断千里粮，不在武夫行阵之势，而在智士权算之中。”（《太白阴经・沉谋篇》）人谋以充分足够的信息为基础，才能让智士作出准确的预选方案，力求出现“竭气”“夺心”“疲力”“断粮”的局面。

《虎钤经》也指出，用兵之道应该“详天地之利害，审人心之去就，行赏罚之公，慎喜怒之理，择进退之地，张攻伐之权，明成败之图，度主客之用”（《军谋第十三》）。意思是说，在我方做好充分准备的情况下，还必须全面了解信息，不仅要收集气候地理、人心向背、军队治理等方面的信息，而且要选择有利的作战路线，决定攻战的计策，弄清国力的强弱，审察主动与被动的地位。

（二）信息决策管理的心理方法

在上述信息心理观的基础上，这一时期提出的信息决策管理的心理方法，虽不是很多却很有特色，主要表现在如下两个方面。

1. 变幻莫测，顺理而变

这一时期的兵家认为，信息决策管理应该做到变幻莫测，顺理而变，表现为“弱兮柔兮，卷之不盈怀袖；沉兮密兮，舒之可经寰海”（《太白阴经・沉谋篇》）。即在没有采取军事行动之时，表现为柔弱到极点，军事行动和战略战

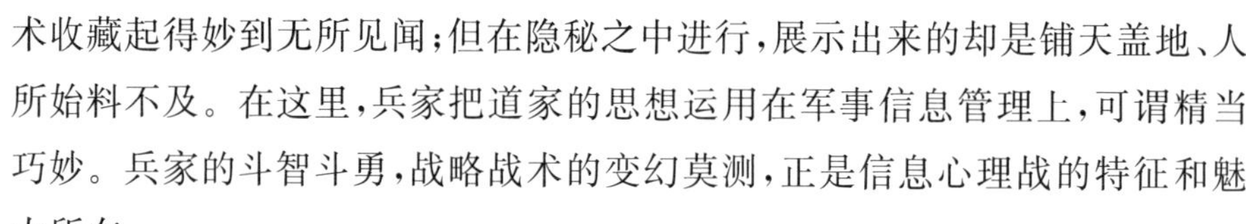
术收藏起得妙到无所见闻；但在隐秘之中进行，展示出来的却是铺天盖地、人所始料不及。在这里，兵家把道家的思想运用在军事信息管理上，可谓精当巧妙。兵家的斗智斗勇，战略战术的变幻莫测，正是信息心理战的特征和魅力所在。

《李卫公问对》也说到了这一心理方法："善用兵者，无不正，无不奇，使敌莫测，故正亦胜，奇亦胜。三军之士，止知其胜，莫知其所以胜。"（《卷上》）意思是说，会用兵的人，善于使用信息心理战术，无处不用奇兵，无处不用正兵，根据形势的变化，不断变换战术，神秘莫测，使敌人无法判断虚实，从而掌握战场的主动权。最后三军将士只知道取得了胜利，却不知道是如何取得胜利的。

2. 先探其将，因形用权

在农业时代，战时最重要的信息，无疑是有关决策者和组织指挥者的信息，因为他们的才能、思想、性格、情感等，都是影响战争胜负的重要因素。《武经总要》主张要特别注重收集整理将领的信息："必先探其将能否而后战，因形用权，则不劳而功举。"（《前集卷四》）掌握了将领的指挥才能和个性特征这一关键信息，再根据信息采取对策，就可以轻而易举地获得胜利。

《虎钤经》认为，真正富有智慧的军事指挥人员，掌握了古人兵法后能够灵活地运用。据此，"夫兴师之际，当先探敌将才不才。设若敌将不能以兵法使众，惟以勇敢为己任，我则顺用古法待之也。或敌将善用古法，我则逆用古法待之也……新智者，非不师古也，因古而反之尔"（《逆用古法第四十七》）。在了解敌方将领的能力特征后，就可以采取顺古法而行或反古法而行的心理战术，比较容易奏效。不仅如此，《长短经》根据这一时期兵家的有关经验，概括出了十四种具体的做法（《将体第十一》）（见表8-1）。

表8-1　将领特征与心理战术

将领特征	心理战术	将领特征	心理战术
愚而信人	谋而诈	急而心速	可诱
贪而忽名	贷而贿	贪而喜利	可袭
轻变	劳而困	仁而不忍于人	可劳
上富而骄，下贫而桀	离而间	信而喜信于人	可诳
将怠士懈	潜而袭	洁而不爱人	可侮
智而心缓	可追	刚毅而自用	可事
勇而轻死	可暴	懦心喜用于人	可使人欺

3. 神机莫测，多方误敌

所谓“神机”，是指出人意料的军事谋略或战术，它往往来自精心的研究和策划，其成功之道就在于对信息（包括我方的信息）的管理要保密和示假，以及详细侦察敌情。《虎钤经》写道：“敌人料我于前，失之于后；料我于远，失之于近。动静出入，敌不能察，是谓神机。”（《五机第二十七》）可见“神机”，就是让敌人不能了解我方的真实意图，使敌人上当出错。这与唐代《李卫公问对》提出的“‘多方以误之’之术”是很相似的：“此所谓‘多方以误之’之术也。蕃而示之汉，汉而示之蕃，彼不知蕃汉之别，则莫能测我攻守之计矣。善用兵者，先为不可测，则敌‘乖其所之’也。”就是用向对方传递错误信息的方法，使敌人无法判断我方意图的真假，出现失误，从而取得胜利。《太白阴经》同样提出：“谋藏于心，事见于迹。心与迹同者败，心与迹异者胜。”（《沉谋篇》）不懂得使用假信息以保护自身利益的人，在军事上必败无疑。因此，在信息心理战中，最好能够达到这样的境界：“湛然若玄元之无象，渊然若沧海之不测。如此，则阴阳不能算，鬼神不能知，术数不能穷，卜筮不能占，而况于将乎！”（《沉谋篇》）如果谋划不露痕迹，获胜不露声色，使敌方将领无法知晓，无法推算，猝不及防，那么打起仗来，稳操胜券是肯定无疑的。

三、陈亮的信息决策管理心理思想

南宋陈亮的管理思想中，就包含着丰富的预测、决策心理思想。《陈亮集·酌古论》中写道：“善图天下者无坚敌，岂敌之皆不足破哉？得其术而已矣。运奇谋，出奇兵，决机于两阵之间，世之所谓术也。此其为术，犹有所穷。而审敌情，料敌势，观天下之利害，识进取之缓急，彼可以先，此可以后，次第收之，而无一不酬其意，而后可与言术矣。”（《陈亮集·酌古论·曹公》）这段话的意思是善于谋取天下的人没有顽强的敌人，难道是敌人都不堪一击吗？不过是正确地运用战略战术罢了。仔细研究敌情，预测敌人的态势，观察天下的利害，明确进攻的缓急，哪些要占先，哪些要居后，次第收效，没有一样不符合计划。在陈亮看来，了解信息、预测、计划、决策，这几项是最主要的，也可将其看成是战略思想。有了战略思想，有了基本的预测、决策，战术方面的事才是可讨论的、有效的。陈亮的这种管理思想虽然主要运用于战略战术中，但也体现了他对决策前的信息处理、预测的充分重视。

第四节　明清信息决策管理心理思想

一、朱元璋的信息决策管理心理思想

朱元璋认识到个人见识具有局限性，主张听取众人意见，反对自作聪明。他说："人主以明为治，而不自用其明，当取众人以为明。众人之见，必广于一人。故用天下之贤才以为治，使天下之情幽隐毕达，则明无不照而治道成矣。苟自作聪明而不取众长，欲治道之成，不可得也。"(《典故纪闻》)

朱元璋以国家兴衰存亡的高度，来认识从谏与拒谏的意义。指出君主"饰非拒谏"，会导致王朝灭亡；而君主"屈己从谏"，臣子"尽忠进谏"，就可以成就大业。对此他还说过这样一段话："朕观往古任智自用之君，饰非拒谏多取灭亡。成汤改过不吝，故为三代盛王，唐太宗屈己从谏，亦能致贞观之治，此皆后世罕及也。人君苟能虚己以受言，人臣能尽忠以进谏，则何事业不可成哉！"(《明太祖宝训》)纳谏在决策上的作用，有两个方面：一是提供更多的方案，以供优选；二是提供补救方案，特别是在君主作出错误决策时。

此外，朱元璋认为，虚心纳谏才能知"得失"，否则就会"所知有限""所闻不广"。他说："朕常患下情不能上达，得失无由以知，故广言路以求直言。其有言者，朕皆虚心以纳之。尚虑微贱之人，敢言而不得言，疏远之士，欲言而恐不信。如此则所知有限，所闻不广。"(《明太祖宝训》)他还提出直言上谏能起到"拾遗补阙"的作用："人君深居高位，恐阻隔聪明，过而不闻其过，阙而不知其阙。故必有献替之臣、忠谏之士日处左右，以拾遗补阙。"(《明太祖宝训》)从中我们不难看出，朱元璋确实非常重视进谏与纳谏。

二、清初统治集团的信息决策管理心理思想

由于君主专制体制中皇位具有特殊性，因此，如何在封建统治集团中疏通信息的流通渠道，使皇帝能掌握充足而准确的信息，就成为实施有效管理的重要前提。清初统治集团采用折奏和科道相结合的方式来获取准确的信息，下面就对这两种信息渠道分别进行论述。

（一）折奏制度

在清代折奏始于康熙，盛于雍正。清初折奏制度有其鲜明的特点：一是折

奏人范围广大。折奏人范围的扩大，意味着皇帝耳目增加，信息渠道增多，对下情了解更细，而且更准确。雍正自己说："今许汝等下僚亦得折奏者，不过欲广耳目之意。"(《朱批谕旨》鄂昌折奏，七年六月十八日）二是密折种类多样。有临时性的，这多用于密荐人才；有定时性的；也有普通密折，即随时随事奏闻者。密折进呈方式也多种多样，有直接进呈的，主要针对督抚将军等高级官僚；有由上司转奏的，主要针对知府、道员等低级官员；亦有交朝中指定大臣转奏的。三是保密制度严格。雍正在统治期间，对密折的保密性极为重视，经常训诫臣下："密之一字，当拳拳服膺，以为终身诵。"(《雍正朝汉文朱批折奏汇编》)要求密折应由官僚亲自缮写。还有就是密折内容广泛。随着密折人增加，密折内容也空前扩大。有皇帝折奏朱批下达秘密指令者；有君臣之间交流感情、互致问候者；有皇帝与臣僚臧否人才，商议国家大事者；亦有臣僚互相监督、报告政务、密奏旱涝，或皇帝指示方略、授以机宜、进行奖罚、表示喜怒者。

折奏制度的主要功能只有一个，那就是使皇帝能多渠道地、及时地了解各种信息，制定对策，这就为皇帝监督各级官僚的居心行止，强化政治控制提供了极大的便利。

(二) 依靠科道广开言路

与康熙、雍正依靠密折获取信息不同，乾隆认为密折的方式不可取，而应依靠科道广开言路。具体做法是：严不言之罚，"将不言者放归田里或改授闲曹，则人知所惩矣"；恕妄言之罪，对言官之言，"言而当，褒美之，言不当，亦优容之，虽其中有结党挟仇形迹，可疑者亦宜给之冠带，不宜加以戮辱"；除文字忌讳。被雍正发配充军九年的谢济世对雍正的密折制度甚为不满，他曾说："言路不开，舍科道而问之督抚、提镇及藩臬，犹御膳不调，舍尚食而问之尚衣、尚宝及百执事也。"

谢济世还曾意味深长地对乾隆说："若皇上必欲为尧舜之君，复斯世于唐虞之盛，莫若于《大学》《中庸》求之，《大学》言格物、诚意、正心、修身；《中庸》言慎独、致中、和达德、行达道，圣功王道莫要于此，莫备于此。舍此而别求平天下之道，形未端而欲景正，原未洁而欲流清，以博览广听为求言，以察言观色为知人，以亲庶务折庶狱为勤政，臣恐其为汉唐杂霸之治，而非二帝三王之治也。"(《国朝名臣言行录卷十三》)

乾隆依靠科道这种正式的制度，建立了与基层机构进行信息沟通的良好渠道，同时通过有效的行政手段来保证信息的真实性和可靠性。与密折相比，科道是一种成本更低且效率更高的信息沟通方式，但同时也需要对信息进行大量

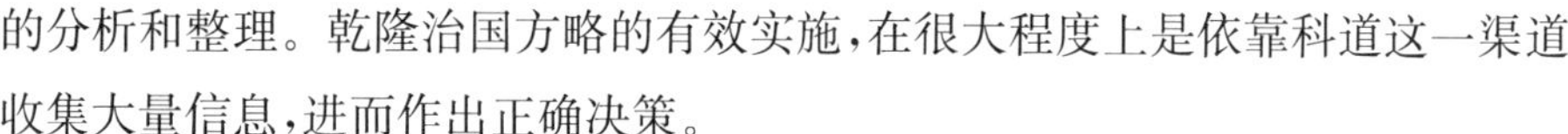
的分析和整理。乾隆治国方略的有效实施，在很大程度上是依靠科道这一渠道收集大量信息，进而作出正确决策。

三、《三十六计》的信息决策管理心理思想

《三十六计》是谋略的代表作，懂得恰当运用每个计策，从结果角度讲都是决策的成功。

（一）“隔岸观火”

敌人出现“阳乖序乱”（即内部矛盾激化而出现多方面的秩序混乱甚至相互倾轧）之时，我方“阴以待逆”（即我方暗中静观敌变，坐待敌方情势出现进一步的恶化），最后采取“顺以动豫，豫顺以动”的方略，即我方顺时以动，天地就能随和其意，行动就可顺其自然。这一过程充分说明，收集信息是“顺以动豫，豫顺以动”的基础。

（二）“反间计”

“反间”是指收买或利用敌方派来的间谍为我方效力，但收买和利用对方间谍的前提条件是，必须让其认为我方已“后院失火”。此计讲：“间者，使敌自相疑忌也；反间者，因敌之间而间之也……”（《三十六计·反间计·按语阐释》）由此可以看出，“间者”是打探信息、收集情报，以及离间对方的人或组织；“反间者”则利用对“间者”情况的充分掌握，将计就计，从而达到使敌人“自间”之目的。

（三）“声东击西”

从信息论的角度对“声东击西”“暗度陈仓”“打草惊蛇”“苦肉计”等计进行考察，不难发现它们均是通过制造假象的方法，给敌人提供虚假信息，引诱其作出错误判断，然后出奇制胜，即“奇出于正，无正则不能出奇。不明修栈道，则不能暗度陈仓”（《三十六计·暗度陈仓·按语阐释》）。“打草惊蛇”之计可从不同的角度理解：一是指用佯攻、助攻等“打草”方法，引蛇出洞，让敌方中我方埋伏，就可聚而歼之。此过程实质上是把佯攻等行动作为假信息的载体，从而使敌方判断失误。二是指对于“敌力不露、阴谋深沉”的敌人，“未可轻进”，以免敌人明白我方真实意图而先于我方采取主动。“苦肉计”是巧妙利用人们相信“人不自害，受害必真”的心理“假真真假”，终而“间以得行”。这种释放假信息的手段，还需配以其他行为，这样收效更大。

（四）“指桑骂槐”

“指桑骂槐”意义丰富，不可机械理解。在不同的情况下要权变使用，对于

相对弱小的对手，可以“警以诱之”；对于比较强大的对手，可以用“敲山震虎”的方法“以暗警之”。这均是从间接的角度来传递信息，从而达到先期目标的做法。

总之，《三十六计》中的精计巧谋均是对各种信息进行加工、运用的结果。

四、《呻吟语》的信息决策管理心理思想

《呻吟语》将“三能”和“三知”作为决策的两个标准。所谓“三能”，是指“将事而能弭，当事而能救，既事而能挽”。意即有效成功的决策，能使将要发生的事停止，补救已经发生的事，在事情发生后有所挽回。所谓“三知”，则指“未事而知其来，始事而要其终，定事而知其变”(《呻吟语·应务》)。意谓通过有效成功的决策，能在事情还未来临时就对它有所预测，能在事情进程中对结果进行估计，能在了解了事物后就能掌握它变化的规律。可以看出，《呻吟语》对决策的要求很高。

怎样才能作出正确而有效的决策呢?《呻吟语》提出：“办天下大事，要精详，要通变，要果断，要执持。”(《呻吟语·应务》)即有效的决策必须具备四大要素：具体性、灵活性、时效性和一致性。任何组织作出的决策，都必须有详细的目标和内容，这是组织在未来特定时限内要完成的任务。“图大于细，不劳力，不费财，不动声色，暗收百倍之功。”(《呻吟语·治道》)图谋大事从细微的地方做起，就不会浪费人力、物力和财力，可以在不知不觉中收到百倍的功效。可见，决策要具体、精详。“欲理会七尺，先理会方寸；欲理会六合，先理会一腔。”(《呻吟语·存心》)先从小处着手，而后追求更大的规模。

决策是一个过程，而不是瞬间的行动。在这个过程中，无论是组织内部还是外部，都会发生各种各样的变化，这在无形中增加了决策的难度，对决策者提出了更高的要求。“为政者贵因时。事在当因，不为后人开无故之端；事在当革，不为后人长不救之祸。”(《呻吟语·治道》)灵活的作风和适应现实的变化，因时、因地制宜的原则是《呻吟语》作者推崇的。如果决策者能够认识到“天下之势，顿可为也，渐不可为也。顿之来也骤，骤多无根；渐之来也深，深则难撼。顿着力在终，渐着力在始”(《呻吟语·治道》)的规律，那么在事情发生变化之前，就可以做好预测工作，发出相应的控制信息，提前进行操作；在事情发生变化之前，及时地采取纠偏措施；在可能产生重大影响的情况下，也可以起到良好的效果。决策方案一旦形成，就要落实到实际行动中去，把握住大的方向。

获得及时、准确和全面的信息，是正确决策的前提条件。决策者需要尽可能了解全面、精确、及时的信息，这样才能作出正确的判断。但这对个体而言，并非易事。因此，决策人员要充分发动周围的人："君子之处事有真见矣，不遽行也，又验众见，察众情。协诸理而协，协诸众情众见而协，则断以必行。果理当然，而众情众见之不协也，又委曲以行吾理，既不贬理，又不骇人，此之谓理术。"（《呻吟语·应务》）通过他人的眼睛去观察，借助他人的头脑来思考，"遇事不妨详问广问"（《呻吟语·应务》），言路通畅才能做到集思广益。在决策的信息收集过程中，还要注重对信息进行有效的筛选，"轻信骤发，听言之大戒也"（《呻吟语·应务》）。不要听信一面之词，否则，就难免对形势估计错误，从而作出错误的判断，导致决策的失误。

决策的实质在于选择，没有选择就没有决策，而选择的前提是有多种可供权衡比较的方案。"非谋之难，而断之难也。谋者尽事物之理，达时势之宜，意见所到，不患其不精也。然众精集而两可，断斯难矣。故谋者较尺寸，断者较毫厘；谋者见一方至尽，断者会八方取中。"（《呻吟语·应务》）这段话表达了两层含义：第一，认为要作出科学决策具有很大的挑战性，对决策者提出了很高的要求；第二，说明在决策中，可以集中众人意见的精华，以此作为决策选择的范围，从而降低决策的难度。

进行决策时，需要对多种方案进行评估。一般而言，得失利弊的比较可以作为决策的一个重要依据。作为决策者不仅要善于评估眼前的利害得失，而且要具备长远的眼光和全局观念，做到深谋远虑，以达到最佳的决策效果。对此，《呻吟语》举了一个例子，有两个人要造房子，其中一人选择用瓦做屋顶，另一人则打算用茅草做屋顶。在用茅草的人眼里，用瓦的人花了比他多十倍的代价造房，而遮风避雨的效果是一样的，很不划算。但在用瓦人的心目中，茅草十年就腐烂了，而瓦可以用一百年，用茅草的话，在百年之内要换十次屋顶，这不仅要花钱，而且浪费很多精力。根据这个小故事，该书得出了这样的结论："天下之患，莫大于有坚久之费，贻屡变之劳，是之谓工无用、害有益。天下之患，亦莫大于狃朝夕之近，忘久远之安，是之谓欲速成、见小利。"（《呻吟语·应务》）以小见大，由特殊见一般，这个小故事的"结论"，对今之任何管理工作而言，都是有参考价值的。

本章摘要

在先秦信息决策管理心理思想中，"谋"为中国古代管理者所重视，这一思想可追溯到《尚书》。孔子主张多闻慎行，反对道听途说。墨子的观点主要有“助己视听”和“以见知隐”的信息处理思想，“下情上达”的信息沟通思想。《孙子兵法》主张“知彼知己，百战不殆”“校之以计而索其情”。纵横家的观点包括反应之术和决断之术。

汉魏六朝信息决策管理心理思想以曹操、诸葛亮等兵家的有关思想为代表。其决策原则可概括为全面掌握信息、具体掌握特点、保守秘密三项。其信息心理战术概括为“先塞其明”“乱其耳目”“出其不意”三项。

唐宋信息决策管理心理思想分三部分。贞观统治集团的信息决策管理心理思想主要讨论的问题是进谏与纳谏。《太白阴经》《虎钤经》《武经总要》等兵书的信息决策管理心理思想主要论及信息心理观、信息决策管理的心理方法。陈亮的信息决策管理心理思想重视决策前的信息处理和预测。

明清信息决策管理心理思想共分四部分。朱元璋的信息决策管理心理思想，主要讨论进谏与纳谏问题。清初统治集团的信息决策管理心理思想，主要论及两种信息渠道，即折奏制度和依靠科道广开言路。《三十六计》的信息决策管理心理思想，分析了“隔岸观火”“反间计”“声东击西”“指桑骂槐”四种计谋。《呻吟语》的信息决策管理心理思想，主要就其提出的两个决策标准即“三能”和“三知”加以分析。

第九章

自我管理心理思想

修身：自我管理的重中之重
为人：自我管理的首要方面
处世：自我管理的主要方面
交往：自我管理的重要方面

第一节　修身：自我管理的重中之重

一、修身的本义

在中国传统思想史上，所谓修身就是修养心身、培养道德、发展人性，犹如今之自我教育。早在两千年前，《大学》就提出了以“修身”为基础的“八条目”（格物，致知，诚意，正心，修身，齐家，治国，平天下）的修养路线。荀子还写下了《修身》篇，专门讨论道德、人性修养的重要意义与原则方法。后世思想家、教育家都十分重视修身及其在道德发展中的价值。

修身是循着两条途径进行的，即客观实践与主观努力。中国历代思想家、教育家都很注重实践在修身中的重要作用。这反映在他们对“行”“力行”“笃行”“践履”“实践”以及“践形”的重视上。历代学者也很重视主观努力对人性发展的重大影响。如孔子认为，完美的道德可以通过个人的自我努力来培养。孟子则认为，如果一个人的行为不端正、行动不到位，就应当反省自己，找出原因，加以改进。在他看来，“尧舜与人同耳”，“人皆可以为尧舜”。为什么许多人做不到这一步呢？主要是因为他们不肯努力去做。如果愿意付出努力，他们也可以像尧舜一样，即所谓“有为者亦若是”。荀子也认为“知性材能”人人一样，只要认真努力，小人可以成为君子，凡人能够成为大禹。《中庸》指出，一个人只要加倍努力，愚蠢可以变成聪明，柔弱能够转为刚强。这就意味着，在历代思想家、教育家的心目中，修身实践的效果，不在于实践本身，而在很大程度上取决于个人努力与否。上述《大学》提出的“八条目”修养路线，就包含着修身的两条途径。其中的前四者（格物，致知，诚意，正心）是修身的内部基础，后三者（齐家，治国，平天下）是修身的外部表现，介乎前后之间的“修身”则具有过渡的性质。“八条目”是修养心身、发展品德的八个步骤，是以修身为核心或纽带的主观努力（内心修养）与客观实践（外部表现）的统一。必须指出，历代思想家、教育家几乎都将《大学》提出的“八条目”修养路线奉为圭臬而谨守勿失。我们认为，古人这一教育经验的概括是弥足珍贵的。

二、孔子的修养论

（一）为仁由己

孔子说：“为仁由己，而由人乎哉？”（《论语·颜渊》）“有能一日用其力于仁

矣乎？我未见力不足者。”（《论语·里仁》）这说明求诸己是追求仁德的重要条件，只要发挥主观能动性，自觉努力，就能达到仁的道德境界。孟子继承了这一思想，提出有些人不具有仁德，不是因为做不到，而是不去做，只要努力追求，就一定能形成此种品质。

（二）博学

孔子认为，品德的修养必须在不断学习中才能实现，离开了学习的过程，修养就会失去正确的方向。他主张把博学与约学统一起来。“君子博学于文，约之以礼，亦可以弗畔矣夫！”（《论语·雍也》）孟子同孔子一样，也持博约结合的主张。荀子在《荀子·劝学》篇中指出：“君子博学而日参省乎己，则知明而行无过矣。”强调领导者要具有渊博的学问，时常反省自己，考察自己的言行，这样就会变得贤明，在行动上不犯错误。

（三）力行

孔子一向反对言过其行或只言不行。《论语·宪问》《论语·里仁》中就提到要对自己讲的话身体力行，以免言过其实。荀子也在《荀子·儒效》中把言行一致视为圣人具有的品质。他认为要像圣人那样以仁义为根本，判断是非中肯，言行一致，唯一的途径就是把学到的东西付诸实践，闻、见、知、行的活动是一个相互联系的过程。

（四）自省

先秦儒家重视的自省包含了很多的含义：第一，自觉地以他人的“贤”为榜样，“见贤思齐”（《论语·里仁》）。第二，对他人的“不贤”引以为戒，不断反省自己，“见不贤而内自省”（《论语·里仁》）。第三，认识自己的过错并自我批评。这些都建立在不断“反求诸己”的基础上，强调高度的道德自觉性。

（五）改过

人非圣贤，孰能无过？在对待过错方面，孔子主张要正视它，无须掩饰，还要及时地加以改正，只有这样，才能不断地提高自己的修养水平。即所谓“过，则勿惮改”（《论语·学而》），“过而不改，是谓过矣”（《论语·卫灵公》）。孟子也十分重视改过的意义，如赞扬“古之君子，过则改之”，而批评“今之君子，过则顺之”。荀子也曾说：“善在身，介然必以自好也；不善在身，菑然必以自恶也。”（《荀子·修身》）强调改过对修身的必要性和重要价值。

三、陆九渊的修养论

陆九渊认为，道德修养是一个循序渐进的过程。其修养论主要是对《周易》

进行阐释和发展，即根据八卦的排列组合，创造性地把这个过程分为前后连贯的九个步骤，分别以履、谦、复、恒、损、益、困、井、巽九个卦相命名。文中写道："履，德之基也；谦，德之柄也；复，德之本也；恒，德之固也；损，德之修也；益，德之裕也；困，德之辨也；井，德之地也；巽，德之制也。""九卦之列，君子修身之要，其序如此，缺一不可也。"（《陆九渊集·卷三十四·语录上》）

下面简要阐释以"八卦"中九个卦相命名的九个步骤的基本含义。

"履"指的是施行，即道德实践、道德行为的训练和道德习惯的培养。它是道德的基础。在陆九渊看来，行是道德修养的出发点，只有通过具体的行为实践，才能达到知行合一，取得德行的进步。

"谦"就是谦逊，有而不居，不盈不骄。陆九渊认为，谦逊的品质是道德的根本所在。谦受益，满招损，只有虚怀若谷，良好的道德品质才能不断积累。在他看来，一个谦虚的人必能自觉地遵守一定的行为准则，达到"从心所欲不逾矩"的境界。

"复"即返回，转恶为善，复归本善的人性。"复"是道德的本原。陆九渊认为，天赋予人的本心都是至善完好的，人之所以不善乃是因为外物的诱惑。如果"循吾固有而进德"，保持先天的纯洁本性，就能达到孟子所说的"若火之始然，泉之始达"。因此，他要求人们从点滴小事做起，注意一言一行这些最细微的动作，"言动之微，念虑之隐，必察其为物所诱与否"（《陆九渊集·卷三十四·语录上》）。

"恒"指恒心。这是人的心理素质中特别重要的一种意志品质，也是心理学研究的一个重点。陆九渊认为，道德的养成并非一朝一夕之功，必须有坚定不移的决心和毅力，只有这样，美德才能得以稳固。做到"恒"相当不容易，必须不断克服心理上的障碍，保持始终如一的恒心。

"损""益"。"损"意为减少，去除那些"害德"之欲；"益"意为增加，增加好的德行，从善如流。可以说，这里的"损"和"益"特指道德的两种发展模式，无论是不断增加完善还是不断改进扬弃，它们最终指向同一个目标，即道德修养的提升。

"困"指的是艰难，在艰难的处境中才能看出一个人真正的德行。孟子曾有一段脍炙人口的名言："故天将降大任于是人也，必先苦其心志，劳其筋骨，饿其体肤，空乏其身，行拂乱其所为，所以动心忍性，曾益其所不能。"陆九渊也有类似主张，他在《语录上》中说道："不临患难难处之地，未足以见其德，故曰'困，德之辨也'。"人的道德修养只有通过艰苦的磨炼才能有所成。因此，他建议可以在艰难困苦之境中，辨别一个人的道德修养水平。

"井"含有养人利物之意。陆九渊认为，它是道德的真正所在。心理学研究表明，人与人之间的交往以物质和心理两条途径同时进行，人们的社会关系也包括了心理关系。如何处理好人际关系，减少矛盾，避免冲突，是人际关系心理的重要内容。他强调要做到这一点，就应该养人利物、无私忘我。

“巽”是顺时制宜的意思。陆九渊认为，人们应恪守道德行为的规范与标准，但这并不意味着要生搬硬套、拘泥于此，而应该根据不同的时间和场合作出相应的变动，懂得审时度势。这便达到了道德修养的最高境界。

陆九渊不仅重视道德形成的渐进性，而且格外强调从小处着手，通过影响人细微之处的言行举止，来塑造和改变人的思想。他认为：“小德川流，大德敦化：小德即大德，大德即小德，发强、刚毅、齐壮、中正，皆川流也。敦，厚；化，变化。”（《陆九渊集・卷三・书》）小中亦能见大，大小是一致的，提倡以管理对象态度的改变为切入点。这一点很值得后世的管理者加以探讨。

四、王守仁的修养论

在管理心理思想方面，明代思想家王守仁通过多年为官的经历和感悟孕育出一系列管理心理思想，对后世产生了重大的影响。他尤其擅长自我管理。当被发配到自然条件极其恶劣、文化落后的龙场时，他没有就此颓废下去，而是积极克服环境中的不利因素，在承认困境的同时，以一种积极乐观的心态去寻找生活中的乐趣。这与他掌握了高超的自我管理心理技巧有很大关系。

王守仁的修养之道仅四个字——“真实切己”。王守仁说：“人若真实切己用功不已，则于此心天理之精微日见一日。”（《传习录上》）他反对坐而论道的修养方式，认为修养并非一定要摆脱世俗环境才能进行；强调修养之道就蕴含在日常生活的点滴小事之中，要脚踏实地地去“真实切己”，要持之以恒地去身体力行；对于自身可能出现的违背社会规范的行为，则要“防于未萌之先，而克于方萌之际”。

五、《菜根谭》的修养论

《菜根谭》主张修身以德为先，以仁为本。“富贵名誉自道德来者，如山林中花，自是舒徐繁衍。自功业来者，如盆槛中花，便有迁徙废兴。若以权力得者，如瓶钵中花，其根不植，其萎可立而待矣。”（《概论》）“节义傲青云，文章高白雪，若不以德性陶镕之，终为血气之私、技能之末。”（《概论》）把道德品质视为安身立命之本。

修身是一个艰辛的过程。《菜根谭》写道:“欲做精金美玉的人品,定从烈火中锻来;思立掀天揭地的事功,须向薄冰上履过。”(《修省》)“众人以顺境为乐,而君子乐自逆境中来;众人以拂意为忧,而君子忧从快意处起。”(《评议》)“毁人者不美,而受人毁者遭一番讪谤便加一番修省,可释回而增美;欺人者非福,而受人欺者遇一番横逆便长一番器宇,可以转祸而为福。”(《评议》)“耳中常闻逆耳之言,心中常有拂心之事,才是进德修行的砥石。若言言悦耳,事事快心,便把此生埋在鸩毒中矣。”(《概论》)

修身养性必须有一个做人的准则,那就是对人、对事、对社会必须真诚、有主见,必须有执着的追求。《菜根谭》告诫人们:“性命的我要认得真,真则万理皆备,而其心常实,实则物欲不入。”(《修省》)“操存要有真宰,无真宰则遇事便倒,何以植顶天立地之砥柱!”(《应酬》)

修身养性,还要去除物欲,淡泊宁静。《菜根谭》崇尚这种修养境界:“备尝世味,方知淡泊之为真。”(《闲适》)认为“富贵是无情之物,看得他重,他害你越大;贫贱是耐久之交,处得他好,他益你必多”(《评议》)。“居官有二语曰:‘惟公则生明,惟廉则生威。’”(《概论》)并要求人们不要为欲望所累:“人生只为‘欲’字所累,便如马如牛,听人羁络,为鹰为犬,任物鞭笞。若果一念清明,淡然无欲,天地也不能转动我,鬼神也不能役使我,况一切区区事物乎!”(《评议》)

六、《呻吟语》的修养论

《呻吟语》关于修养的思想可概括为以下三个方面。

(一)修养“五心”

《呻吟语》提出“大心”“虚心”“平心”“潜心”“定心”这“五心”,阐述了人们在面临不同处境,处理不同事物时应持有的心理状态。它写道:“大其心容天下之物,虚其心受天下之善,平其心论天下之事,潜其心观天下之理,定其心应天下之变。”(《修身》)倡导人们以宽阔的胸怀来容纳天下的万物,以谦虚的态度来接纳天下美好的东西,以平和的心境来讨论天下的事务,以深沉的心智来观察天下事物发展的规律,以镇定自若的心态来应付天下的变化,从而塑造自身良好的人格形象和健康积极的心态。

(二)归于“本思”

《呻吟语》认为,人们的思想可以分为九类,它们分别是正思、邪思、越思、萦思、浮思、惑思、狂思、徒思和本思。孜孜向善的是正思；每产生一个念头，都想实现自己的欲望，是邪思；非分之福，期望太高，是越思；事先徘徊，事后悔恨，是萦思；东想西想，歧虑百端，是浮思；事无可以，当断不断，是惑思；事不涉己，为他人忧，是狂思；无可奈何，当罢不罢，是徒思；对自己的日常生活、职业、道德修养，朝思暮虑，希望不要荒废，是本思。对这“九思”，该书有这样一段评论：“此九思者，日用之间，不在此则在彼。善摄心者，其惟本思乎！身有定业，日有定务，暮则省白昼之所行，朝则计今日之所事，念兹在兹，不肯一事苟且，不肯一时放过，庶心有着落，不得他适，而德业日有长进矣。”(《存心》)认为这九种思想，在我们日常生活中是常见的，善于进行自我管理的人，往往只有“本思”。也就是说，本身有稳定的工作，每天有规定的任务，夜晚思考白天的所作所为，早晨计划今天该做什么事，想做的事就妥妥帖帖地去完成，不肯放松，不肯一事马虎，这样心才会有着落，不会胡思乱想，品德和事业也才能一天天地进步。

(三)“学”“达”合一

知与行的问题，是自我管理中尤其要注意的问题。《呻吟语》提出了“学”与“达”的命题。“下学学个什么，上达达个什么。下学者学其所达也，上达者达其所学也。”(《谈道》)在“学”与“达”的命题中，“下学”就是学习各种事物蕴含的道理，“上达”就是把学到的道理融会贯通。那么，怎样才能做到“学”与“达”的统一呢？书中提醒人们到实践中去寻找答案。“知是一双眼，行是一双脚”(《谈道》)，不仅要学会探究事物的精微道理，而且要通过实际的行动去窥测事物的发展和进程，达到理论与实践的融合，将知与行变为一个有机的整体。

七、《小窗幽记》的修养论

古代知识分子追求修身、养性、齐家、治国、平天下。其中，修养在前，谋事在后，可见个人修养被放在了一个十分重要的位置。《小窗幽记》中亦不乏针对这一问题的直接或间接的描述与评论。

“忠孝，吾家之宝；经史，吾家之田”(《集峭》)短短十二个字，对一个人才应具备的道德修养、文化素质提出了要求和界定。书中《集法》篇“精神清旺，境境都有会心”的说法，以及《集素》篇“守恬淡以养道，处卑下以养德，去嗔怒以养性，薄滋味以养气”的归纳，都从不同角度说明了道德、气性的培养非一日之功。修养的一个有效方法就是读书：“读书不独变气质，且能养精神，盖理义收缉故也。”“万事皆易满足，惟读书终身无尽。”(《集灵》)不仅是读书，悠闲的生活亦有益于修身养性，在下着小雨的天气里“种竹”，关起门来“锄花”，改改旧诗，泡一壶新茶，对这样的生活，书中发出了“人生待足何时足，未老得闲始是闲”的感慨。诚然，在人的生活中，工作固然重要，但工作之外的闲情逸致亦不能舍弃。从古到今，人们都欣赏工作生活两不误的人。真正懂得做学问的人，既要有勤奋治学的精神，又要有潇洒自由的情趣，即活得洒脱自如。

习惯体现人的修养，良好的生活习惯是健康人生的基本保证。就小的方面而言，“饥乃加餐”，“倦然后睡”，会使“菜食美于珍味”，“草蓐胜似重茵”（《集素》）。及时满足身体的需求，会达到意想不到的效果，所以书中发出了“快欲之事，无如饥餐；适情之时，莫过甘寝”（《集韵》）的感慨，就不足为怪了。“无事以当贵，早寝以当富，安步以当车，晚食以当肉”，“饮食有节，脾土不泄；调息寡言，肺金自全；怡神寡欲，肾水自足”。《集素》篇和《集灵》篇要求人们能够忙里偷闲、早睡早起、适时运动、节制饮食的思想，都是科学的养生观念。就大的方面而言，“宠辱不惊，肝木自宁；动静以敬，心火自定”（《集灵》）。遇到人生中的大风大浪，能临阵不乱，泰然处之，不失去生活的信心，保持平静的心境，保证生活的品质，也是格外珍贵的。

第二节　为人：自我管理的首要方面

一、孔子“仁”的准则

在孔子的思想体系中，“仁”是个重要的概念。古今中外儒学的研究者都很重视对“仁”的基本含义的探索和把握，然而，“仁”在《论语》中并没有一个确定的解释，后人对“仁”的理解也是见仁见智，各抒己见。作为一个完整的理论体系，“仁”的含义是丰富的。从管理心理思想的角度来审视“仁”，可以体会到自我管理的主要精神。

孔子把个体的自我管理提到了非常重要的位置。他说：“古之学者为己，今之学者为人。”（《论语・宪问》）“为己”是指为提高和完善自己而学习，“为人”则指学习旨在迎合他人以获得外在赞誉。孔子认为，“为己”意味着在“仁”的内在要求下塑造自己、管理自己，主要是指在道德品性上的自我完善与自我实现。他进一步指出，这种在个体心理层面上对“仁”的自觉追求，正是管理活动存在的必要前提，即所谓“君子求诸己，小人求诸人”（《论语・卫灵公》）；“君子无终食之间违仁，造次必于是，颠沛必于是”（《论语・里仁》）。那么，对个体的内在道德修养来说，“仁”包含了怎样的具体规定呢？孔子以继承崇尚礼乐文明的周文化为己任，对礼极为推崇，在他的思想体系中，仁与礼是相辅相成、水乳交融的。一方面，孔子强调儒家思想的最高原则是仁对礼的导向作用，明确指出：“人而不仁，如礼何？人而不仁，如乐何？”（《论语·八佾》）另一方面，他也重视礼对仁的辅助作用，认为“克己复礼为仁”（《论语·颜渊》）。“君子博学于文，约之以礼，亦可以弗畔矣夫！”（《论语·雍也》）主张“非礼勿视，非礼勿听，非礼勿言，非礼勿动”（《论语·颜渊》）。在孔子重礼的仁德诸要素中，孝悌是根本。他曾指出：“孝弟也者，其为仁之本与！”主张“弟子，入则孝，出则悌”（《论语·学而》）。“义”也是孔子提倡的道德准则。如他说：“君子之于天下也，无适也，无莫也，义之与比。”“君子喻于义，小人喻于利。”（《论语·里仁》）孔子还把智、勇与仁联系起来，作为三种重要的道德品性。《论语·宪问》指出：“君子道者三，我无能焉：仁者不忧，知者不惑，勇者不惧。”“忠”和“信”在先秦属于一般的道德范畴，并不仅仅指君臣之间的关系。孔子认为，君子要“主忠信”（《论语·学而》）。“人而无信，不知其可也。”（《论语·为政》）孔子还提出“刚、毅、木、讷近仁”（《论语·子路》）。子张问仁时，孔子把能够推行恭、宽、信、敏、惠五者于天下作为仁的标志。因此，孔子的为人之道贯穿了仁的准则。

二、《菜根谭》的为人之道——刚健自强

《易经》说：“天行健，君子以自强不息。”自强不息是一种健康向上的人格意识，《菜根谭》对此也有新的领悟，认为做事要有三心：一曰决心，二曰信心，三曰恒心。“志士”应下定决心，“勇奋翼”上下求索，劝慰人们“绳锯”尚且“木断”，“水滴”可以“石穿”，“学道者须加力索”方能“水到渠成，瓜熟蒂落”（《概论》）。告诫人们“建功立业者，多虚圆之士”（《概论》），要正视现实，因“出世之道，即在涉世中，不必绝人以逃世”（《概论》）。以坚定的信心对待现世，以出世的精神做涉世的事情，不消极逃遁，而是积极涉世。当穷困厄逆时，应有恒心，坚韧不拔，持之以恒，因为只有“百折不回之真心，才有万变不穷之妙用”（《修省》）。鼓励人们“立业建功，事事要从实地着脚”（《修省》），要实实在在为人，踏踏实实做事。为建长久的功业，宜放眼量，万事向前看，如果一味“优游不振，便终身无个进步”（《概论》）。此外，《菜根谭》提醒人们注意时间的管理，把握每一个今天，“人之有生也，如太仓之稊米，如灼目之电光，如悬崖之朽木，如逝海之巨波”（《闲适》），所以更应热爱生命，珍惜时间，把握时间，“闲时要有吃紧的心思”

(《续编》),充分利用有限的人生,为社会的发展和人类的幸福而振作有为。

三、《呻吟语》的为人之道——砥砺“五贵”

《呻吟语》中所谓的“五贵”,即“贵择人”“贵达时”“贵审势”“贵慎发”和“贵宜物”。具体来说,“五贵”指的就是一个人要想取得事业成功应具备的五个必要条件。第一,要选择可以共事的人,即一个事业上的好搭档,否则,做事就难以尽心尽力,甚至会出现许多难以解决的矛盾。第二,要善于抓住机会。俗话说,机不可失,时不再来,抓住时机也就得到了成功的希望。第三,“贵审势”的“势”指的是事情成功的依靠。我们要善于依托外部的有利环境,造就有利于自己的形势。第四,要做好周密的计划,既注重眼前的利益,又为今后做好长远打算。第五,“贵宜物”类似于现代管理思想中的权变,即注重随着事情的动态变化过程采取相应对策。在处理问题时,有时应按照惯例来办,有时应改弦更张,有时则要纠偏补弊,有时适合三令五申,有时则应不动声色。

四、《小窗幽记》的为人之道——平和达观

(一)“守道德、不为恶”的名利观

道德是中国社会历来提倡的重要内容之一。《小窗幽记》的《集豪》篇和《集灵》篇分别指出,“栖守道德者,寂寞一时;依阿权变者,凄凉万古”,“我如为善,虽一介寒士,有人服其德;我如为恶,虽位极人臣,有人议其过”。的确,一个人的为人在于其自身的德行,位高权重并不等于品德高尚,对名利的过分追求往往会导致道德的沦丧。“倚才高而玩世,背后须防射影之虫;饰厚貌以欺人,面前恐有照胆之镜。”(《集醒》)恃才放纵、玩世不恭者,不仅害人,而且会伤害自己,因此要加强自我约束、自我控制。

(二)“近人情、察物情”的宽容态度

在现代社会中,人们常常把宽容列为现代人应具备的美德和素养。《小窗幽记》也不乏此类观点:“不近人情,举世皆畏途;不察物情,一生俱梦境。”(《集醒》)“平易近人,会见神仙济度;瞒心昧己,便有邪祟出来。”(《集奇》)对人须多一点宽容,多一点体谅,以诚相待,对己则应严格要求,这就是“礼义廉耻,可以律己,不可以绳人。律己则寡过,绳人则寡合”(《集法》)。俗话说得好,人无完人,金无足赤。若将目光过多地拘泥于他人的缺失之处,就会失去许多可以学

习他人所长的机会。任何事物都有美的一面和丑的一面，如果仅仅根据自己的好恶去取舍，见到不好的就不要，那么会连好的一面也否定了。对待事物如此，为人也是一样的道理。

（三）“常向闲中检点”的自省意识

在西方文明的背景下，人们常常会引用古希腊先贤流传的一句千古名言，即“你要认识你自己”来阐释自我认识的重要性。而植根于儒家思想的中华古籍库中，也时刻闪耀着这种理性的光辉。对个体而言，正确地认识自己，对自己进行恰当的自我定位，是个体在社会中得以立足和发展的基础。《论语》曾说：“吾日三省吾身。”“见贤思齐焉，见不贤而内自省也。”只有清晰地认识自我，才能更好地了解他人，取长补短，完善自我。然而，要客观、全面地认识自己并非易事，不仅要做到“忙处事为，常向闲中先检点”（《小窗幽记·集法》），而且要有敢于自我批评的勇气，追求“心事无不可对人语”，“行事无不可使人见”，方可达到“完得心上之木”，“尽得世间之常道”（《小窗幽记·集灵》）的境界。

（四）“入暗室而不欺”的慎独精神

《大学》云：“君子必慎其独也。”《中庸》也有“君子慎其独”的说法。意谓在个人独处时，也要能谨慎从事，遵守规范。可以说，这不仅是一种道德修养，而且是一种人生境界。“类君子之有道，入暗室而不欺；同至人之无迹，怀明义以应时”（《小窗幽记·集灵》），反映的就是这种自律的精神。在无人监督、无人知晓的情况下，也能自觉、主动地严格遵守道德规范，不做违背准则的事，这尤为可贵。

（五）“相反亦可相成”的辩证思想

在中国几千年的历史长河中，“温、良、恭、俭、让”作为美德，一向被国人广为赞赏、普遍推行。但《小窗幽记》认为：“俭，美德也，过则为悭吝，为鄙啬，反伤雅道；让，懿行也，过则为足恭，为曲谨，多出机心。”（《集醒》）可见为人应讲原则，但若超过一定的限度，往往会过犹不及。这也是《集法》篇所言“处事宜宽平，而不可有松散之弊”的原因。总之，无论是做人，还是做事，都应遵循适度原则。

第三节　处世：自我管理的主要方面

一、王守仁的处世观点——改过迁善和责善规过

在人性观方面，王守仁继承孟子的性善论，认为人性本善，但强调由于人们后天的习染不同，有的可能发展为善，有的则可能发展为恶。可见，他主张性善

论的同时,还主张性习论。因此,他提出了一系列自我修养的具体方法;虽然这些方法带有一些过于主观的色彩,但也不无借鉴之处。

王守仁曾说:“夫过者自大贤所不免,然不害其卒为大贤者,为其能改也。故不贵于无过而贵于能改过。”(《教条示龙场诸生》)犯错误是正常的事情,是人免不了的,即使圣贤也不例外。犯了错误只要能够改正——改过迁善,就可以了。他的弟子也经常悔悟反省自己。对此,他评论道:“悔悟是去病之药,然以改之为贵。若留滞于中,则又因药发病。”(《传习录上·薛侃录》)

王守仁不仅重视个人改过迁善,而且非常重视朋友之间、师生之间的责善规过。所谓“责善”,一是指给人以忠告;二是指善于引导他人,为他人指明努力的方向。此外,王守仁还特意指出,专门攻击别人的短处,揭发他人隐私的行为,绝不是“责善”的表现。所谓“规过”,一是指不要自以为是,动辄看不惯别人;二是指要虚怀若谷,乐于接受他人的规劝。不管是“责善”还是“规过”,都力求克服以自我为中心的思考模式,取得人与人心理上的相容与理解,以求得共同的进步。

二、《菜根谭》的处世观点——顺乎自然和借境调心

(一)顺乎自然、注重审美、权衡对比的心理调适思想

关于心理调适,处于不同阶层的人有不同的心理宣泄方法。对知识分子这一群体而言,审美意义和文化意义上的心理调适似乎更易为他们所接受。《菜根谭》集儒、释、道三家学说于一体,成为历代知识分子调适心理的理想参考系。知识分子这一群体以儒家的入世思想和佛道两家的出世思想互为补充,有弹性地调整着自己的处世态度,与现实生活自由而灵活地保持着一定的距离,从而得以闲适超脱,淡泊宁静,返璞归真。如《菜根谭》指出:“得趣不在多,盆池拳石间烟霞具足;会景不在远,蓬窗竹屋下风月自赊。”(《续编》)“雨余观山色,景象便觉新妍;夜静听钟声,音响尤为清越。”(《续编》)它告诫人们:“大烈鸿猷,常出悠闲镇定之士,不必忙忙。”(《评议》)要求人们培养自己从容镇定的操守,以淡泊宁静、悠然自如的心态来看待纷扰的现实世界;而当自己的奋斗结果不尽如人意,以致心灰意冷时,便要以“天地尚无停息,日月且有盈亏,况区区人世能事事圆满而时时暇逸乎”(《闲适》)的心态来调整自己。“人之际遇,有齐有不齐,而能使己独齐乎?己之情理,有顺有不顺,而能使人皆顺乎?”(《续编》)要“思不如我的人,则怨尤自消”。而当自身怠荒不思进取时,“便思胜似我的人,则精神

自奋”(《闲适》);同时以积极的入世态度,“宇宙内事要力担当”,但“又要善摆脱”,因“不担当,则无经世之事业;不摆脱,则无出世之襟期”(《应酬》)。要能“两个空拳握古今,握住了还当放手”(《闲适》)。拿得起,放得下,襟怀坦荡,豪迈洒脱。把刚健自强与心理调适有机地结合起来,把进取与淡泊融为一体,这正是《菜根谭》心理思想的高明之处。

(二)借境调心、寓情山水、寄托自然的心理调适思想

面对忙忙碌碌、纷繁复杂的现实世界,《菜根谭》主张要留有一份闲情逸致,于竹篱下“闻犬吠鸡鸣”,于芸窗中“听蝉吟鸦噪”(《续编》),于“霜天闻鹤唳,雪夜听鸡鸣”,“晴空看鸟飞,活水观鱼戏”(《闲适》),“徜徉于山林泉石之间”,“听鸟语悠扬,看云光舒卷”,以“借境调心”(《续编》),在大自然中调节自己的心态。同时认为“登高使人心旷;临流使人意远”(《续编》),使人们“得乾坤清纯之气”,“识宇宙活泼之机”(《闲适》)。又认为“林间松韵,石上泉声”,“山间之空翠,水上之涟漪,潭中之云影,草际之烟光,月下之花容,风中之柳态”,也“最足以悦人心目而豁人性灵”(《闲适》)。大自然以其宽阔的胸怀,秀丽多姿的景色使人得到美的享受,调节人们的情感,慰藉人们的心灵,使心态获得平衡。

三、《呻吟语》的处世观——“不就众口”

人作为社会的组成部分,彼此间难免会发生相互的作用和影响。人们往往会在自己与他人的比较中进行自身定位,通过对他人态度的观察,来审视自身存在的问题。《呻吟语》也谈到了这个问题:“有人于此:精密者病其疏,靡绮者病其陋,繁缛者病其简,谦恭者病其倨,委曲者病其直,无能可于一世之人,奈何?”(《修身》)乍一看,这个人的情况似乎很糟糕,但深入地思考之后,我们就能发现这样的说法本身就存在着很大的问题。原因有两点:第一,这里每个与此人进行比较的对象在某一方面都是最优秀的;第二,在比较的过程中,将此人的短处去和别人的长处比,这显然是不公平的,也是没有意义的。因此,书中自问自答道:“曰:一身怎可得一世之人?只自点检吾身,果如所病否。若以一身就众口,孔子不能。即能之,成个甚么人品?故君子以中道为从违,不以众言为忧喜。”(《修身》)要求人们不要过于追求完美,不要苛求自己使每一个人都感到满意,毕竟尽善尽美是不可能的。从这个意义上来说,“不就众口”的原则对个体保持心态的平和有着一定的积极作用。

四、《小窗幽记》的处世观——宽舒圆融

《小窗幽记》的文字常在不经意中散发出一种宁静、淡泊的气息，特别是其中的《集醒》篇，使人感受到在纷扰繁杂的世事中应以退为进，保持平和的心态。篇中提到，“淡泊之守，须从秾艳场中试来；镇定之操，还向纷纭境上勘过”。一定的社会经历有助于自身在总结经验教训的基础上寻求心灵的平静与安宁。“花繁柳密处，拨得开，才是手段；风狂雨急时，立得定，方见脚根”，对人生路上的种种际遇，保持积极乐观的态度十分重要。“天薄我福，吾厚吾德以迓之；天劳我形，吾逸吾心以补之；天阨我遇，吾亨吾道以通之”，时运不济时，提高自己的道德修养；辛苦劳顿时，保持心情的宽舒；际遇不佳时，则加强自己的见识，这体现出一种顽强地与命运抗争的积极心态。“不能缩头者，且休缩头；可以放手者，便须放手”，为人应坦荡磊落，虚怀若谷，在面临逆境时绝不怨天尤人，做到处顺境而不乐，处逆境而不忧，既能够知足常乐，又不放弃努力。

注重自我调适也是《集醒》篇的一个重点。篇中有这样的叙述：“气收自觉怒平，神敛自觉言简，容人自觉味和，守静自觉天宁。”心平气和不仅有利于自身的健康，而且可以使自己成为他人乐于交往的对象。“处事不可不斩截，存心不可不宽舒，待己不可不严明，与人不可不和气”，说的是做事要果断，为人要磊落，心胸坦坦荡荡，并能与人为善。除此之外，这里还归纳出“安详是处事第一法，谦退是保身第一法，涵容是处人第一法，洒脱是养心第一法”四法，建议人们保持达观的心境，平和地为人处世。“宇宙内事，要担当，又要善摆脱，不担当，则无经世之事业；不摆脱，则无出世之襟期”（《集峭》），世间之事，既要能够承担责任，又要善于摆脱纠缠。可见，立于世间须拿得起放得下，拥有一份睿智与超脱。

第四节　交往：自我管理的重要方面

一、王守仁的交友之道——相互砥砺

王守仁一生有许多知己朋友。他的著作《传习录》中收录了不少他与友人的书信，反映了他交友的心得体会和对待朋友的原则。他认为，朋友之间应该

诚心以待，互相砥砺对方的言行。他说：“君子之学，非有同志之友日相规切，则亦易以悠悠度日，而无有乎激励警发之益。”（《与陈国英》）可见，一个人无论是在学业上还是在德业上，除了个人的努力之外，朋友的帮助也是非常重要的。因为每个人的眼光都会有一定的局限性，看待问题的角度往往也是固定的，通过朋友的建议则可以拓宽原本狭窄的视野，改变处理问题的思路，取得更大的进步。他还进一步指出：“处朋友，务相下则得益，相上则损。”（《传习录上·陆澄录》）意思是，与朋友交往，彼此谦让，就会受益；互相攀比，则会受损。彼此之间只有做到了这些，才可以称得上是真正的朋友。

二、《小窗幽记》的交往原则——诚心以待

（一）以侠交友，素心为人

信任朋友是交往的首要原则。“交友之后宜信”，朋友之间相互信任非常重要，但“交友之先宜察”，信任必须建立在相互了解的基础之上。“一心可以交万友，二心不可以交一友”（《集法》），以诚待人，朋友遍天下，而虚情假意的人是没有真正的朋友的。朋友之间的关系也是循序渐进的，“先淡后浓，先疏后亲，先远后近”（《集醒》），而且“交友不宜滥，滥则贡谀者来”（《集法》）。可见，朋友之中鱼龙混杂并非好事。“人之交友，不出‘趣味’两字”（《集素》），说的是交友要有一定的品位，切忌人云亦云，没有主见，趋从潮流。此外，书中还指出，“交友须带三分侠气，作人要存一点素心”（《集豪》）。朋友之间应该互相帮助，多一份为他人着想之心。在与人相处的过程中，只要不涉及原则性的大事，谦让别人是一种美德。每个人都有自己的尊严，在交往的过程中，要给予对方足够的理解。正如《集醒》篇所言：“使人有面前之誉，不若使人无背后之毁。”人无完人，不应在背后说长道短，攻击他人的缺点和短处。

（二）穷交能长，淡交如水

俗话说：“君子之交淡如水。”在人与人的接触中，彼此间没有利益的介入，在平静无求中交往，才能做到心心相印。“彼无望德，此无示恩，穷交所以能长。”（《集醒》）没有地位上的高低贵贱之分，彼此的相处才能更为和谐、友好。在人格上保持平等，尊重他人，是交友的正确方法。“费千金而结纳贤豪，孰若倾半瓢之粟以济饥饿；构千楹而招徕宾客，孰若葺数椽之茅以庇孤寒。”（《集醒》）想要帮助他人，首先须了解谁最需要帮助，需要些什么帮助。锦上添花固然漂亮，但雪中送炭更为可贵。提供给别人的，既可以是物质上的援助，也可以

是精神方面的关怀:“遇人痴迷处,出一言提醒之;遇人危难处,出一言解救之,亦是功德无量。”(《集法》)

(三) 将心比心,言而有信

在处理人际关系时,要善于设身处地地为别人着想,站在别人的角度去考虑问题,克服以自我为中心的思想,这样才能够增进彼此的沟通与理解。“我有功于人,不可念,而过则不可不念;人有恩于我,不可忘,而怨则不可不忘。”(《集醒》)不以施予者的形象出现,摆出一副怜悯的表情,否则就会在无形中使他人产生心理距离。“径路窄处,留一步与人行;滋味浓的,减三分让人嗜。”(《集醒》)在享受自身利益的同时,也不应忘记身边其他的人。自古迄今,人们对“言必信,行必果”的行为准则推崇备至。《集法》篇中亦指出:“不可乘喜而轻诺。”答应别人的事,一定要办到,不能因为一时高兴而轻易许诺,却再无下文,长此以往,自身的信用将不复存在,也会因此失去许多朋友。

(四) 交友亦慎,揆理而信

社会上形形色色的人都有,如何处理好与他们的关系呢?《集醒》篇告诉我们:“遇嘿嘿不语之士,切莫输心;见悻悻自好之徒,应须防口。”碰上沉默寡言的人,不能小看,他可能只是深藏不露;而对夸夸其谈的人不应与他交往过多。“喜传语者,不可与语;好议事者,不可图事。”喜欢到处传话的人,往往夸大其词、添油加醋,因此不能把重要的事情告诉他;偏好议论闲事的人,经常夸夸其谈,因而不能与之共商大事。“言不可尽信,必揆诸理。”(《集法》)这警示人们别人说的话不应不假思索就完全接受,一定要理性地加以判断、衡量,验证之后方可相信。

本章摘要

在中国传统思想史上,修身是指修养心身、培养道德、发展人性。孔子的修养论可概括为五个方面,即为仁由己、博学、力行、自省、改过。陆九渊的修养论分析了其以九个卦相命名的修养步骤。王守仁的修养之道可以用“真实切己”这四个字来概括。《菜根谭》的修养论包括修身以德为先,以仁为本;修身是一个艰辛的过程等思想。《呻吟语》关于修养的思想可以概括为修养“五心”、归于“本思”以及“学”“达”合一三个方面。《小窗幽记》的修养论包括读书是修身的有效方法等思想。

在为人这一自我管理的首要方面,分析了孔子“仁”的原则,《菜根谭》中刚健自强的思想,《呻吟语》中砥砺“五贵”的思想,《小窗幽记》中“平和达观”的思想。

在处世方面，分析了王守仁“改过迁善、责善规过”的观点，《菜根谭》“顺乎自然、借境调心”的观点，《呻吟语》“不就众口”的观点，《小窗幽记》“宽舒圆融”的观点。

在交往方面，分析了王守仁相互砥砺的交友之道，以及《小窗幽记》诚心以待的交往原则，如：以侠交友，素心为人；穷交能长，淡交如水；将心比心，言而有信；交友亦慎，揆理而信。

第十章 近现代管理心理学思想

潘菽的管理心理学思想
周先庚的管理心理学思想
陈立的管理心理学思想
萧孝嵘的管理心理学思想

前面已经指出，中国近现代没有直接从西方引进独立的管理心理学，管理心理学思想是蕴含在工业心理学与人事心理学之中的。从这个意义上说，为管理心理学的早期发展作出了重要贡献的心理学家，主要有潘菽、周先庚、陈立、萧孝嵘等。下面就他们的管理心理学思想依次作些分析评述。

第一节 潘菽的管理心理学思想

一、探索心理学在工商业方面的应用

早在1929年，潘菽发表《心理学之实用上的价值》[①]一文，介绍了心理学在政治法律、工商业和教育三方面的应用。在谈及工商业方面，潘菽指出：

> 现在心理的应用最有成绩的是在工商业方面。……商业可分三方面，而心理学在商业上的应用也分三方面：(1) 广告法；(2) 售卖法；(3) 商店管理。商店管理所有的问题不外店员的选择、工作的分配和监督及店员的奖励。店员须具有相当的才能和品性，才能不及的固然不能胜任，才能太高的又必致不安于位。但有了适当的才能而没有适当的品性，仍恐不能胜任。所以选择店员，应该慎之于始。至于大商店招收店员后，须加以特别训练的，更宜谨慎选择，以防徒费周折。但店员选择的方法，除了精密的心理测验（psychological testing）外，不能找到别的。工作的分配，包含行为的相互衔接的原理；店员的待遇和奖励，在使安于职守，使全店充满工作健康的空气；这些都处处须应用到心理学的知识的。

在这里，潘菽简明扼要地介绍了店员选拔、工作分配和工作激励的具体方面。在谈及心理学和工厂的关系时，潘菽指出：

> 但自来研究工厂经济问题的人都仅把工厂的生产当做一个机器的问题，而不知工厂的生产在根本上乃是一种人类的努力。机器的构造和形式

① 潘菽. 心理学之实用上的价值[J]. 民铎，1929，10(4).

固然大有经济上的关系，但人类努力的方法（工作行为的方式）也同样有经济和不经济的区别。……我们应用物理学和化学的知识去研究机器和原料等等的节省的问题，我们也须应用一种科学的知识去研究节省劳动的问题。这种科学的知识就是心理学所要供给的。

新的效率观念——生产的中心问题是在效率。近十余年来，心理学颇有进步，于是渐有人用心理的观点去观察工厂，结果以前那种冷酷的、褊狭的效率观念也大大改变了。……人的经济行为在满足欲望，而要满足欲望必须牺牲劳力。劳力所费少而欲望能得充分的满足，方可算是有效率；否则，便是无效率。所以计算工厂的效率，必须基本于这两种要素，方不致陷于谬误。

潘菽认为，心理学能为节省劳动提供科学知识，并阐述了以心理学为指导的新的效率观。他还指出，心理学可以研究工人动作是否经济，以及疲劳的产生问题："工厂的效率问题所最宜注意的，是工作人的动作的经济。做同样一件工作可以有种种方法，而这种种方法中有的容易产生疲劳，有的比较不容易产生疲劳，有的包括许多不需要的动作，有的包括不需要的动作较少，所以大有讲究的价值。"工厂中有待心理学解决的问题还有："如工作器具的安放和装置，光线和空气，工作的分配和统一，每日工作时间应该多少，工作者心理上的健康和安足等等。"

二、探索管理心理学的基本内容

上面引用的心理学和工商业方面的论述，包括管理心理学研究的基本内容，是中国在这一方面较早的探索。1935 年中华书局出版的潘菽编著《心理学的应用》，更是较系统地体现了这一方面。其内容包括：第一章，心理学的走入应用的途径；第二章，工作与疲劳；第三章，工作的物质环境；第四章，工作的生理条件；第五章，如何使各人适合于他的职业；第六章，在工厂中的应用；第七章，对于医学的帮助；第八章，心理学与法律；第九章，教育上的应用。该书指出应用心理学的门类包括：（1）工业心理学；（2）教育心理学；（3）职业心理学；（4）商业心理学；（5）法律心理学；（6）医学心理学。

第二节 周先庚的管理心理学思想

一、倡导开展心理技术建设

1934年，清华大学心理学系教授周先庚在《独立评论》上先后发表《国防设计与心理技术建设》《英国十年工业心理技术建设之教训》《心理学与心理技术》，倡导开展心理技术建设。在德国，各方面的应用心理学被统称为"心理技术"。周先庚认为，心理技术建设是当时中国最需要的："在目前的中国，我们最需要的，不是纯粹心理学，而是'心理技术'；我们所最需要努力的，不是行为主义的提倡，不是'格式道心理学'的鼓吹，也不是生理心理学或动物心理学的发展，而是心理技术的建设。"所谓心理技术建设，是"介绍并试作欧美现代(特别是欧战之后)实验应用心理学，在国计民生日常生活各方面，关于人事之科学的研究与贡献，以谋国家各种事业之建设"。"在应用方面，所有社会、政治、法律、教育、职业、工业、商业、音乐、美术、文艺、发明、军事等问题，都各有他们特殊的心理技术，在目前危急存亡的中国，我们尤当从先有计划、有组织、有系统地去建设他们。"①

二、发展工业心理学

周先庚总结英国工业心理研究所创办的经验，提出中国工业心理技术建设可借鉴的方面包括：(1) 送工业心理技术上门；(2) 认清政府的阻力，社会的偏见，将其当作社会心理问题去研究、去解决；(3) 多游说少号召；(4) 由小而大，由个人而团体。对于我国工业心理技术的建设，周先庚还提出了急切的希望："希望党国要人，大学当局，以及社会一般人士，能够及早考虑我国工业心理技术建设之可能。""希望政府当局能虚心容纳专家的建议，完全认识心理技术——特别是工业心理技术的重要价值。""希望大学当局，特别是工商学院当局，能考虑鼓励学生选习工业心理学的可能，务使他们将来出来当工程师或实业家的时候，能应用现代实验应用心理学，在人事方面所作之科学的研究与贡献。""希望学术机关，如中央研究院、文化基金等，能于最短期内考虑在适宜的

① 周先庚. 心理学与心理技术[J]. 独立评论，1934(116)：7-12.

大学，设立工业心理学研究奖学金的可能。”①

1935 年，周先庚发表《发展工业心理学的途径》。文章指出，发展应用心理学不能忽视中国的实际情况。就当时的实际情况，应注意以下几个方面：(1) 在提倡任何科学的“实验应用心理学”之前，必须先打破社会上一切误解心理、迷信心理、成见心理、偏见心理与藐视心理。(2) 认清“实业心理学”与“工业心理学”是不同的。工业心理学在理论上包括商业心理学，但在事实上并不包括。工业心理学和商业心理学合起来称为实业心理学，这种称法更贴切。“我主张在中国目前提倡工业心理学，……暂且避开商业心理学不提。”(3) 要认定以一国的社会背景决定一国所需要的工业心理学。中国的工业刚刚萌芽，应当效法英国、俄国，先注重工业效率，不宜效仿美国、德国，发展雇佣心理技术。(4) 效法英国、俄国，先专门注意在厂工人的特殊教育，工作方法与材料工具的经济，动作疲劳与工作时间的研究，单调肇祸的防止，工厂环境与纪律管理的改善等。(5) 目前中国发展工业心理学，宜于先作调查、观察以求改善的工作，不宜于作测验实验的工作。②

第三节　陈立的管理心理学思想

1930 年，陈立赴英国留学。在著名心理学家斯皮尔曼(Charles Edward Spearman)的指导下攻读博士学位。1933 年，获得英国伦敦大学理科心理学博士学位。同年，受工业心理学权威迈尔斯(Charles Samuel Myers)邀请，在英国工业心理学研究所接受培训。1933 年 12 月，陈立到德国柏林大学心理研究所做研究，1934 年结束柏林的工作回国。

一、撰写我国首部工业心理学专著

《工业心理学概观》是陈立撰写的我国第一本工业心理学专著，系王云五主编的“百科小丛书”之一，全书共八章，约十万字，由商务印书馆 1935 年出版。内容包括：第一章，绪论。第二章，环境因素与效率，讨论环境如何影响效率。第三章，疲劳与休息，讨论怎样减少生理疲劳。第四章，工作方法与效率，论述

① 周先庚. 英国十年工业心理技术建设之教训[J]. 独立评论，1934(113)：7 - 12.
② 周先庚. 发展工业心理学的途径[J]. 独立评论，1935(135)：9 - 14.

如何改良工作方法。第五章，工业中之意外，论述意外原因何在，如何免除。第六章，工厂之组织问题，讨论健全组织有什么条件。第七章，工作之刺奋与动机，论述心理原因如何可以策励效率。第八章，结论。

关于应用心理学，陈立指出，心理学是从哲学中脱离出来的自然科学，是一种实验的科学。应用心理学已从纯粹的心理学研究中脱颖而出，是有预定目标并且研究怎样达到预定目标的方法，所以它不是纯粹的学问，而是一种技术，一种统制行为以达到某种预定目标的技术。

关于效率，陈立指出了工业心理与效率工程的区别。他说：

美国有一些工程师，应用一种所谓科学的工资制度与标准的动作分析来促进工人的效率，以其自己出身是工程师，而其工作的目的是效率，因自号为效率工程师。效率工程师注重在效率，工业心理的着眼点则在工业中的人性，即着重在工人的福利。效率工程师以机械视人，因此他只求效率的加大，而我们则以为一切的生产当以人为中心，生产的究竟目的是在人生，因此注重人的福利的加增。效率工程师因以机械视人，所以他们不注意到个性，不注意到人格；而我们则以人格是整个的，不可剖割，所以我们注重工人的个性。效率工程师不注重人的个性所以特重标准化，即不惜将人格剖解成单元，然后从这共同的单元建成标准的整个。我们注重人的个性，知道生命的不可剖分，有机体实一整个，所以我们不强求工人采取全体一律的标准。简言之，效率工程师的人生观是机械观，我们的人生是灵肉不可剖开的人格观。所以，我们终极的目标不是效率，而是人生；不过我们知道一般无谓的消耗是每每有损于人生的福利的。

陈立在该书中不仅讨论工作环境与工作效率的关系，研究怎样减少生理疲劳，如何改进工作方法，工业意外原因何在及如何免除，健全的组织有什么条件，心理的因素如何策动工作的效率等问题，而且着重于谋求增加工人自身的幸福，研究如何减少人与人之间的摩擦，使人们在和谐的氛围中互相谅解、友好相处。

对于工业心理学及其在我国工业化中的作用，陈立满怀期待，并充满信心。他指出：

工业心理对于工业的贡献是用计划来管理整个的工业。我们原来工辍没定规的，工业心理便说工辍有计划是减少疲劳的最好方法。我们原来对于环境的控制是没计划的，工业心理说，我们应对于光线，空气等有相当的统制，效率才能达到最高度。我们以前对于工人的取舍是没计划的，工业心理告诉我们某种工人只适宜于某一种工作，某种工人是不适宜于某种工作的；不然，效率要减低，意外要加大，而兴趣要减小。我们以前以为组织是不必通盘设计的，而工业心理告诉我们没有计划的组织，事业不能整齐，责任不能专一，结果风纪散漫，动作阻塞。概括言之，工业心理是在这纯粹机械化的生产历程中加入人的成分——计划不就是人的最大特征么？我国生产，最无计划，种种都泄沓放任，听其浮沉，工业心理苟能将这人的成分——计划——加入我国生产事业中，则我国工业化的将来，希望尚十分灿烂啊！

二、开展工业心理学实证研究

除完成《工业心理学概观》一书外，陈立在20世纪30年代还开始了工业心理的实证研究。1935年，陈立和周先庚合作，在清华大学筹建"疲劳研究实验室"，测量黄包车夫等工种的疲劳问题。同年，他和周先庚等人到平绥铁路南口机厂开展调查研究，对该厂"工料与工具的布置"进行了统计分析，为该厂减少了库存和节约了大量经费。1937年4月，陈立在南通大生纱厂进行了工业心理研究。1938年，发表《一个工厂中的室内气象研究》，报告了部分研究结果。研究指出织布间的改良办法："气流的速度应该加增，一方面使湿度用不着现在这样高，平均等于百分之八十五，一方面使降冷率提高。湿度减低，那么温度也减低，因为织布间的加潮，是蒸汽，潮越加多，则温度越高。我们以为或者加潮装置可以改蒸汽为冷水的，则气温不因加潮而增，反可因加潮而减。则气温平均有减低10℃以上的可能。这样，再加上气流的作用，降冷率可以加增3.4，而工作效能或可加增一倍，工人也就感觉更舒适了。"①

第四节　萧孝嵘的管理心理学思想

一、引介实业心理学

以前，中国工业基础薄弱，"实业救国"是很多知识分子的主张，如早期心理

① 陈立．一个工厂中的室内气象研究[J]．气象杂志，1938，14(3)：1－12．

学家就很关注心理学在实业上的应用。实业心理学和工业心理学是同义词。1935年，萧孝嵘在《东方杂志》上发表《实业心理学之过去现在及将来》，对国外心理学在实业上应用的情况作了介绍。其言云：

> 实业心理学是应用科学之一种。它的功用和各种工程学的功用颇相似，不过它的主要对象却是人的因素；所以有人竟把实业心理学的一部分叫做“人的工程学”(human engineering)。这种科学在德国有种种的名称：或者叫做“心理技术”(psychotechnik)；或者叫做“实业心理技术”(industrielle psychotechnik)；或者叫做“工作科学”(arbeitswissenschaft)。在美国则有所谓“效率工程”(efficiency engineering)是实业心理学中的一部分，并且还有所谓“职业心理学”(vocational psychology)与“广告心理学”(the psychology of advertising)也是应当属于实业心理学的范围里面的。在英国则有“实业心理学”(industrial psychology)的名称。这个名称今日在美国的刊物中也颇流行了。①

对于今后实业心理学发展的方向，萧孝嵘在同一篇文章中指出：“就实业心理学应用的范围来说，我们首先应当知道实业心理学的基本原则就是使人与人或人与其环境能有最恰当的适应。”就是说，寻求人与人或人与环境的适应是实业心理学发展的方向。

二、倡导人事心理研究

抗日战争期间，萧孝嵘倡导人事心理研究。人事心理的概念，在字面上与美国的“人事研究”(personnel research)，英国的“实业心理”(industrial psychology)，德国的“实业心理技术”(industrielle psychotechnik)，苏联的“合理化”相类似。而实际上，人事心理的范围更为广泛。人，不仅包括成人，而且包括儿童；不仅包括工作者，而且包括学习者。事，不仅包括职业与任务，而且包括教育与训练。② 1941年12月6日，萧孝嵘在重庆发起成立中国人事心理研究社。其任务是：“在以人事心理之知识与技术供给军、政、学、工、商各界，俾能

① 萧孝嵘. 实业心理学之过去现在及将来[J]. 东方杂志，1935，32(13)：209-217.
② 萧孝嵘. 人事心理之使命[J]. 军事与政治，1943，4(5-6)：4-6.

提高各机关之工作效率，而奠定抗建计划之健全基础。”①其工作是以军官及政治工作人员，警政人员之智慧、人格为研究中心，并进行大、中、小学各阶层心理测验之编制和战时难童的心理研究。

在人事心理研究社成立之前，中央大学心理系萧孝嵘、艾伟、丁祖荫等开展的研究工作，多与人事心理有密切联系。萧孝嵘对此进行了介绍。

> 一、军警心理之研究。1. 军官智慧团体测验（AB 二种）。2. 军官人格品质之分析。3. 警官智慧团体测验（有甲乙二套）。4. 普通警察智慧团体测验（甲乙二类）。5. 普通警察智慧个别测验（十余种）。6. 交通警察测验（二套）。7. 刑事警察测验（二套）。8. 警政人员生活调查表。
>
> 二、大学心理之研究。1. 初编大学心理测验。2. 订正塞斯通大学智慧测验。3. 新编大学心理测验（五套）。
>
> 三、中学心理之研究。1. 中学智慧测验五套。2. 初中英文测验。3. 高中英文测验。4. 代数测量。5. 订正 XO 测验。
>
> 四、小学心理之研究。1. 一、二年级用小学智慧测验。2. 三至六年级用小学智慧测验。3. 小学语顺测验。4. 小学国语默读测验。5. 小学自然测验。6. 小学算术测验。7. 小学历史测验。8. 小学地理测验。9. 小学社会测验。10. 小学常识测验。11. 目手相应能力之研究。12. 四种手部运动之研究。13. 手部动作之研究。14. 暗示感受性与年龄及性别之关系。15. 订正古氏儿童智慧测验。
>
> 五、变态行为之研究。1. 我国小学儿童色盲之研究。2. 抑郁儿童之个案研究。3. 犯罪情绪态度人格倾向之研究。4. 订正个人事实表格第一种。5. 订正个人事实表格第二种。6. 中学生情绪稳定性之研究。7. 大学生心理卫生状况之调查。8. 特种人格型之研究。9. 马士通人格量表之研究。10. 勒氏内外倾评定量表之修订。
>
> 六、职业心理之研究。1. 金大工科学徒之选择。2. 指纹练习生之捡择。3. 校工能力之分析。4. 迅速辨别反应的实验研究。5. 手指与手臂运动准确性之研究。6. 机械能力测验之标准化。7. 数种德国实业心理测验之研究。8. 订正塞斯通职业指导测验四种。9. 小学教师能力倾向测验之编制。10. 护士能力倾向测验之编制。11. 技工能力测验之编订。

---

① 萧孝嵘. 人事心理之兴起及其范围[J]. 军事与政治，1943，4(2)：68 - 70.

七、学习心理之研究。1. 桑代克学习定律之实验研究。2. 知觉学习之实验研究。3. 关于全体法和部分法的比较之实验研究。4. 训练对于知觉能力之影响。5. 赞扬与斥责对于学习进步之影响。6. 注意速度与注意准确性对于学习效率之影响。7. 练习律之矛盾。①

除上述潘菽、周先庚、陈立、萧孝嵘的工作外，还有其他一些心理学家的努力。如 1935 年，商务印书馆出版了中央大学王书林翻译的《心理学与工业效率》，该书曾作为当时的"大学丛书"之一。"译者序"称："工业心理之目的决非是驱策或引诱工人做过度的努力，反之，问题实是为工人求得几种较好的工作方法，布置适宜的工作环境等，使他能在同样的努力之下而成就更大。"这些早期译作和研究，对我国 20 世纪 30—40 年代乃至之后管理心理学的发展和演变产生了重要的影响。

本章摘要

1929 年，潘菽发表《心理学之实用上的价值》，介绍了心理学在政治法律、工商业和教育三方面的应用。1935 年，中华书局出版潘菽编著《心理学的应用》，其中介绍了工业心理学的知识。在中央大学，他开设了"工商心理"课程。

1934 年，周先庚在《独立评论》上先后发表《国防设计与心理技术建设》《英国十年工业心理技术建设之教训》《心理学与心理技术》，倡导开展心理技术建设。1935 年，他发表《发展工业心理学的途径》一文，指出发展应用心理学不能忽视中国的实际情况。

1935 年，陈立出版了我国第一本工业心理学专著《工业心理学概观》。除了完成这一著作外，他在 20 世纪 30 年代还开始了工业心理的研究。

1935 年，萧孝嵘在《东方杂志》上发表《实业心理学之过去现在及将来》，对国外心理学在实业上应用的情况作了介绍。抗日战争期间，他倡导人事心理研究。

① 萧孝嵘. 人事心理之兴起及其范围[J]. 军事与政治，1943，4(2)：68-70.

参 考 文 献

蔡尚思.王船山思想体系[M].长沙：湖南人民出版社，1985.

陈鼓应.庄子今注今译[M].北京：中华书局，1983.

陈立.一个工厂中的室内气象研究[J].气象杂志，1938，14(3).

(宋)陈亮.陈亮集[M].邓广铭，点校.石家庄：河北教育出版社，2003.

陈奇猷.吕氏春秋校释[M].上海：学林出版社，1984.

(清)陈确.陈确集[M].北京：中华书局，1979.

陈向明.质的研究方法与社会科学研究[M].北京：教育科学出版社，2000.

崔统华.草庐经略注译[M].北京：解放军出版社，1992.

(汉)董仲舒.春秋繁露[M].上海：上海古籍出版社，1989.

(汉)董仲舒.天人三策[M].陈蒲清，校注.长沙：岳麓书社，1997.

(宋)二程集[M].北京：中华书局，2004.

冯国超.三略[M].长春：吉林人民出版社，2005.

高觉敷.中国心理学史[M].北京：人民教育出版社，1985.

(清)顾炎武.天下郡国利病书[M].昆山顾炎武研究会，编.上海：上海科学技术文献出版社，2002.

(清)顾炎武.日知录[M].(清)黄汝成，集释.上海：上海古籍出版社，1985.

(春秋)管仲.管子[M].吴文涛，张善良，编著.北京：北京燕山出版社，1995.

(战国)鬼谷子.鬼谷子[M].岳阳，晓春，注译.郑州：中州古籍出版社，2003.

韩非子[M].秦惠彬，校点.沈阳：辽宁教育出版社，1997.

(明)洪应明.菜根谭[M].王同策，注释.杭州：浙江古籍出版社，1989.

淮南鸿烈集解[M].刘文典，撰.冯逸，乔华，点校.北京：中华书局，1989.

黄帝内经集解[M].龙伯坚，龙式昭，编著.天津：天津科学技术出版社，2004.

黄石公三略[M].北京：中华书局，1985.

(清)黄宗羲.黄梨洲文集[M].北京：中华书局，2009.

(清)黄宗羲.明儒学案[M].沈芝盈，点校.北京：中华书局，1985.

(清)黄宗羲.明夷待访录[M].北京：中华书局，1985.

(清)黄宗羲. 南雷文定[M]. 北京：中华书局,1985.

(清)黄宗羲. 宋元学案[M].(清)全祖望,补修. 陈金生,梁运华,点校. 北京：中华书局,1986.

贾谊集校注[M]. 吴云,李春台,校注. 天津：天津古籍出版社,2010.

姜广辉. 颜李学派[M]. 北京：中国社会科学出版社,1987.

军事科学院《投笔肤谈》译注组,编. 投笔肤谈译注[M]. 北京：军事科学出版社,1984.

老子[M]. 李存山,注译. 郑州：中州古籍出版社,2004.

雷庆. 中国兵学文化名著[M]. 延吉：延边大学出版社,1995.

黎红雷. 黎靖德,编. 朱子语类[M]. 北京：中华书局,1986.

礼记·大学[M]. 陈澔,注. 上海：上海古籍出版社,1987.

礼记集(新刊四书五经)[M].(宋)蔡沈,注. 北京：中国书店,1994.

李炳英. 孟子选注[M]. 北京：人民文学出版社,2003.

李民,王健. 尚书译注[M]. 上海：上海古籍出版社,2004.

(唐)李筌. 太白阴经[M]. 北京：中华书局,1985.

(魏)刘邵. 人物志[M].(凉)刘昞,原注;王玫,评注. 北京：红旗出版社,1996.

(梁)刘勰,撰. 文心雕龙[M]. 上海：上海古籍出版社,1984.

六韬[M]. 盛冬铃,译注. 石家庄：河北人民出版社,1992.

龙川文集(陈亮集)[M]. 北京：中华书局,1974.

(宋)陆贾. 陆九渊. 陆九渊集[M]. 钟哲,点校. 北京：中华书局,1980.

(宋)陆九渊. 象山先生全集[M].(宋)傅子云,辑. 济南：齐鲁书社,1997.

(明)罗贯中. 三国演义[M]. 长春：吉林人民出版社,2006.

(明)吕坤. 呻吟语译注[M]. 王国轩,王秀梅,译注. 北京：北京燕山出版社,1996.

马克思恩格斯全集(第46卷)[M]. 北京：人民出版社,1979.

墨子校注[M]. 北京：中华书局,2006.

潘菽. 心理学之实用上的价值[J]. 民铎,1929,10(4).

儒家管理哲学[M]. 广州：广东高等教育出版社,1997.

三十六计[M]. 刘国建,注译评. 郑州：中州古籍出版社,2004.

(日)山本七平. 贞观政要的领导艺术[M]. 北京：三联书店,1990.

商君书注译[M]. 高亨,注译. 北京：中华书局,1974.

说文解字注笺[M].(清)段玉裁注.(清)徐灏笺. 北京：国际文化出版公

司,1993.

司马法今注今译[M]. 刘仲平,注译. 北京：商务印书馆,1977.

(宋)司马光. 资治通鉴[M]. 王学典,编译. 北京：中国纺织出版社,2008.

(汉)司马迁. 史记[M]. 长春：吉林人民出版社,1995.

(战国)孙膑. 孙膑兵法[M]. 北京：北京燕山出版社,1995.

(春秋)孙武. 孙子兵法[M]. 陈帆波,黄明,译注. 长春：吉林人民出版社,2005.

田广清. 中国领导思想史[M]. 上海：上海交通大学出版社,2007.

(汉)王充. 论衡校注[M]. 张宗祥,校注. 郑绍昌,标点. 上海：上海古籍出版社,2010.

(清)王夫之. 思问录[M]. 王春新,刘心明,译注. 济南：山东友谊出版社,2001.

(清)王夫之. 四书训义[M]. 长沙：岳麓书社,2011.

(清)王夫之. 读四书大全说[M]. 北京：中华书局,1975.

(汉)王符. 潜夫论笺校正[M].(清)汪继培,笺. 彭铎,校正. 北京：中华书局,1985.

王明. 抱朴子内篇校释[M]. 北京：中华书局,1980.

王明. 太平经合校[M]. 北京：中华书局,1960.

(明)王廷相. 王氏家藏集[M]. 济南：齐鲁书社,1997.

(宋)王先谦. 王应麟. 三字经[M]. 段干木明,译注. 合肥：黄山书社,2005.

(清)王永彬. 围炉夜话[M]. 何峰,马维洁,注. 天津：百花文艺出版社,2007.

王重鸣. 管理心理学[M]. 北京：人民教育出版社,2000.

(唐)吴兢. 贞观政要[M]. 郑州：中州古籍出版社,2008.

吴如嵩,王显臣. 李卫公问对浅说[M]. 北京：解放军出版社,1987.

(战国)吴毓江. 吴子兵法[M]. 邱崇丙,译注. 北京：中国社会出版社,2005.

武经总要[M]. 北京：解放军出版社,沈阳：辽沈书社,1988.

萧孝嵘. 人事心理之使命[J]. 军事与政治,1943,4(5－6).

萧孝嵘. 人事心理之兴起及其范围[J]. 军事与政治,1943,4(2).

萧孝嵘. 实业心理学之过去现在及将来[J]. 东方杂志,1935,32(13).

新语校注释[M].(汉)王利器,撰. 北京：中华书局,1986.

熊武一. 古代兵法鉴赏辞典[M]. 北京：军事译文出版社,1991.

(宋)许洞. 虎钤经[M]. 济南：山东画报出版社,2004.

荀子集解[M]. 北京：中华书局,1988.

颜世富. 东方管理学[M]. 北京：中国国际广播出版社,2000.

(清) 颜元. 颜元集(上、下)[M]. 北京：中华书局，1987.

燕国材，等. 中国心理学史资料选编(第一、二、三、四卷)[M]. 北京：人民教育出版社，1989.

燕国材.《周易》的心理学思想及其在先秦的发展[J]. 心理学报，1994(3).

燕国材. 汉魏六朝心理思想研究[M]. 长沙：湖南人民出版社，1984.

燕国材. 明清心理思想研究[M]. 长沙：湖南人民出版社，1988.

燕国材. 唐宋心理思想研究[M]. 长沙：湖南人民出版社，1987.

燕国材. 先秦心理思想研究[M]. 长沙：湖南人民出版社，1981.

燕国材. 中国古代心理学思想史[M]. 台北：远流出版事业股份有限公司，1999.

燕国材. 中国心理学史[M]. 台北：东华书局，1996.

燕良轼. 中国古代心理学思想概论[M]. 长沙：湖南师范大学出版社，1999.

杨伯峻. 论语译注[M]. 北京：中华书局，1982.

杨丹妮，洪子.《菜根谭》用人思想初探[J]. 经济与管理研究，1996(4).

杨国枢. 我们为什么要建立中国人的本土心理学[J]. 本土心理研究，1993(1) .

杨中芳. 论如何深化本土化心理学研究：兼评现阶段研究成果[J]. 本土心理学研究，1993(l).

余继登. 典故纪闻[M]. 北京：中华书局，1981.

张岱年. 中国哲学大纲[M]. 北京：中国社会科学出版社，1982.

(清)张廷玉，等. 明史[M]. 长春：吉林人民出版社，1995.

(宋)张载. 张子正蒙[M]. (清)王夫之，注. 汤勤福，导读. 上海：上海古籍出版社，2000.

(宋)张载. 张载集・经学理窟[M]. 章锡琛，点校. 北京：中华书局，1978.

赵国祥. 领导心理研究[M]. 北京：中国社会科学出版社，2008.

(唐) 赵蕤. 长短经[M]. 北京：中华书局，1992.

周先庚. 发展工业心理学的途径[J]. 独立评论，1935(135)：9－14.

周先庚. 心理学与心理技术[J]. 独立评论，1934(116)：7－12.

周先庚. 英国十年工业心理技术建设之教训[J]. 独立评论，1934(113)：7－12.

周易译注[M]. 北京：中华书局，1991.

(宋)朱熹. 四书集注[M]. 北京：中国书店，1994.

朱永新，等.《菜根谭》管理心理思想初探[J]. 苏州大学学报(哲学社会科学版)，1999(2).

朱永新，等.《淮南子》的人力管理心理学思想[J]. 心理科学，1999(5).

朱永新，等.《吕氏春秋》领导心理思想研究[J]. 心理学报，1999(1).

朱永新，等.《三十六计》的变理心理及其管理定位[J]. 心理科学，2003(3).

朱永新，等. 道家管理心理思想概要[J]. 心理科学进展，2003(1).

朱永新，等. 管理心智[M]. 北京：经济管理出版社，2005.

朱永新，等. 解读《小窗幽记》的管理心理思想[J]. 苏州城市建设环境保护学院学报(社科版)，2001(6).

朱永新，等. 论先秦法家的人性理论与领导心理思想[J]. 心理学报，2002(2).

朱永新，等. 墨家的领导者心理素质思想[J]. 心理学报，2000(4).

朱永新，等. 墨家人力资源管理心理思想及其现代意义[J]. 心理学报，2001(4).

朱永新，等. 先秦道家管理心理学思想及其现代价值[J]. 苏州大学学报(哲学社会科学版)，1998(3).

朱永新，等. 贞观统治集团管理心理思想初探[M]. 心理科学，2002(3).

朱永新，等. 中和思想的现代释义——儒家的管理智慧[J]. 商场现代化，2007，1 月(中旬刊).

朱永新，刘崇德. 才性之谜——刘劭《人物志》注释与研究[M]. 杭州：浙江大学出版社，1989.

朱永新. 管理心理学导论[M]. 南京：江苏人民出版社，1990.

朱永新. 明代《阵记》中的人力资源管理心理思想研究[J]. 心理科学，1998(4).

朱永新. 中国古代人力管理的心理思想初探[J]. 心理学探新，1990(2).

朱永新. 中国古代学者论志意本质[J]. 心理学报，1996(2).

朱永新. 中华管理智慧[M]. 苏州：苏州大学出版社，1999.

邹本顺. 刘劭《人物志》中的人才哲学思想[J]. 中国哲学史研究，1983(2).

后　记

本书系燕国材教授主编“中国应用心理学思想史研究丛书”之一，定名为《中国管理心理学思想史》。

本书是在我们过去研究的基础上补充完善而成的。笔者曾先后主持了《中国古代管理心理学思想史》《中国古代管理思想的现代价值研究》两个国家自然科学基金项目。项目的研究成果集中体现在《中华管理智慧》(1999)、《管理心智》(2005)等著作中。对于管理心理学体系，曾提出目标管理、人力管理、环境管理、时间管理和信息管理五个方面的构想。

燕国材先生对书稿亲自作了修改。葛存根、李瑾对书稿提出了修改意见。范庭卫博士协助做了统稿、校对工作。谢冬华主任为本书的编辑出版做了大量的工作。

在出版的有关中国管理心理学思想史著作中，本书的体系结构较为完整、内容较为丰富，可以说这是它具有的一个特色，但书中肯定存在着不少的缺点和问题，恳请海内外专家与广大读者不吝指正！

朱永新

2017 年 12 月 30 日

图书在版编目(CIP)数据

中国管理心理学思想史/朱永新著. —上海：上海教育出版社，2017.12
(中国应用心理学思想史研究丛书/燕国材主编)
ISBN 978-7-5444-8018-5

Ⅰ.①中… Ⅱ.①朱… Ⅲ.①管理心理学-思想史-中国 Ⅳ.①C93-051

中国版本图书馆CIP数据核字(2017)第311463号

责任编辑 徐凤娇 谢冬华
书籍设计 陆 弦

中国应用心理学思想史研究丛书
燕国材 主编

中国管理心理学思想史

Zhongguo Guanli Xinlixue Sixiangshi

朱永新 著

出版发行 上海教育出版社有限公司
官 网 www.seph.com.cn
地 址 上海永福路123号
邮 编 200031
印 刷 山东鸿君杰文化发展有限公司
开 本 700×1000 1/16 印张 15 插页 5
字 数 250千字
版 次 2018年11月第1版
印 次 2018年11月第1次印刷
书 号 ISBN 978-7-5444-8018-5/B.0133
定 价 48.00元

如发现质量问题，读者可向本社调换 电话：021-64377165